For comprehension and
for critical thinking

Key Word 300

増補改訂版

新入試
評論文読解の
キーワード
300

大前誠司

明治書院

まず、最初に

1 「難しい言葉」集ではなく、「キーワード」集です！

本書は、『新入試評論文読解のキーワード300』という名前どおり、大学入試に出る評論文を読み解くためのキーワードを実感する本です。

大学入試の評論文は、「現代」人が「現代」について論じた文章です。難しいことを書いているように見えるかもしれませんが、実際は、私たちの身近な問題を取りあげているにすぎません。ただ、それを深く掘り下げているために、難しく見えるだけです。

本書は、そうした「現代」を語るための言葉を「キーワード」と呼び、それが使えるようになることをめざしています。その中には、非常に簡単な言葉に見えるために、類書では従来取りあげられなかった言葉も数多く含まれています。

言葉を身につけるには、ただその言葉の意味がわかるだけでなく、どういう背景をもった言葉なのか、どういう広がりをもった言葉なのか、どういう場面で使われる言葉なのか、ということまで理解し、自分で使えるようにならなければなりません。そのために、本書では、詳しい解説と例文を挙げてあります。

2 改訂にあたって

本書は、今回で三度目の改訂です。

編集方針として、もともと、最新のテーマを積極的に取り上げていますから、内容的に古くなった、というほどではないのですが、まだ少し早いかな、と思って前回あえて触れなかった内容を追加し、特に「基本テーマ」の章を充実させました。

新しい試みとして、動画を始めます。本書ではページの関係で書けなかった、豊富な具体例を挙げていますので、より身近な問題として「現代」を学んでいただけるのでは、と思っています。

目次

目次

コラム

本書の構成と効果的な学習方法

1　本書の構成

第1部（序編）…「現代」における〈テーマ〉を概説しています。小論文のネタ集としても使えます。

第2部（本編）…「現代」を語るための〈キーワード〉を詳説しています。ただし、第2部1「レベルⅠ（テーマ別）」には〈テーマ〉として論じられる言葉も多数出てきます。

第3部（補編）…文章を読むのに必要な語彙と、語彙力を高めるための知識を紹介しています。

2　効果的な学習方法

現代文に自信がある人は、ぜひ、第1部からじっくり読んでください。

現代文に自信がない人は、第2部から始めましょう。特に第2部全体と第3部2「重要語」を繰り返しやることをお勧めします。その上で、総復習として第1部を読みましょう。

高校の勉強とリンクさせたいなら、教科書に出てきた文章のテーマを追いかけて読んでください。テーマは、［世界―神］［知のあり方］［人間―自然］［近代―現代］［言語―メディア］の五つに区分されています。

入試直前には、第1部全体と第2部1「レベル1（テーマ別）」を通読することを強くお勧めします。本書は、入試に出るテーマをほとんど押さえてありますから、テーマの確認をしておくと、入試本番で文章が読みやすくなったり、読む時間が短縮できたりします。

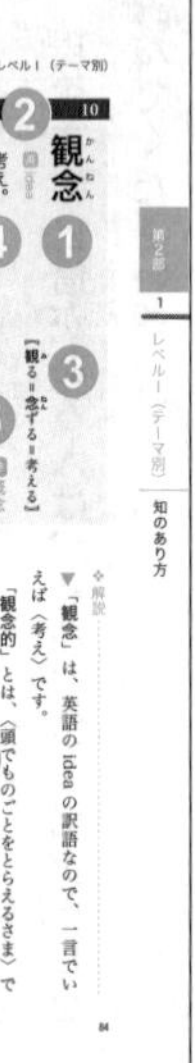

1●レベル1（テーマ別）

第2部 1 レベル1（テーマ別） 知のあり方

10
観念（かんねん）
英 idea
考え。
【観る＝念ずる＝考える】
参 概念

11
理念（りねん）
英 idea
あるべき姿。
【理で・念ずる→理屈で考える】
同 理想・イデー

◆イデア 希 idea … 観念。理念。
◆表象 …【象を・表す】①イメージ。同 形象・心象・イマージュ ②象徴。
◆観念的 … ①観念でとらえるさま。②⇔理屈だけで、現実離れしているさま。同 形而上学②

✧解説

▼「観念」は、英語の idea の訳語なので、一言でいえば〈考え〉です。

「観念的」とは、〈頭でものごとをとらえるさま〉です。が、頭だけで考えることとして、〈⇔現実に即さないさま〉という意味でしばしば用いられます。

「理念」は、ドイツ語の Idee の訳語で、理屈で考えたものごとのあり方＝〈ものごとのあるべき姿〉です。

↓「理想」も、理念と同じく〈ものごとのあるべき姿〉という意味です。

「イデア」は、古代ギリシアの哲学者プラトン（Platon）が唱えた原理で、〈理性でしかとらえられない、事物の本質〉を意味します。しかし、英語の idea やドイツ語の Idee の語源ですので、「観念」や「理念」と訳すとほとんど意味が通じます。

「イデー」独 Idee／仏 idée」は、一般に〈理念〉という意味で使われます。

↓以上を単純化して……

まず、［観念＝考え］、［理念＝理想＝あるべき姿］、

次に、余裕があるなら、［イデア＝イデー＝観念／理念］と覚えましょう。

▼「表象」は、〈心の中に形として浮かんでいるもの〉ですので、「イメージ」と言い換えるとほとんど意味が通じます。

〈象徴〉という意味に用いられることもあります。

↓表象＝イメージの同義語として「形象」「心象」「イマージュ 仏 image」を押さえましょう。→P293

例文

(1)文化は、これまで国家や民族という観念と強く結びついてきた。

↓国家や民族…考え。（山崎正和『日本文化と個人主義』）

(2)日本の文学・芸術の世界で、律義な写実という方法がどうも影が薄いのは、われわれの文学的・芸術的伝統が、「移し」という行動的理念のうちにより高い価値を見出す傾向をもっていたからではないだろうか。（大岡信『詩人・菅原道真』）

↓行動としてのあるべき姿。

(3)スポーツは身体のゲームにすぎないが、同時にある表象として世界…いるものである。これに参入することができるかどうかが、近代社会の仲間入りをしているかどうかの指標になることがある。（多木浩二『スポーツを考える』）

↓近代社会の仲間なのかどうかの象徴。

(4)彼ら（＝学問的エリート）の大部分は政治に無関心であるか、あるいは現実政治を軽蔑するという意味で、きわめて観念的な反体制主義に与していた。（山崎正和『日本文化と個人主義』）

※与する … …味方する。

↓現実離れしている反体制主義。

84　85

本書の見方

❶ **見出し語** … ◆は準見出し語。

❷ **語源となる外国語** … カタカナ語はもちろん、それ以外にもついている場合があります。日本語には、西洋語を漢字熟語に訳した言葉が数多くあります。その中で、語源として知っておくと理解の深まるものにつけました。

❸ **語源・語義** … 漢字熟語は、漢字一字一字の意味の組み合わせからできています。カタカナ語も、パーツの意味の組み合わせからできています。本書では、言葉の成り立ちを理解してもらうために、漢字やパーツの意味から説明しました。こうした知識は、その言葉だけでなく、他の言葉の理解を助けてくれます。

❹意味…できるだけ簡潔に意味を載せました。二つ以上意味がある場合、特に重要な意味は白抜き数字（❶とか❷）にしています。

❺関連語…同義語・類義語（同）、対義語（対）、参照してほしい語（参）を載せているので、あわせて覚えてしまいましょう。

↓正確にいえば、同義語（意味の同じ語）と類義語（意味が似ている語）は違いますが、本書ではともに同と表記しました。

❻解説…言葉の意味を説明するだけでなく、

i　派生語や関連する語

ii　具体例

iii　テーマとの関連

について詳しく解説しています。

Ⓐ↓は、補足事項です。知っているとお得なことを書いています。

Ⓑ→P○は、そのページに参照してほしいことがあるということを示しています。

❼例文…すべて大学入試から採っています。言葉は使えなければ意味がないので、ぜひここで言葉を味わい使えるようになってください。

Ⓒ⇩は、例文の注釈です。例文中に傍線がある場合は、その部分の説明です。

Ⓓ※は、難解な語の説明です。例文を理解するのを助けるために入れました。

省略記号一覧

同 同義語・類義語
対 対義語
参 参照してほしい語
別 別の読み方・書き方
例 使用例
英 英語
仏 フランス語
独 ドイツ語
ギ ギリシア語
ラ ラテン語
＋ 肯定的な意味
－ 否定的な意味
❶（白抜きの数字）特に重要な意味

第1部 基本知識

【動画解説など追加資料はこちら】

1 時代区分

2 基本テーマ

「現代」文とは、「近代」以降の文章のことです。日本では、ヨーロッパの影響を受けて近代化した明治以降を「近代」と呼びます。「現代」を語るためには、ヨーロッパ「近代」について知る必要があるのです。そのために、ヨーロッパ「近代」のお手本となった「古代」から掘り起こしていきましょう。

第1部では、きわめて基本的な内容を扱います。しかし、だからこそ現代のさまざまな問題意識とつながっていて、内容は決して簡単とはいえません。もし難しいようなら、第2部以降をやった後に、総復習として読んでみるのも有効な学習法です。

0 「現代」を学ぶために

(1) 現代＝近代

一般的に、時代は、［近代―中世―古代］と三つに区分されます。

「現代」は、独立した一つの時代ではなく、「近代」という時代の今を意味します。日本では、明治以降のことを「近代」と呼びますが、それは、ヨーロッパの影響を受けて近代化した結果です。ですから、「現代」を語るためには、ヨーロッパ「近代」について知らなければなりません。

(2) 古代がお手本！

ヨーロッパ「近代」は、ヘレニズム（古代ギリシアの文化や思想）とヘブライズム（古代ユダヤの文化や思想）から生まれたといわれます。

ヘブライズムは、キリスト教を通じて、「中世」の《貧しさ》を支えました。その《貧しさ》を克服して、《豊かさ》を手に入れたのが「近代」です。ヘレニズムは、《豊かさ》の中で生きる近代人たちのお手本になりました。

したがって、「現代」を学ぶためには、「近代」と「古代ギリシア（ヘレニズム）」をしっかり知る必要があります。

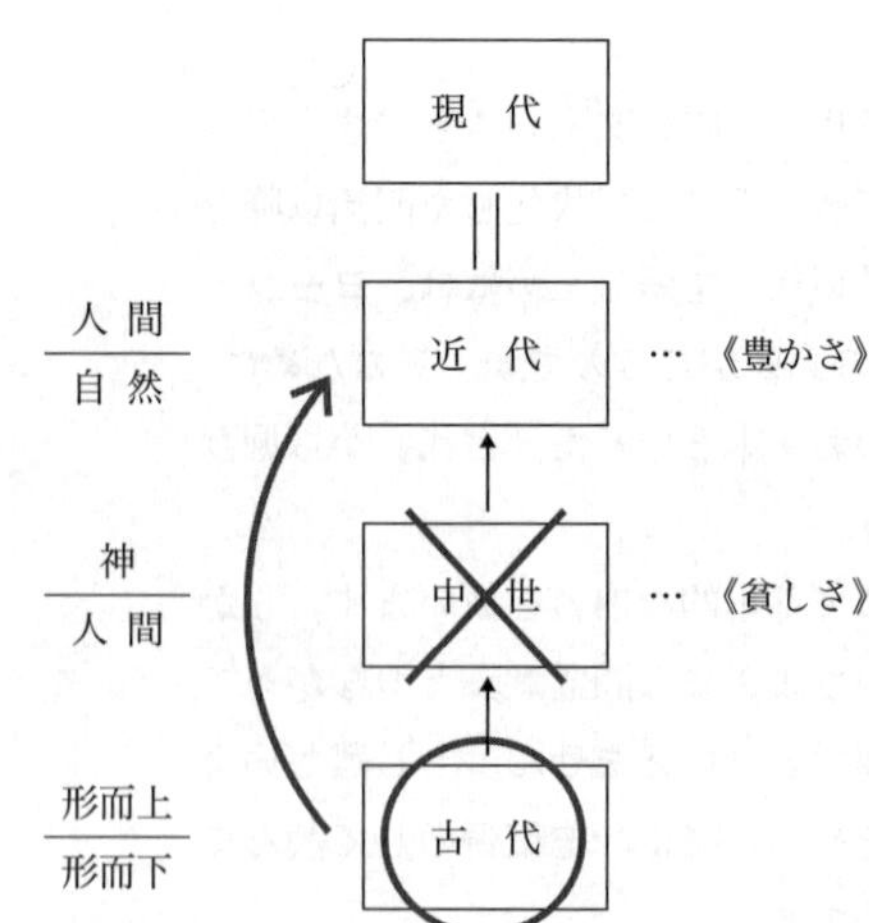

1　古代（ヨーロッパ）

⑴　理性の時代

古代は、ギリシア・ローマ文明の栄えた時代です。

古代ギリシアでは、地中海沿岸の豊かな自然を背景に、奴隷制に支えられて、市民という名の特権階級が《豊かさ》を享受していました。もてあます余暇の中で、さまざまな文芸（思想や芸術）が発達しました。

彼らは、自らの**理性**にしたがって、それまで神話によって説明されてきた世界のあり方を疑い、この世界を成り立たせている**原理**を探求しようとしました。こうした、「当たり前」を疑い「原理」を探求しようとする主体的な知の態度は、近代の思想や学問の基本となりました。

しかし、こうした状況は、近代というより、現代に生きる私たちに近いようです。

現代人は、科学技術に支えられて、《豊かさ》を享受しています。その中で、自由・平等という特権を与えられて、社会を動かす一員（市民）だと見なされています。しかし、その一方で、ありあまる余暇をもつようになりました。現代ほど、テレビをはじめとして、暇つぶしにあふれている時代はないでしょう。「自分」という当たり前を疑い、「本当の自分」を探し求めるアイデンティティの危機が起こったのも必然だといえます。

⑵　二元論の誕生

目の前にある「当たり前」を疑い、それとは別に、世界を成り立たせている「原理」がある、と考えると、世界は、「目の前の世界（形而下）」と「原理の世界（形而上）」に分かれます。

中世は「神」、近代は「人間」というように、時代によって、何を「原理」と考えるかは変わります。が、この［**形而上―形而下**］という二元論は、ヨーロッパにおける世界観の基本的な枠組みとなっていきます。

2 中世（ヨーロッパ）

⑴ 神の時代

中世は、キリスト教に支えられて、人々が《貧しさ》を生き抜いた時代です。

ローマ帝国が拡大するにつれて、ヨーロッパ世界は、地中海沿岸から現在ヨーロッパと呼ばれる地域に広がります。それに伴ってキリスト教が広まり、キリストという絶対神（その代理である教会）が人間を支配する世界となりました。ここには、［神―人間］という二元的な世界観があります。

ヨーロッパは、全体として見ると、寒冷で土地も痩せています（パリやロンドンは、北海道より北にあります）。厳しい自然の下で生きてゆくために、人々は、村の一員として互いに協力しあい支えあわなければなりません。その人々の心を支えつなぐ役割をしたのが、神（教会）でした。

近代は、中世の《貧しさ》を否定的にとらえますが、その《貧しさ》の中でキリスト教の教えにしたがって勤勉に働いたからこそ、近代の《豊かさ》が生まれるのです。

⑵ キリスト教VSイスラム教

中世以降のヨーロッパの歴史を語る上で決して外せないのが、アラブ世界との関係です。

七世紀に誕生したイスラム教は急速に勢力を拡大し、ヨーロッパ世界を圧迫します。十字軍の派遣やその失敗によって、ヨーロッパ社会は大きく変貌していきます。極端にいえば、イスラム教との出会いが、ヨーロッパを中世から近代へと生まれ変わらせたともいえます。

中世は、イスラム教がキリスト教を圧倒した時代であるのに対して、近代以降は、それが逆転し、キリスト教がイスラム教を圧倒している時代です。現代の世界情勢を考える上でも、キリスト教とイスラム教の関係は必ず意識すべきです。

3 近代（ヨーロッパ）

(1) 人間の時代…理性・主体性

近代は、厳しい自然を克服して、人々が《豊かさ》を手に入れた時代です。

それは、神から与えられたのではなく、人間自身の知恵や努力が生み出したものだと考えられました。人間は、そうした**理性**をもつ特別な存在（**主体**）として、それ以外の存在（**客体＝自然**）の上に立つものだと見なされました。

この［**人間―自然**］という世界観（**デカルト二元論**）は、科学や産業の発達によって、自然をさまざまに利用できるようになった現実の人間の姿を根拠づけるものでもありました。

(2) 《個》と《国家》

《豊かさ》の中で、人々は、村の一員ではなく、一人の人間（**主体**）として生き始めます。自分のことを、まず自由で平等な**個人**であると考えるようになりました。

一方、これまでのキリスト教に代わって人間の生の枠組みになったのが、**国民国家**（ネーションステート）です。近代化に伴って**共同体**は崩壊していきましたが、代わりに、人間は、国家の一員（**国民**）であることを強制されるようになりました。

(3) 進歩…否定という契機…《切り離し》

《豊かさ》とは、ただ物が豊富になることではなく、《貧しさ》という拘束から人間を解放することです。たとえば、エアコンは、人間を季節から解放しました。《豊かさ》が、人間を「自由」にしたのです。

しかし、それを言い換えると、《豊かさ》は、それまでの世界との関係を否定することで成り立っているということです。近代は、常に、「今」を否定することで、より豊かになろうとしてきました。それが「**進歩**」の正体である以上、近代が、人間と世界の関係を切り離していったことは避けられないことでした。

4 現代

(1) 現代＝近代（モダン）…個であるということ

現代は、近代の延長上にある時代です。近代のもっている長所も短所もそのまま受け継がれています。その意味で、現代に生きる私たちは、近代とは何か、を問うて、近代のいきすぎた部分を改め、足りない部分を補おうと努めなければなりません。

実は、自らを否定する、こうした姿勢こそ、近代的な思考であることには気づくべきでしょう。

私たちは、（必要に応じて社会の一員になることはあっても）自分のことをまず「個人」だと思って生きています。それは、《豊かさ》の中で生きる人間としての実感です。

このように自分を他者から切り離してとらえてしまうと、他者とのかかわりを見失って、**アイデンティティの危機**を引き起こす一方で、帰属する社会を失って、消極的な意味で、「世界」の一員になっていきます。家族や国家の一員であることを否定してしまうと、私たちには「世界」しか残らないのですから。

いまだに、国民国家という近代的な枠組みは健在ですが、現代人は、その枠組みを越えて、《個》という極小と《世界》という極大を同時に生きようとしています。《個》として自分を見失ってしまわないように、そして《世界》という海におぼれてしまわないように、現代は、近代以上に**主体性**が求められている時代なのです。

現代は、本当に人間を「個人」として尊重できるのか、が突きつけられている時代だともいえます。

近代は、理性的でない（と考えられた）者を人間から排除しました。たとえば、日本で最初の普通選挙（一九二五年）で女性が排除されていたのは、当時、女性が理性的でない（普通の人ではない）と考えられたからです。社会的な

ます。

弱者＝少数者（マイノリティ）への配慮が、近代には欠けていたといえます。

もしすべての人間が「個人」であるなら、そうした社会的弱者＝少数者も「個人」として尊重されなければなりません。女性や性的少数者、路上生活者（ホームレス）、永住外国人など、これまで顧みられることの少なかった人たち（他者）に対するまなざしをもつことこそ、自分を「個人」として大切にすることでもあるからです。

⑵「人間」学としての科学

そもそも、近代で、より豊かになることがよしとされてきた（進歩主義）のは、《貧しさ》への根源的な恐れがあったからです。もし現代が本当に豊かなら、より豊かになることをむやみに求めるのではなく、今もっている《豊かさ》の質こそ問われるべきでしょう。

地球が有限である以上、現実問題としても《豊かさ》には限界があります。私たちは、その限界を見据えつつ、持続可能な進歩をめざすべきなのです。

しかし、現在の科学は、すでに「人間」という限界を超えているのかもしれません。

科学は、そもそも人間が自然を利用する手段のはずです。にもかかわらず、たとえば、原発は人間に制御不可能な事故が起こる可能性を秘めています。使った燃料の捨て場所すらありません。そこに恐れを感じない人はいるでしょうか。

遺伝子情報の解析やクローン技術の発達は、人類に新しい未来を開くでしょう。医療の分野ばかり注目されていますが、たとえば、優良な牛肉をクローン培養することができれば、牛を育てることなく、牛肉そのものを工場で生産できるようになります。でも、そのどこまでが人間として許されることなのか。そうした人間としての限界がこれから問われていくことになるでしょう。

たとえ科学が自然のしくみを純粋に解き明かすものであったとしても、それを人間が使う以上、人間とのかかわりは無視できません。これまでの科学が切り離してきた「人間」という要素こそ、これからの科学が中心に据えていかなければならない要素だといえます。

(3) パラダイム・シフト…「人間」であるということ

近代は、「人間」を絶対だと見なしました。それは、「人間」こそが近代の《豊かさ》を生み出したと考えられたからです。

しかし、豊かになるにつれて、選択肢はますます増えます。その中で、現代は、絶対的な基準を見失いました。それは、よくいえば、現代が非常に相対的な時代であり、悪くいえば、非常にふたしかな時代だということです。

だからこそ、現代は、「人間」を絶対的な基準に据えなければなりません。

ただし、それは、近代のように理性的でなければならない「人間」ではなく、実際に生きて暮らしている等身大の「人間」です。そこには、《個》として生きる実感があります。生身（なまみ）の人間として生きる痛みがあり、喜びがあります。

この「人間」は常に正しいとはかぎりません。近代は、理性を絶対化するあまり、合理的でないものを切り捨てる傲慢なところがありました（近代合理主義）。が、現代は、そうした過ちすら含めて「人間」を大切にするしかありません。こうした生身の人間とのつながりが見失われたときに、国家や科学は暴走するのですから。

その意味で、現代は、岐路（きろ）に立っているといえます。人間が「人間」であるとはどういうことか、を根本的にとらえ直すことが求められているといっていいでしょう。

(4) グローバリゼーション…《個》と《世界》

近代に始まる《豊かさ》は、今や、世界全体を覆(おお)い尽くそうとしています。

世界規模(グローバル)で人や物の交流が盛んになり、地球上の各地域は経済的に切っても切れない関係になりました。私たちは、《一つの世界》に生きる者として、熱帯雨林が失われていくことも、他国の人権問題や戦争も他人事(ひとごと)ではありません。《豊かさ》は、私たちを、積極的な意味で、《世界という一つの社会》の一員にしてしまったのです。

私たちが《個》であり、かつ《世界》の一員であることを可能にしているのが、地球規模のコンピュータネットワークであるインターネットです。

コンピュータは、あらゆるものを細分化・数量化(ディジタル化)し、交換可能な情報に変えてしまいます。それは、情報という形で、かつてないほどの数の選択肢が用意された状況だともいえます。だからこそ、私たちは、自らの意志で主体的に情報を選び取り、逆に、全世界に向かって主体的に情報を発信することができるのです。

私たちは、自宅にいながら、いや道を歩きながらでも、インターネットを通じて、世界全体と向かいあっています。ここには、近代的な枠組みにすぎない《国家》(nation)を越えて、個人と個人が直接つながりあう《一つの世界》があります。それは、経済的に一元化された世界でも、情報だけの無機質な世界でもありません。現に生きている《個》が人間としてかかわりあうことで生まれた世界、多様でありながら一つである《世界》が、そこには広がっています。

column

デカルトって？ その1

評論文に最もよく登場する人物は、何といってもデカルトです。彼は、一七世紀フランスの哲学者で、「近代の父」といわれています。

「近代」は、歴史的にいえば一五世紀に始まりますが、現代文では一七世紀だと考えてよいでしょう。そのころ「科学革命」が起こりました。その結果、キリスト教（会）に支配されていた中世的な世界観から、科学に裏打ちされた近代的な世界観に変わったといわれています。その中心人物が、ニュートンやガリレイでした。

しかし、考えてみれば当たり前ですが、彼らは根っからのキリスト教徒でした。だから、彼らがあきらかにしようとしていたのは、神が創った世界のしくみです。

→P91

普通、虹の色は七色に見えません（そう教えられるだけで）。光が七つのスペクトルに分かれると言い出したのはニュートンです。旧約聖書によれば、光は、神がこの世界に最初に創り出したものです。もし光が分かれるとすれば、その数は、神の愛する数（神が世界を創った日数＝七）でなければならないわけです。

「それでも地球は回っている」という言葉を残したとされるガリレイ。教会の教えに反して地動説を唱えたとされますが、それは、天動説では、星の動きが「円」で説明できなかったからです。天は、神のいらっしゃる場所。そんな場所が、神の愛する完全形（円）で説明できないはずはない。ガリレイは、ケプラーが唱える惑星の楕円運動を決して認めませんでした。

そして、デカルトは、神の存在証明をしました。

第1部 基本知識

【動画解説など追加資料はこちら】

「現代」文は、「現代」に生きる人間が「現代」について考察した文章です。この章では、「現代」の基本的なテーマを見ていきます。一つ一つの言葉の意味よりも、その言葉がどういう背景で使われるか、どういう広がりをもっているか、を押さえながら読んでください。

第１部では、きわめて基本的な内容を扱います。しかし、だからこそ現代のさまざまな問題意識とつながっていて、内容は決して簡単とはいえません。もし難しいようなら、第２部以降をやった後に、総復習として読んでみるのも有効な学習法です。

1 世界（せかい）

◆世界（せかい）／宇宙（うちゅう）／コスモス 英 cosmos …①存在する一切のもの。②人間の生きる場。秩序ある体系。同 森羅万象（しんらばんしょう）・造化（ぞうか） 参 秩序・文化・言語・物語

❖解説

▼「世界」とは〈人間の生きる場〉です。

私たちは、世界の中でさまざまなもの（他者）とかかわって生きています。こうしたかかわりのことを「秩序（コスモス） cosmos」といい、〈秩序をもった世界〉を「宇宙（コスモス） cosmos」と呼びます。ここでいう「宇宙」とは、ただの「空間（スペース） space」でなく、〈さまざまなものがかかわりあい一体となった世界〉です。

本来、人間は、世界に組み込まれることで自分の生きる位置（アイデンティティ）を得てきました。↓P114

しかし、人間は、豊かになるにつれて、自分を他者（自然や他の人間）から切り離してとらえるようになります。その結果、人間が無意識に感じていた、世界の中で生きる実感を失うことにもなりました。

現代は、こうして失われたつながりを取り戻すことが必要とされているのです。

↓近代は、豊かさや便利さの代償として、他者（自然や他の人間）との関係性が見失われました。だから、多くの文章で、そうした切り離しが批判され、つながりが求められます。切り離された人間と自然との関係をつなぎ直そうとするのが「自然環境問題」であり、切り離された人間どうしの関係をつなぎ直そうとするのが「アイデンティティの危機」です。

▼「世界観」（人間が世界をどう見るか）は、人間と自然とのかかわりを色濃く反映します。豊かな自然の中で暮らす人々は世界を豊かなものとしてとらえ、厳しい自然の中で暮らす人々は世界を厳しいものととらえます。世界観は、地域により時代により大きく異な

るのです。

近代ヨーロッパに生まれた「**デカルト二元論**」は、〈人間と自然とを切り離してとらえるもの〉です。現代の支配的な世界観だといえます。それに対して、「**宇宙論／コスモロジー**」は、〈人間と自然とを一つのつながったものとしてとらえる世界観〉で、人間と自然とのかかわりを問い直そうとしている現代において求められています。

例文

(1)われわれは世界に住みついている。われわれは理性なり感情なりに従い、自らの生き方によって世界への住みつき方を決めている。この住みつき方が日常性と呼ばれるものだが、それはとるに足りないものではない。実質的に世界を立ち上げているのはこの日常性であり、それはあきらかに国家や法に束縛され、近代技術に影響され、ルーティン※化されたスタイルをもっているが、それでも人びとにとってなにものにも替えがたい価値がなお残るのだ。それが文化であり、社会的な認識はそこに根ざしている。多くの誤謬（ごびゅう）を含む主観的経験にはちがいないが、それが壊れると社会的な秩序は崩壊しはじめる。

（多木浩二『戦争論』）

※ルーティン 英 routine … 型にはまった。

(2)かつて、とくにヘレニズム期からルネサンス期に至る古典的な考え方では、マクロ・コスモス（大宇宙）と、ミクロ・コスモス（小宇宙としてのコスモス人間）は、一つの照応した秩序（コスモス）を形づくっていると考えられていた。このような照応体系の中にある場合には、人間は宇宙の中でしかるべき位置、あるべき位置を占めている。つまり宇宙の中で自分の存在は、あるべきところにあるという形で根拠づけられている。

（市川浩『〈私さがし〉と〈世界さがし〉』）

⇩こうした世界観を与えたものこそ**神話**や**宗教**である。 →P24

2 宗教（しゅうきょう）

◆**神**（かみ）… 世界の根拠となるもの。心のよりどころになるもの。①［一神教的］人間を支配する絶対的な存在。②［多神教的］人間に世界とのつながりを感じさせてくれる存在。

◆**宗教**（しゅうきょう）… 人間と世界とのかかわりを教えてくれるもの。参 物語

解説

▼世界観を目に見える形にしたものが、「神」であり「宗教」です。

一般に、厳しく単調な自然に生きる人々は唯一絶対の神を信仰し（一神教）、豊かで多様な自然に生きる人々はさまざまな神を信仰します（多神教）。神とは、人間と世界（自然）とのかかわりを象徴するものなのです。神には、世界の意味や人間のあり方が込められています。その意味で、神は、〈世界を根拠づけるもの〉であり、〈人間が生きるための心のよりどころ〉だといえます。

ヨーロッパ近代は、《神からの解放》という側面をもっています。近代が話題になるとき、神は、ヨーロッパ的なもの＝キリスト教の神であり、〈人間を支配する絶対的な存在〉を意味します。

↓だから、「絶対者」「超越者」などとも呼ばれます。

神から解放されるとは、人々を縛ってきた社会的な因習や伝統から解放されること（脱呪術化（だつじゅじゅつか）／世俗化（せぞくか））です。人間は、他の人間から切り離された個人として、自分で自分の生き方を決められるようになりました。しかし、それは、人間が世界とのつながりを失うことでもあったのです。現代は、そのつながりを回復させ、人間性を取り戻すことが求められています。

日本には「八百万神（やおよろずのかみ）」がいるといいます。それは、

日本の豊かな自然を背景にした、万物に神を感じる素朴な自然崇拝（**アニミズム**）です。こうした宗教観は、〈人間に世界とのつながりを感じさせてくれる存在〉として見直されています。

▼「**宗教**」とは、神を中心として、〈人間を世界の中に位置づける体系〉です。この世界はどのようにできているか（世界のあり方）、人間がどう生まれ死んでいくのか（生や死の意味）を示すことで、人々に生きる道を教えてくれます。 ↓P215

日本人は自分たちを無宗教だと考えがちですが、日本人もまた、この意味での宗教をもっています。「〜教」という明確な形になっていませんが、日本人の間に世界について何らかの共通認識があるからこそ、日本の社会が成り立っているのです。この共通認識こそ日本人の世界観であり、宗教であり、時として文化と呼ばれるものなのです。

宗教は、もともと、世界のあるべき姿を人間に示すものであって、人間の生と深く結びついた、なくてはならないものです。いわば、宗教は生活の一部にすぎず、外から見るときわめて宗教的な儀式でも、その中にいる者にとって無色透明なものです。イスラム教徒がアラーを拝む姿と日本人が初詣に行く姿は何ら変わらないことに気づくべきでしょう。

宗教対立が深刻なものになりがちなのは、自分にとっての〝当たり前〟を相手が否定するからです。その〝当たり前〟を形作るものこそ、宗教なのです。

例文

(1)＝②長いこと人々は、神社の森そのものに、神聖を感じとっていた。それは全身を巻き込む体験としてあたえられ、神域である森の全体が、マンダラ[※]上の神々の世界を、つくりなしていたのである。

（中沢新一『森のバロック』）

※**マンダラ**（**曼陀羅**）…仏教的な世界像を描いた図。

3 知（ち）

解説

▼私たちは、この世界に生きるためにさまざまなことを知らなければなりません。「**知**」とは〈世界のあり方を知ること〉です。こうした〈知によって得たもの〉が「**知識**（ちしき）」であり、〈深い人生経験に支えられた知識や知の働き〉が「**知恵**（ちえ）」です。

人間は、この世界とかかわることで、さまざまな知識を得、知恵を育ててきました。それが、文化という形で人々の生活に息づくものとなったり、古くは神話や宗教、新しくは学問や科学という形で体系化されたりするわけです。

しかし、そうした知識や知恵はいつしかサビつきます。そもそもの世界とのかかわりが忘れ去られ、ただ正しいものとして受け継がれていくようになります。それが「**常識**（じょうしき）」と呼ばれるものです。

本当の知（エピステーメ）は、こうした〝当たり前〟を疑う（**懐疑**）ところに生まれます。知は、本来、きわめて主体的、能動的なものであって、世界に対する貪欲（どんよく）な**好奇心**なしには生まれません。そして、それを支えるのが**理性**です。

当然、〝当たり前〟の枠を破ることは簡単ではありません。私たちは、さまざまな常識に支えられて日常生活を送っているからです。こうした日常生活から離れ、新しい世界に出会えるのが「**旅**」です。たとえば、外国に旅することによって、今まで自分が当たり前だと思っていたことがそうではないことに気づきます。旅は、日常という境界を越えること（**越境**）で、新しい知識を得るだけでなく、新しい知のあり方（ものの見方）を手に入れることができるのです。

しかし、そこに働くのは頭だけではありません。心と身体が一体になってはじめて、好奇心が刺激され、豊かな**想像力**が働くのです。近代はしばしば心（理性）を絶対化しますが、身体もまた知を支えるものであることを忘れてはなりません。

▼いかなる知も一面的なものです。

　たとえば、同じリンゴでも、経済学でとらえる姿と生物学でとらえる姿はまったく異なったものになります。そこには、食べたときのリンゴの甘酸っぱさも歯触りもありません。「**学問**」は、〈ある立場からものごと（対象）を体系的に理解しようとすること〉です。

　どんな知も、ものごとをある立場から見た姿であって、決してあるがまま見ているわけではありません。現代では、科学的なことは正しく、非科学的なことはまちがっていると考えられがちです。それは、現代社会の《豊かさ》が科学という知に負うところが大きいからでしょう。しかし、非科学的だといわれる神話や宗教もまた、一つの立場から見た世界の姿であって、それが科学の描く世界の姿と違ったものだとしても、まちがっているとはいえません。

　知のもつこうした一面性や限界に気づかないかぎり、世界は、その本来もつ多義的な姿を、人間の前に現すことはないでしょう。

例文

(1)旅が面白いのは、行った先で思いがけない物事に出会って、出かけるまえの当初の目論見とはまるでちがった関心をもつようになったり、かなりちがったところに足をのばして深入りするようになったりすることがあるからである。…なにも徒らにきょろきょろ余所見をするのがいいというのではない。そうではなくて、歩いていておのずと見えてくるものに対して目をふさがず、見えてきたものにつよく心を惹かれれば、それに深入りすることもおそれるべきではない、というのである。

（中村雄二郎『知の旅への誘い』）

4 科学

◆**科学** 英 science …【ギ episteme → ラ scientia（知識）】①学問。②世界に対する合理的な探求。

◆**技術**…【技＝術】実際の生活に役立つ実用的な知。

◆**科学技術／テクノロジー** 英 technology …【ギ techne（技術）＋ギ logos（論理）】科学を実用化する手段。

✤解説

▼「科学」は、そもそも〈自然とは何かを探求するもの〉です。

しかし、現実の自然は、複雑で変化し続けています。それをそのままとらえることは難しいので、自然をただの物質と見なし、自然の摂理という一定の因果関係（しくみ）で動くものだ、と見なしました（機械論的自然観）。科学は、対象となる自然現象を自分から**切り離し**、客観的に観察し、自然のしくみをできるだけ単純化してとらえようとしたわけです。

その結果、科学は、いつでもどこでも通用する普遍的で客観的なものになりました。

ただ、そう考えすぎると、科学の実態を見失います。

まず第一に、科学の出発点には、科学者たちの主体的な好奇心があります。それに、科学がヨーロッパに生まれたものである以上、キリスト教の影響は免れません。科学には、主観性や宗教性がかかわっています。

第二に、科学は神秘主義的です。私たちは、科学で正しいとされていることのほとんどを実際には見たことすらありません。たとえば、燃えさかる太陽。原子や分子。科学的な説明でうまく話が通じるから、それが正しいと思っているだけです。目に見えないものをもっともらしく説明するという点で、科学は、神話や昔話と変わりません。

科学には、精神性や神秘性が内在しているのです。

科学法則は、**真理**だと思われています。しかし、実際は、科学者が自然現象を**観察**して、そのしくみを予想した**仮説**にすぎません。その正しさを検証するのが**実験**です。科学法則は、実験によって検証を繰り返された仮説なのです。

科学が信頼できるのは、ただ伝承されるだけの神話と違って、常に検証され続けているからだといえます。科学は、〈**蓋然性**（がいぜんせい）の高い仮説の体系〉なのです。

▼かつて、科学は、唯一絶対の自然のあり方を記述したものだと考えられていました。そこでは、科学は単純に進歩し続けるものであり、その進歩が人間をより幸せにすると思われていました（**進歩史観**）。しかし、ヒロシマ・ナガサキ、そしてフクシマを経験した私たちにとって、科学の進歩は、単純に人間の幸せを意味しません。

現在では、科学は、ある枠組み（パラダイム）の中で成り立っていると考えられています。科学は、人間がある視点（パラダイム）から見た一つの自然のあり方（仮説）であって、その視点を変えると、世界の見え方はまったく変わってしまうというわけです。

私たち現代人には、科学は不可欠です。しかし、それを、人間とは無関係に、単純に進歩するものだと考えてしまうと、戦争や公害を生み出した近代の負の遺産から逃れられません。科学が人間と深くかかわっていることを自覚することなしに、科学の「これから」はないといえるでしょう。

▼「**技術**」は〈実際の生活に役立てるための実用的な知〉であって、人間がこの世界の中で生きていくために必要不可欠なものです。一方、「科学」は、近代ヨーロッパに生まれた〈自然とは何かを探求する学問的な知〉であって、もともとは実際の生活に役立つかどうかなど考えられていません。

しかし、現在では、その科学であきらかにされた自然のしくみを、私たちは実際の生活に役立てます。たとえば、原子物理学は、そもそも原子とは何かを探求したものにすぎませんが、それを応用することで、原子力を使って発電する技術が生み出されました。それを「**科学技術／テクノロジー**」といいます。

「科学は、人間が自然を支配、利用するための手段である」とよくいわれますが、それは、現代の科学が正確には科学技術だからです。そうした科学＝科学技術が、現代社会の制度として組み込まれ、現代社会を支えています。

その意味で、科学（者）の社会的な責任は重いといえます。たとえ、純粋に知的な好奇心から探求したとしても、自らの研究が現実の生活に直結する社会的な責任を負ったものであるということを、科学者自体が自覚すべきでしょう。

↓新しい生物を生み出したい、という願望を抱いたとしても、勝手な遺伝子組み換え研究などできない、ということです。

▼科学は、もともと「**自然科学**」（自然現象の探求）を意味しました。現在では、「**人文科学**」（人類文化の探求）、「**社会科学**」（社会現象の探求）も科学の一分野として認められています。

↓この場合、科学は「学問」と言い直せます。

例文

(1)少なくともこの数十年、人類の発展と科学の進歩が等置され、科学によって明るい未来がもたらされると信じてきた。事実、私たちは、数々の科学の成果に取り囲まれ、思いがけないほどの豊かな生活を満喫している。しかし、何かとても座り心地が悪い。科学がさらに輝かしい未来を拓くどころか、逆に、科学が地球を、そして人類を滅亡させてしまうのではないかという不信感が強くなってきたからだ。

（池内了「哲学も科学も寒き嚔哉」）

column

science はなぜ科学なのか?

英語の辞書を繙(ひもと)くと、「science」は、もともと「knowledge」を意味するラテン語の「scientia」から来ていると書かれています。ここでいうknowledgeは、本を読めばわかるようなただの知識ではなく、自らの主体性にもとづいて探求した結果手に入れた知識のことをいいます。だからこそ、scienceは〈自然とは何かを探求する知〉なのです。

が、それをなぜ「科学」と訳すのでしょうか。scienceは、一九世紀後半に大きく変化したといわれています。

それ以前のscienceは、まさに自然を探求する主体的な知でした。自らの好奇心にもとづいて探求するわけですから、学問分野の区別などありません。私たちが数学で使う座標はデカルトの作ったものだと聞くと驚くのは、私たちが哲学と数学の区別をしているからです。

しかし、その探求のもたらす知識が膨大なものになっていくと、自然全体を相手にすることができなくなってきます。scienceは、しだいに専門分化していきました。それが一九世紀後半です。

scienceという言葉が入ってきたのは、明治時代（一九世紀後半）です。当時の日本人には、scienceは、〈自然を探求する知〉というより〈専門分化した学問〉に見えたことでしょう。だからこそ、科学＝科（部分）の学問と訳されたのです。

5 芸術（げいじゅつ）

✤解説

▼「芸術」は、科学（学問）や宗教などと並ぶ、人間の知の一つです。

かつて、人々の間には、宗教を通じて、明確な世界像が共有されていました。芸術は、宗教画や宗教音楽という形で、その世界像を表現するものでした。しかし、近代は宗教の影響から解放された（世俗化（せぞくか））ために、そうした芸術の役割はほとんどなくなりました。

「芸術のための芸術」といわれますが、芸術は、神のためでもお金のためでもなく、ただただ世界を表現するために描かれるものになったのです（芸術至上主義）。

その意味で、芸術は、〈人間にとっての世界のあり方を表現するもの〉であり、私たちに世界の新しい見方を教えてくれるものだといえます。

「自然は芸術を模倣する」といいます。芸術が描くことによって、私たちにも、そのような自然の姿が見えるようになるのです。

▼近代が豊かさを享受できたのは、科学のおかげです。そのために私たちはなかなか気づきませんが、科学は、合理的に説明できるところだけを説明し、それ以外は無視しています。命とは何か、愛とは何か……科学は説明しません。それを補うのが宗教であり、哲学であり、芸術です。

近代は、人間理性を絶対化しました。しかし、それがとらえる世界の姿は、近代の考えたように普遍的なものではなく、むしろきわめて部分的なものです。だから、近代芸術では、理性でとらえきれない世界の全体的な姿をどうとらえるかが模索されているといえます。

たとえば、**シュールレアリスム**（超現実主義 仏 surréalisme）は、夢や幻想など非合理な潜在意識を表現することで、人間にとって本質的でありながら、理性を絶対化したために見えなくなってしまった世界の姿を描き出します。

➡芸術が知の営みである以上、芸術論は、人間と世界とのかかわりを問うものになります。そのため、人間と世界との**切り離し**（部分的！）が批判され、**つながり**（全体的！）が求められることが多いわけです。

例文

(1)芸術はすでに存在しているコスモス――多くの場合、われわれはすでに日常的秩序が存在しているところに生まれてくるわけだから――を疑い、日常的秩序をカオスとしてとらえ直す。それによってコスモスを再創造しようとした。

（市川浩『〈私さがし〉と〈世界さがし〉』）

(2)文学的経験は、単に具体的な、一回かぎりの経験なのでなく、それを通して当事者の人生の全体、つまりその人の世界の全体に対する態度が現れざるをえないような経験である。…梶井（基次郎）の「レモン」は、梶井の人生の一回性とその人格の具体的特殊性とをふくむ、つまるところ梶井の世界の全体をふくむのである。

（加藤周一『文学とは何か』）

(3)〈見る〉という身体の行為が、画家を世界と結び付ける。その結び付きよりほかに、画家が絵を描く地盤はないだろう。絵を描くのは、絵の外に何かが在るからだ。その在るものについての信頼、あるいは何らかの信仰なくして、人は絵を描くだろうか。モネにはモネなりの、在るものへの、言い換えれば自然への信仰があった。

（前田英樹『絵画の二十世紀』）

⇩(2)(3)ともに、世界の全体性＝世界との**つながり**が唱えられている。

6 人間（にんげん）

❖解説

▼私たちは一人では生きていけません。さまざまな人（他者）とかかわって生きています。悪くいえば、多くの部分を人に頼って生きているのです。しかしだからこそ、逆に、人を支えることもできるといえます。人間は、まさに人と人との間で生きているのです。

その意味で、[1]人間は、まず、社会の一員として生きていることがわかります（こうした社会を「共同体」と呼びます）。それは、社会がそう豊かではなかった時代にはとても大切なことでした。互いに協力することで、人々は生活の貧しさや厳しさを乗り越えてきたのです。そこでは、社会を内側から支える宗教や伝統が重視されました。

社会が豊かになってくると、そうした協力もそれほど必要ではなくなります。むしろ、宗教や伝統は、人々の自由な行動を縛るものとして見なされるようになりました。人生は、自分の才覚と努力（理性）によって切り開いていくものになったのです。ここに、個人が誕生します。

近代以降、[2]人間は、まず個人として存在し、自分が生きていくために自覚的に社会を作り出していると考えられるようになりました。人間は、個人であるとともに社会の一員として生きるようになりました。

しかし、現代人は、特定の社会と深く長くかかわって暮らすのではなく、いくつもの社会と広く浅くかかわって暮らしています。そのため、[3]社会の一員としての自覚が希薄になり、個人という意識だけが肥大化してしまいました。それはもはや、かつてのように社会の一員であることを自覚した個人ではなく、《私（し）》の側面だけが露出した存在だといえます。

特にややこしいのが、日本の状況です。現在の日本では個人という意識が一般化しながら、人々は依然**世間**の中で暮らしています。世間は、西欧的な社会と異なり、個人が互いにかかわることで作られるものではなく、もともとそこにあって、時に私たちを守り、時に私たちを拘束するものです。その中で個人という意識だけが先行すると、もともと自分たちが社会を作っているという自覚がないために、自分が社会の一員であることを忘れてしまいます。日本では、西欧以上に《私》が剝(む)き出しになるようです。

このような《私》の誕生が、既存の社会観ではとらえきれない新しい人間関係を生み出しつつあります。3《私》は、さまざまな**メディア**、特にインターネットや携帯電話を通してつながり、次第に国境を越え、地球全体を薄い膜のように覆(おお)い尽くそうとしています。このネットワークは、顔が見えない者どうしが結ばれた**疑似的**(ヴァーチャル)な世界だといえます。そこでは、人間の美しさや醜さが剝き出しになります。そこには現実の生活がないので、どんな愛でも、どんな理想でも語ること

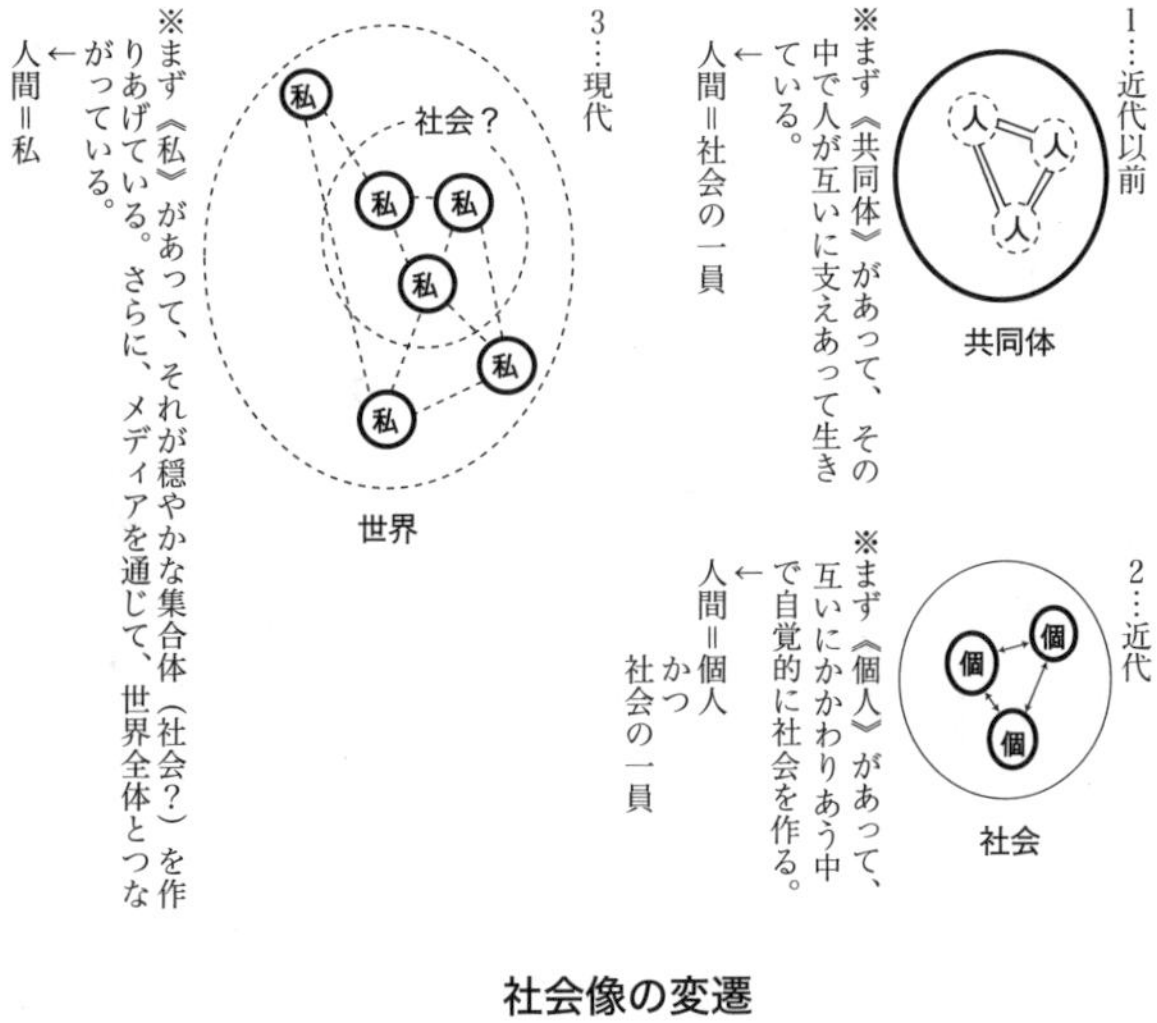

1…近代以前

共同体

※まず《共同体》があって、その中で人が互いに支えあって生きている。
←
人間＝社会の一員

2…近代

社会

※まず《個人》があって、互いにかかわりあう中で自覚的に社会を作る。
←
人間＝個人
かつ
社会の一員

3…現代

社会？

世界

※まず《私》があって、それが穏やかな集合体（社会？）を作りあげている。さらに、メディアを通じて、世界全体とつながっている。
←
人間＝私

社会像の変遷

ができます。そこでは自分の顔が見えないので、口汚く人をなじってもそれが誰かわかりません。

そこにどのような「社会」が生まれるのか？　それともそれはもはや「社会」とは呼べない《何か》なのか？　どんなに否定しようと、私たちはその《何か》の中で生きているのであり、それを認めないかぎり、現代の人間を、社会を語ることはできないでしょう。

▼近代は、《人間》を出発点にしました（**人間中心主義**）。

しかし、そこで大切にされたのは、現実に生きる生身の人間ではなく、理性をもった精神的な存在（**主体**）としての人間でした。それこそが近代の豊かさを生み出したと考えられたからです。

人間を考える上で、人間が**主体**であることを外せません。しかし、人間がそうした**主体的**な存在でしかなかったかというと、そうではないはずです。実際の人間の生は、ほとんどが**文化**によって規定された**受動的**なものでしょう。その意味で、近代の人間観は、現実の姿を無視した理想像だといえます。

にもかかわず、こうした近代の人間像（理性をもった自由で平等な個人）の下で、**民主主義**は成り立っています。本来、人間は、ある社会の中でさまざまなかかわりをもちながら、一人の人格をもつ存在として生きています。しかし、多数決でものごとを決める民主主義に、それは必要ありません。誰が何を考え賛成、反対したかではなく、とにかく《数》として過半数をとればいいのです。→P130

このように、近代は、人間から名前や人格を奪い去りました（**匿名化／無名化**）。この傾向は、インターネットの普及でより加速しているようです。

だからこそ、現代は、《人間》を出発点にしなければなりません。

私たちは、現代生活の便利さや豊かさに安住し無名化する中で、社会的な束縛から解放されて軽やかに生きているように見えますが、実は、生身（リアルな）の人間としての中身を失っているようです（**疎外**）。**アイデンティティの危機**は、まさにこのような現代人の状況を象徴するものでしょう。

私たちは、自分が一人の人間として生きているという実感（**主体性**）を取り戻す必要があります。それは決して簡単なことではありませんが、まず、私たちは、自分が人間であること、**他者**との関係性の中に生きていることを思い出さなければならないでしょう。それこそが、現実を生きる、一人一人の生を生きる生身（リアルな）の人間の姿だからです。

↓P114

↓人間を語る上でのキーワード＝「主体（性）」「他者」。

例文

(1)共同性があるかぎり、その社会には内部／外部という分節が存在する。この共同性が準拠しているもの、あるいはそれに関係をもつ対象を考えてみると、個人があらわれる。共同性は個人を抹消していないのである。というより共同性と個人はつりあっているのである。これにたいして、今われわれは、人々が異様に（つまり共同性という媒介による個人ではなく）私的であり、互いに異質であるような、流動的な関係性をはたらかせる場をかいま見ているのである。

（多木浩二・内田隆三『零の修辞学』）

⇩個人と個人が互いにかかわりあうことで、社会（共同性）が生まれる。

(2)近代の民主主義は、少数者の特権や独占をいかに排除し、多数者の意思を納得の原理として表出するためにいかなるシステムを作るかという理念に基づいている。しかし、そこでは多数者がつねに無名化してゆく宿命を負わされている。多数者が顔をもたないマス※として存在意義を示すということだ。

（山本雅男『ヨーロッパ「近代」の終焉（しゅうえん）』）

↓P68

※**マス** 英 mass … かたまり。

column

世界が先か？ 人間が先か？

「まず世界があって、だからこそ人間が存在する」——私たちは、長らく素朴にそう考えていました。世界は、人間とは無関係に存在する客観的なものだというのです。

しかし、世界のもつ「秩序」は人間とのかかわりによって生まれるのであり、人間なしに世界はありえません。「まず人間がいて、だからこそ世界が存在する」と考えるべきなのです。

たとえば、私たちは、《机》がそこにあるから私たちがそれを見ていると考えます。しかし、見ているのが人間だからこそ、それを《机》だと思うのであって、犬やハエはそれを《机》だと思いません。つまり、《机》がそこにあるのは、人間が見ているからだといえます。

とはいっても、私たちが《机》と呼ぶものには、その素(もと)になるものがなければならないはずです。人間が《机》を作ったとしても、作るための材料が必要なわけです。その材料のことを私たちは「混沌(こんとん)」と呼びます。

「まず人間がいて、だからこそ世界が存在する」のだとしても、人間に与えられた材料が何かによって、作られる世界の姿形は違ってきます。人間が一方的に世界を作るのではなく、人間と世界との相互交渉の中で、世界、そして人間自身も形成されていくのです。

世界は、決して客観的なものではなく、きわめて主観的な、というより人間色したものなのです。

column

ヒトとは何か？

ヒトの学名は、「**ホモサピエンス**ラ Homo sapiens」＝知恵のある人です。近代の人間観にもとづいて、理性をもつ存在だと定義されているわけです。

しかし、人間の本質を理性以外に求める定義もあります。

たとえば、物、特に道具を作ることに注目した「**ホモファーベル**ラ homo faber」＝工作する人。遊ぶことに注目した「**ホモルーデンス**ラ homo ludens」＝遊ぶ人。言葉をもつことに注目した「**ホモロクエンス**ラ homo loquens」＝話す人。

経済学では、合理的で利己的に行動する「**ホモエコノミクス**ラ homo oeconomicus」＝経済人が想定され、経済現象が説明されてきました。が、そこには限界がありました。現実の人間は、しばしば不合理で利他的に行動するからです。

ゲーム理論は、《駆け引き》という要素を組み込むことで、こうした人間の行動をうまく説明しようとします。たとえば、客を呼ぶために原価を切った（赤字になる）セールをやったり、客はセールに釣られて他の商品も買ってしまったり……人は、目先の利益を捨てて行動したり、逆に目先の利益に釣られて行動したりするものなのです。

競合店どうしが値下げ合戦して、結局誰も儲からないことはよくあることですが、それが有名な「囚人のジレンマ」（協調しあう方が結局得なのに、目先の利益を求めて裏切ってしまうこと）です。

7 自分（じぶん）

❖解説

▼そもそも、《自分》という意識（自我）は、他者との差異を意識することによって生まれます。「俺とおまえは違う」という思いが、《おまえ》とは違う《俺》を生み出します。

しかし、だからこそ、私たちは、《自分》を他者とのかかわりの中でしかとらえることができないのです。たとえば、「私は高校生です」というとき、「高校生」という身分（自分以外の存在＝他者）をもちだして、はじめて《自分》が何者であるかを表すことができます。

↓私たちが何かをあきらかにしようとするとき、他者を必要とします。たとえば、午後八時に自宅にいたことをあきらかにするには、自分以外の人間の証言や証拠（他者）が必要です。同じように、《自分》とは何かをあきらかにするには、自分以外の存在（他者）が必要なのです。

「自分」とは、〈他者とのかかわりの中で実感されるもの〉なのです。

「他者は自己の鏡である」とよくいわれます。それは、まさに、他者とのかかわりの中にしか自己を見出せないこと、他者の態度の中に自分自身が映し出されていること、を意味します。

↓《自分》を語る上でのキーワード＝「他者」。他者とは、他の人だけでなく、自分以外の存在（ex名前や年齢）を指（さ）します。

▼現代人は、しばしば《自分》を実感できないと嘆きます（アイデンティティの危機 identity crisis）。

それは、自分のことを必要以上に個人（他から切り離された存在）だと考え、決して変わることのない根本的な《自分》があると思い込んでいるからです。《自分》を成り立たせている他者を切り離して《自分》をとらえようとするのだから、《自分》を見失ってしまうのもしかたないことでしょう。

学校にいるときの《自分》と自宅にいるときの《自分》は、同じでしょうか。自分では同じだと思っているかもしれませんが、他者とのかかわりで考えるかぎり、この二つの《自分》はかなり違う存在です。《自分》は、他者とのかかわりの中で絶えず変化し続けている**可塑的**（かそ）なものです。ところが、それを私たちは《自分》という一つの概念（言葉）でとらえてしまうので、《自分》という一つのもの**（同一性）**が存在すると思い込んでしまうのです。

私たちが本当の《自分》を探し求めても、見つかるのは、《自分》を実感させてくれる他者（ex生きがいや恋人）だけでしょう。

↓他者から切り離されたものとしてではなく、他者とのかかわりの中で《自分》をとらえることが重要です。

例文

(1)服はほんらい他人の視線のためにある。そして、「わたし」のまえに他人がどんな服装をしてあらわれるか、服装にとくにかまうかかまわないかは、「わたし」がそのひとにどのように扱われているのかを、想像以上に微細に映しだす。そのことに繊細な思いをはせねばならない。これが《他者の他者》としてのじぶんというものを意識するということだ。

（鷲田清一『じぶん・この不思議な存在』）

⇩他人の服装は、「わたし」がどのような存在かを教えてくれる**（他者は自己の鏡である）**。だから、「わたし」の服装も、目の前の人をどのように扱っているかをあきらかにしてしまう。「わたし」は他者から見て他者なのだから、私たちは、「**他者の他者としての自分**」を意識しなければならない。

8 自然

◆**自然** 英 nature …〖nature（生まれるもの）＝自ずからの・状態（然）→ものごとの本来の姿〗①この世界にもともと存在するもの。対 人間・文化 ②人やものにもともと備わっているもの。

◆**環境** …〖周り（環）の・境〗人や生き物を取り囲む、周りの世界。同 外界 参 生態系

解説

▼私たちが通常使う「**自然**」は、〈この世界にもともと存在する、さまざまなもの〉、特に山や川など生物の生活を支えているものです。

地球上に住むすべての生物は、この自然なしに生きることができません。当然、人間も例外ではありません。その意味で、人間は、自然の中で生きているといえます（**コスモロジー**）。

↓たとえば、毛虫が植物の葉っぱを食べるのは一種の自然破壊ですが、私たちはそれを自然の営みの一部と考えます。同じように、人間が生きるために自然を破壊するのも、規模こそ違え、自然の営みの一部だといえるでしょう。このとき、「**人為もまた自然である**」といえます。

しかし、文明の発達とともに、人間は、自然の上に立ち、それを支配、利用していると考えるようになりました（**デカルト二元論**）。その結果、私たちは、自分たちと周りの自然を切り離して考えるようになりました。そうした〈周りの世界〉を「**環境**」といいます。環境は、本来、自然にかぎらず、社会的なものや文化的なものも含みますが、多くの場合、自然環境のことを指します。

↓この場合、「人間」は「自然」の対義語となり、自然とは〈人間の手が加わっていない状態〉を意味します。

「**人為／人工**」「**文化**」など人間のかかわるものはすべて

「自然」の対義語として扱われます。

現在の自然環境問題は、近代の**人間中心主義**に大きな原因があります。が、私たちが人間である以上、そうした思考から逃れることはできません。もし本当に人間と自然との関係を見直したいなら、まずすべきことは、私たちが人間中心的でしかないことを自覚することでしょう。

↓「自然」がテーマとして扱われると、人間と自然との**切り離し**が問題視され、**つながり**が模索されます。

そのためにも、たとえば「自然保護」という表現に「人間が上で自然が下だ」という発想が隠れていることに気づかなければならないということです。

▼自然は〈人やものにもともと備わっている性質〉という意味でも使われます。

たとえば、「内なる自然」とは〈人間の内にもともと備わっている性質〉、「外なる自然」とは〈人間の外にもともとあるもの（いわゆる自然）〉です。

しかし、ここにもまた、近代的な人間中心主義がつきまといます。

美しい自然の姿を保つために、害虫は駆除されます。人間にとって、害虫は自然ではないわけです。また、憲法で「基本的人権」として規定されている「自由」や「平等」は、近代の《豊かさ》なしにありえません。にもかかわらず、それを、〈人間にもともと備わっている権利〉という意味で「**自然権**」と呼びます。

正確にいえば、自然とは、もともと備わっているというより、私たちがそう考えたものにすぎないわけです。問題は、それが《自然》だといわれて、その《自然》が強制され、そう思わない者たちを排除してしまうことです。私たちは、こうした《自然》を相対化することではじめて、ものごとの本来の姿（自然）に迫ることができるのかもしれません。

例文

(1)動物は自然を破壊するが、自然を単純化することはできない。人間が自然に手を加えるとき、自然はつねにしかもすばらしく単純化される。…単純化された環境は、緩衝※のきかない、もろい環境である。今、地球上では、このもろい環境が急速に広がってゆきつつある。人間は地球上をすべてこのように変え、変えた上で管理すればよいと考えているかのようである。しかし、地球上を単純化して管理しきれるかどうかは疑問である。

(日高敏隆『人間に就いての寓話』)

※緩衝…『衝くのを・緩める』ぶつかり方をやわらげること。

(2)物とは、物質性[1]という自然的属性から、人間との精神的な交流において見慣れない「新しさ」として現われる経験的属性[2]の獲得にいたる、それぞれの「事物の伝記」をもつものであった。

(市村弘正『「名づけ」の精神史』)

⇩1「物質性」というもともともっている性質。2経験（人間とのかかわり）で生まれる性質。

(3)（ラスコーの洞窟に描かれた）馬、牛、山羊、鹿たちは、ただ黙って見入るしかない、そんな力に溢れている。…近代が生んだロマンチックな自然崇拝は、むしろ〈在るもの〉とのこうした接触を欠いている。〈自然〉という観念が、その接触を阻んでいる。

(前田英樹『絵画の二十世紀』)

⇩近代人は、自分たちが夢見ただけのありもしない〈自然〉を崇拝している。そのせいで、本来の自然＝〈在るもの〉に触れることができないのだ。

column

おばさんはなぜおばさんなのか？ その1

女性に向かって「おばさん」と呼びかけるのは失礼なことだと言われます。それが、あきらかに「おばさん」な人に対してもです。

三〇代の終わりころ、私ははじめて他人に「おじさん」と呼びかけられました。そのとき、ああ、自分も「おじさん」に見える年になったんだなと、たしかに（少し）ショックを受けました。そして、そう呼びかけたのは、私から見て「若者」に見えた人物でした。

私が「おじさん」かどうかは、私自身ではなく他人がどう見るかによって決まるということです。

私たちは、生まれた時から今までずっと、同じ〈自分〉という意識（**自我**）をもって生きています。一〇歳だろうが、五〇歳だろうが、意識の上では**同一性**（アイデンティティ）を保っているわけです。ところが、一〇歳と五〇歳では社会的な扱いが違います。人間は、自分の年齢を自覚するのではなく、他者から教えられてしまうのです。

他人から「おばさん」扱いされるということは、その女性が他人から見て「おばさん」だからです。しかし、現代人は、自分を個人（他者から切り離された存在）だと思いがちなので、こうした他人からの評価を受け入れがたいのでしょう。

だから、「おばさん」と言われた「おばさん」は腹を立てるのです。

9 近代（きんだい）

❖解説

▼「**近代**／モダン modern」とは、簡単にいえば、ヨーロッパに始まる《豊かさ》の時代です。

近代になると、科学技術の発達や工業化に支えられることで、一部の特権階級だけではなく、社会全体が便利さと豊かさを享受できるようになりました（**文明化**）。

この《豊かさ》が、個人という意識（**近代的自我**）を生み出します。人々は、自らを**自由**で**平等**な存在であると自覚するようになり、その反面、それにふさわしい合理的な判断や行動をすること（**責任**）が求められるようになります。そうした個人から成る社会が**市民社会**と呼ばれるものです。

「**近代化**」とは、〈社会全体が豊かになるとともに、人々が個としての意識をもつようになること〉です。「**近代主義**」とは、〈工業化・産業化を進めて社会全体を豊かにしようとすること〉であるとともに、〈人間の個としての意識（近代的自我）を大事にしようとすること〉です。政治・経済の面からは前者が、文化の面からは後者が重要視されます。

➡人間と自然、人間どうしの関係が切り離されることで起こる、自然環境問題やアイデンティティの危機という近代の負の側面も忘れてはなりません。

このように、近代には、［精神―物質］という二面性があります。しかし、それは同時に起こるものではなく、むしろ物質的に十分に豊かになってはじめて、精神的にも近代化します。明治期の日本は、伝統的な精神はそのままに物質的な近代化をめざしました（**和魂洋才**）が、それがある程度可能だったのも、精神的な近代化は、十分に物質的な近代化がなされないかぎり不可能だったからです。

逆に、社会が豊かになってくると、自由や平等を求める人々の欲求は抑えられなくなります。たとえば、大正デモクラシー。「アラブの春」といわれる民主化運動も、アラブ社会が豊かになったことと深くかかわっています。

豊かになることを否定する人はまずいないでしょう。だから、《豊かさ》は絶対の価値となって、世界を席巻(せっけん)していきます。結局、近代とは、ヨーロッパに始まる《豊かさ》によって世界が**一元化**していくプロセスだといえます。

▼「**現代**」は、しばしば「**ポストモダン** postmodern」といわれます。〈近代(モダン)の後(ポスト)の時代〉という意味です。

しかし、実際には、近代の延長上の時代であり、近代の長所も短所ももっています。《豊かさ》の代償として近代の生み出した自然環境問題やアイデンティティの危機は、ますますその深刻度を増しています。

それを解決するためには、近代的な思考から脱する必要があります（**近代の超克**(ちょうこく)）。私たちは、近代ではない新しい時代＝現代を希求しているのです。

しかし、《豊かさ》を放棄することは簡単ではないし、現実的でもありません。「**持続可能性** sustainability」（人間が生存可能な地球環境を保ち続けること）が唱えられるのは、《豊かさ》という前提に立ちながら、人間や自然との関係を見直すことが求められているからです。

現代は、ヨーロッパに始まった《豊かさ》が、**グローバリゼーション**という名前によって、世界全体を覆(おお)いつくそうとしている時代です。しかし、その結果、私たちがヨーロッパ色でもアメリカ色でもない《豊かさ》を手に入れる可能性も生まれてきました。世界をヨーロッパ色に染めようとしたのが近代だとしたら、現代は、それを相対化する時代だといえます。

↓近代…デカルト二元論―切り離し―絶対化／一元化。
　現代…コスモロジー―つながり―相対化／多元化。

　現代は、人間や自然とのつながりを実現できているのではなく、むしろできていないからこそつながることをめざそうとしていることに注意する必要があります。

例文

(1)いま私たちの現代が見つけ始めているのは、[1]破壊をつうじて力の源泉に触れる、というモダンなやり方ではなく、[2]生成する自然と人間との、もっと実のある対話の可能性なのである。（中沢新一『雪片曲線論』）

(2)私たちはまず、[1]人間の生命を閉ざされた内部空間としてではなく、[2]環境に開かれた存在として捉え直す必要があるだろう。（多田富雄『独酌余滴』）

(3)現代とは個々の人間がそれぞれに、あらゆる物を所有する段階にある。その物質的な意味での浪費、無駄は極限に達している。それを改めない限り環境問題の本当の意味での解決はない。そのためには所有の意味を問い直すことが必要になる。以上のような認識は、[1]従来のような人間中心主義的な認識からはでてこない。そのためには我々の存在を宇宙から見る視点が必要である。それを[2]地球・宇宙中心主義、即ち人間を相対化して見る視点と呼ぶとすると、二一世紀にかけて我々はそのような視点からの認識を共有できるか否か、が問われているといってもよい。（松井孝典「地球環境への処方」）

⇩1デカルト二元論―切り離し―絶対的。2コスモロジー―つながり―相対的。

column

《豊かさ》とは何か?

豊かであるとは、物がたくさんあることです。物が少ないなら、大切に扱わなければなりません。しかし、物が多いなら、扱いは雑でもいい。《豊かさ》は、人を、物から解放してくれます。

社会関係も同じです。豊かになって、より多くの人とかかわるようになると、一人一人の人間との関係は希薄になります。《豊かさ》は、人を、社会から解放してくれるのです。

一方、便利であるとは、ものごとがより簡単にできることです。その分、時間があまります。《便利さ》は、人に、余暇(どう使うかを自分で決められる時間)をもたらします。

こうして、《豊かさ》は、人間を物や社会の拘束から解放し、「自由」を生み出しました。人間は、自分で考え行動する「個人」になったのです。

しかし、そこには、常に、切り離し(否定)が潜んでいます。

物や社会から切り離されただけではありません。より豊かになろうとすることは、今を否定し、より新しいものを求めることで実現します。近代は、「今」を否定し続けたからこそ、《豊かさ》を実現できたのです。

《豊かさ》の論理である資本主義は、当然、同じ構造をもっています。所有も欲望も、社会から切り離され、個人的なものになりました。だからこそ、人は、今もっていない「それ」がほしいという欲望を自由に満たすことができます。資本主義は、そうした欲望を解放することで、物やお金を循環させ、より豊かになることをもくろむのです。

10 空間（くうかん）

11 時間（じかん）

✤解説

▼「空間」や「時間」は、本来、私たちによって実際に生きられたものであり、主観的なものでした。その意味で、〈人間と深く結びついた、さまざまな意味に満ちたもの〉だといえます。

たとえば、私たちは、教室をただの広がりとしてとらえません。前後があり、廊下側・窓側があります。また、通い慣れた道には、私たちの経験や記憶が染みつき、初めて通る道とはまったく違います。時間も同じです。自分の誕生日は、無意味な一日ではありません。空間や時間は、人間の生活や意識と深くかかわることで成り立っているのです。

↓そうした〈人間とかかわることで成り立つ、空間的な広がり〉を「場所（ばしょ）／場（ば）ギ topos（トポス）」ということがあります。

近代以前、空間や時間のもつ意味は、宗教や伝統を通じて、私たちの間で共有されていました。だから、神社の境内（けいだい）は、誰にとっても神聖な場でした。元旦は、世界全体が一斉に年を取る（リセットされる）日として、厳粛に迎えたものです。

近代は、そうした宗教的、伝統的な意味が失われた時代です。それを「脱呪術化（だつじゅじゅつか）」とか「世俗化（せぞくか）」といいますが、その結果、神聖さや厳粛さはただの迷信だと思われるようになりました。空間からも時間からも意味が剝（は）ぎ取られ、いつしか〈人間とは無関係に存在する、無限で均質なもの〉として、客観的にとらえられるようになったのです。

↓〈自然の巡りにしたがう時間意識〉を「円環（えんかん）時間」、

〈一定の速度で無限に流れる時間意識〉を「**直線時間**」といいます。

▼近代の繁栄は、こうした空間観・時間観に支えられています。科学も、産業も、均質で無限な空間・時間を前提に発達しました。ここでは使えるけれどあそこでは使えない、今日は使っていいけれど明日はだめ、などという機械は存在しません。

しかし、それは悪くいうと、空間からも時間からもメリハリがなくなり、すべてが**平板**になったということです。その平板な空間と時間の中で、近代人は、より豊かになろうとして、**能率的**、**効率的**であることを追求してきました。

私たちが便利さと豊かさを享受しながらどこか寂しさを感じているのは、空間や時間に染みついているはずの人間の思いが無視されているからかもしれません。ここでも、近代が**切り離した**人間と世界との**つながり**が求められているのです。

▼私たちは、時間を**外在的**な（自分の外にある）ものだと思っています。自分とは無関係に、時間が流れていると思っています。しかし、時間は、本来、**内在的**な（自分の内にある）ものです。

私たちは生きています。生きているから、刻一刻と何かが変わります。その変化を、私たちは時間と呼んでいるのです。したがって、時間は、人間の生の外側で時計が刻むものではなく、一人一人が生きることによって刻んでいるといえます。

身体の小さな動物は寿命が短く、大きな動物は寿命が長いといわれます。しかし、一生のうちに打つ脈拍数や呼吸数は、どの動物もほとんど変わらないそうです。生物はそれぞれに固有なリズムをもっており、それを基準に考えると、一生の長さはすべての生物でほぼ同じだといえます。

↓動物の身体の大きさと平均寿命の長さはほぼ比例関係にありますが、人間だけが、例外的に、寿命が長いそうです。当然それは、科学、特に医学の発達のおかげでしょう。問題は、命の長さと生の充実が本当に比例しているかどうかです。古来、長寿であることは幸せなことだとされてきましたが、生が自分の時間を生きることなら、もしかしたらその長短は関係ないのかもしれません。

近代は、空間や時間を、人間の生から切り離された客観的なものだと考えることで、便利さと豊かさを生み出す一方で、能率や効率が追求されて本来の人間性が見失われました（疎外）。現代は、もう一度、空間や時間を、人間の生と深くつながった主観的なものとしてとらえ直すことが求められています。

例文

(1)そもそも空間という観念が成り立ってくるためには、行動する主体がなければならなかったはずである。少年のころ毎日歩いた道路や、鬼ごっこをした広場が、おとなになって行って見たら、こんなに狭い道、こんなに小さい広場だったのかと意外な感にうたれたことがある。誰もそういう経験をもったことがあるであろう。自分では意識できなかったが、自分のからだとあわせて空間を計測し、その計測にしたがって行動していたのだ。

（戸井田道三『忘れの構造』）

(2)人間の存在のなかに時計とともに歩む縦軸の時間が浸透していく。それは客観的な時間への自己の適応を強いる。もし私たちの存在が、この時間世界に順化してしまうことができたなら、疎外など発生してこないであろう。

（内山節『時間についての十二章』）

column

おばさんはなぜおばさんなのか？　その2

では、なぜ「おばさん」ではダメなのでしょうか。それは、「おばさん」が《若さ》をもっていないからです。

近代以前、《若さ》はただの未熟さでした。《貧しさ》の中では、伝統が重んじられ、それを支える知識や知恵こそが大切だったからです。ところが、近代になると、《若さ》は、新しさとして価値をもつようになります。より豊かになるためには、今を否定し、より新しいもの＝《若さ》が求められたわけです。

当然、《肉体的な若さ》＝健康さは昔から求められていました。しかし、現代に求められているのは《見た目の若さ》です。これもまた、《豊かさ》から生まれてきた必然的な傾向です。

近代化は、人間の生活を豊かで便利なものにする一方で、より広範囲の社会関係を要求するようになります。多くの人と広く浅くつきあうことが必要になってきます。こうした希薄な人間関係の下では、相手の人間がどのような人間か、「中身」を見きわめるのは至難の業です。少なくとも、とりあえずは「見た目」に頼るしかない。自分が若いことを見せるしかないわけです（若さの記号化）。↓P144

そう見せるためにも、化粧したり、エステに行ったり……と、またお金がかかります。

問題は、こうした状況が、自分自身を否定するところに成り立っていることです。「おばさん」でないためには、「今」や「中身」を否定しなければなりません。これが現代の《豊かさ》の正体であることを、私たちは知るべきでしょう。

12 国家（こっか）

◆国家（こっか）… 一定の地域に住む人々を統治する政治体。

❖解説

▼「国家」とは、〈一定の地域に住む人々を支配、統治する政治的な組織〉です。支配するとはそこに住む人たちに何らかの強制力（権力）を働かせることですから、国家は、本質的に暴力装置だといえます。

日ごろ暴力だとは意識していないかもしれませんが、強制的に消費税を取られたり、赤信号で止まることを強要されたりすることも、国家権力による暴力の具体例です。しかし、そうした暴力は、無制限に認められているのでなく、人権を守るために必要な範囲においてしか認められていません。そもそも憲法というのは、暴力装置としての国家に一定の枠をはめ、そこに住む人たちの基本的人権を保障するためにあります。

↓憲法で保障しようとしている人権は、特に少数者（マイノリティ）の人権です。ものごとが多数決で決まる民主主義国家において、多数者（マジョリティ）の人権は自ずと保障されるので、私たちは、常に自分以外の存在（他者）へのまなざしを忘れてはなりません。

国家が暴力装置である以上、戦争とは切っても切れない関係にあります。日本に（特に沖縄に）多くの米軍基地があることを忘れてはなりません。領土問題で、幾度となく衝突を繰り返していることを忘れてはなりません。国民の誕生と戦争も深くかかわっているといわれています。

日本は、国民主権です。もし私たち国民が本当に主権者（支配者）ならば、国家の暴力性＝自分自身の暴力性を自覚すべきでしょう。

▼もともと、「国」は、天に対して（人間の生きる）

地を意味しました。ですから、国とは〈自分が実際に暮らしている場〉であり、さまざまな人やものとのかかわりをも含んだものでした。

↓だから、国は、自分がかつて暮らした場所＝〈自分の生まれ故郷〉を意味することもあります。

区別しやすくするために、このような国を「クニ」と表記すると、私たちの悲劇は、国家とクニの区別がなかなかできないところにあります。

私たちの生活は、日本という国家の定めた統一的な制度によって支えられています。そのために、クニを意識することが少なくなりましたが、私たちが実際に暮らしているのは、もっと目に見える、手の届く場＝クニです。国家はあくまでも政治的な枠組みにすぎません。

健全な**愛国心**や**ナショナリズム**は必要です。それは、自分たちの安らかな生活を守りたいという気持ちに支えられています。しかし、「クニを守る」ことと「国家を守る」ことは違います。クニが国家と同一視される先に、「国家のために戦う」「国家のために死ぬ」という発想が生まれてくるのです。

▼こうした混同は、そもそも「**国民国家** nation state」がもくろんだことです（**想像の共同体**）。

国民国家は、**近代国家**とも呼ばれ、近代ヨーロッパに生まれた国家形態です。現在、地球上にある国家はすべて国民国家ですが、それは、ヨーロッパが強制したからであって、国民国家が唯一の正しい国家の姿だからではありません。

実際、こうした国民国家の枠組みを越えるさまざまな状況が生まれています。

日本に暮らしながら、多くの生活用品や食材が海外からやってきます。メディアを通じて、世界中からニュースが飛び込んできます。企業の活動は、日本一国のうちにとどまりません。国境を越えて、さまざまな人やもの、情報がいきかっています（**グローバリゼーション**）。国民国家を生み出したヨーロッパは、EU（ヨーロッパ連合）という新しい国家形態に挑戦しています。

が、それが単純には成功していないことから考えても、国民国家という枠組みは、いまだ現実的な枠組みとして、人々の生活を方向づけるとともに、国際社会を構成していることも忘れてはならないでしょう。

➡「国際international」は、国家（nation）が交わる（inter）ことを前提としています。

例文

(1)法制度一般についてまったくの素人であるにもかかわらず、私は、国民国家への自己完結を防止する装置の最も重要なものとして、憲法のことを考えざるをえなくなる。

（酒井直樹『死産される日本語・日本人』）

(2)われわれの生活世界は決して無限定な場所ではない。さまざまなリミットが生活の場を区切り、その可能性を限界づけている。そうしたリミットはある意味で制約の作用を果たすが、別の意味では生活に安心感を与えるという機能をもっている。…そこにあるのは日常の視線によって直接見渡すことのできる世界であった。

（内田隆三「国土と近代」）

⇩「われわれの生活世界」こそ「クニ」である。

(3)欧州連合（EU）の深まりと多国籍企業の経済活動の広がりで、欧州では国家の役割が相対的に低下している。国境はもはや点線にすぎない。欧州に比べ、地域の緊張が残るアジアでは地域統合への歩みはのろい。国家はまだまだ主役だ。それでも、成長著しい中国やインドの一部の地域は急速にグローバル化を遂げ、国家よりも世界の市場とリアルタイムでつながっている。

（「朝日新聞」）

column

人間＝文化をもった生物

人間以外の生物の「生の営み」は、ほとんどの場合、**本能**によって行われています。本能とは〈遺伝的に決まっている行動のパターン〉で、遺伝子によって、世代間を遺伝していきます。遺伝子は、突然変異することで、現在の環境には適応しない少数派（マイノリティ）を常に生み出していますが、それは、将来環境が変化しても種として生き残るための手段です。「生物の多様性」ということがよくいわれますが、多様性を失った生物は、環境がわずかに変化するだけでも死滅してしまう虞（おそれ）があります。

生物である以上、人間も本能をもっています。が、人間は**文化**を手に入れ、その文化が、本能とは比べものにならないくらい、柔軟に、かつすばやく、変化する環境に対応できるために、人間の本能はほとんど表に出てこなくなりました。

私たちが本能的だと思うようなことも、ほとんどが文化的なものです。たとえば、明治以前は、ナンバ歩きといって、右手と右足、左手と左足を同時に出して歩いていたそうです。歩き方は、本能的、先天的なものではなく、文化的、後天的なものなのです。

自然環境問題では、環境を変化させるスピードが問題なのだという人もいます。規模こそ違え、人間がダムを作ること自体は、ビーバーがダムを作るのと変わりません。しかし、自然が想定していたスピードをはるかに超えるスピードで、人間が文化によって自然を改変してしまうので、対応できないのだというのです。

13

文化(ぶんか)

◆文化(ぶんか) 英 culture …〘cultivate(耕す)の名詞形〙人間の生の営み。 対 自然・野蛮 参 歴史

◆文明(ぶんめい) 英 civilization …〘civilize(都市化する)の名詞形〙人知が進歩して、(特に物質的に) 発達した社会の状態。 対 未開(みかい)

✤解説

▼「文化」は、culture の訳語で、土地を耕す(cultivate) =自然に手を加えることが語源です。ですから、人間が人間として生きていくための〈生の営み〉を意味する語だとわかります。ただ、それは、人間一人一人の生活のことではなく、〈人々が互いにかかわりながら暮らしていく中で自ずと共有している生活のしかたや考え方〉のことです。

私たちは、こうした生活様式や慣習を、言語を通じて共有します。

➔そもそも生物は、この世界で生きていくために「本能」(遺伝的に決まっている行動のパターン) をもっています。本能は、遺伝子によって世代間を(親から子へと) 遺伝していく先天的なものですが、文化は、言語によって社会的に遺伝する後天的なものです。環境への適応という意味で、あまりに文化が優れているために、人間は、本能を失い、文化をもった生物だといわれます。

一方、「文明」は、civilization の訳語で、都市化する (civilize) ことが語源です。文化と同じように、〈人間の生の営み〉を意味する語ですが、特に、〈社会がさまざまな面で発達した状態〉を指(さ)します。

➔まだ発達していない〈原始的な状態〉を「未開」とか「野蛮(やばん)」といいます。

▼文化も文明も、〈人間の生の営み〉を意味する語としてほとんど区別なく用いられることもありますが、明確に区別される場合もあります。

まず、語源的に考えると、文化は、土地を耕すという、人間が生きるための根源的なものに根ざす語であるのに対して、文明は、都市という、目に見える物質的なものとかかわる語です。その意味で、文化は、人間社会を支える精神的、根源的なものであるのに対して、文明は、目に見える物質的、表面的なものだといえます。たとえば、アニメは文化的なものであり、携帯電話は文明的なものです。

しかし、「ヨーロッパ文明」とか「文明開化」というとき、「文明」という語は近代ヨーロッパと深くかかわっています。文化の中で、特に近代ヨーロッパとかかわるものを文明と呼ぶわけです。

ただ、そう考えると、「エジプト文明」とか「中国文明」というときの「文明」の説明がつきません。そこで、ある文化が強大化し、周辺の地域を自分の色に染めようとするときに、文明になると考えることもあります。たとえば、日本は、中国文明圏として中国色に染まった結果、漢字を用いているわけです。「**文明の衝突**」というのは、このような文明どうしのぶつかりあいを意味する語です。キリスト教vsイスラム教という千年以上にわたる対立もまた、この文明の衝突で説明できます。

▼近代以降の文化をめぐる状況は、ヨーロッパ中心に始まりました。

近代ヨーロッパは、強大な経済力・軍事力をもって、世界を自分の色に染めようとしました。ヨーロッパ文化は、まさに文明として世界に君臨したわけです（**ヨーロッパ文明中心主義**）。しかし、それは**中心**（ヨーロッパ）から**周縁**（アジア・アフリカ）への一方的なものではなく、周縁の人々もまた近代ヨーロッパの物質的豊かさに魅せられたことも忘れてはなりません。

しかし、だからといって、物質的に豊かであることは、ヨーロッパ文化が優れていることを意味しません。それは、あくまでも物質的、表面的な評価にすぎず、それぞれの文化は、それぞれの地域に根づいた人間の生の営みとして、その価値に上下などあるわけがないのです（**文化相対主義／多文化主義**）。

ただ、この文化相対主義は、国家や民族を単位として文化を固定的にとらえるという点で、限界をもっていました。生きるとは変化することなので、人間の生の営みである文化も、互いにかかわりあいながら常に変化し続けています。そうした**雑種性・可塑性**をもったものとして文化をとらえてはじめて、私たちは、文化のあり方を論じることができるのです（**ピジン・クレオール説**）。こうした文化的雑種状況は、ヨーロッパの旧植民地で典型的に見られました。明治期における文明開化も、単純にヨーロッパ化したのではなく、ヨーロッパ的なものと日本的なものがまじりあった雑種でした。

▼私たちは、現在、**グローバリゼーション**の中にいます。グローバリゼーションとは、近代ヨーロッパに生まれた《豊かさ》が世界を覆い尽くそうとする動きです。グローバリゼーションは、ヨーロッパ文明中心主義の延長上にあり、その規模がより拡大したものだといえます。

このような**一元化**が進むと、結果的に、それを受け入れられない者たちの居場所がなくなります。それがテロを生み出します。テロは決して許されないことですが、グローバリゼーションの反動として起こっていることを忘れてはなりません。

現代は、世界的に文化の一元化が進展しているからこそ、文化相対主義やピジン・クレオール説が盛んに唱えられ、多元的な人間のあり方が求められているのでしょう。現代人は、一元化と多元化のはざまで、つまり世界と個の間で揺れ動きながら生きているのです。

例文

(1)一番大切なことは、自分の長所を知ってそれを助長し、短所を知ってそれを抑制するということよりも、長短とは関わりなく、日本の文化は私たちの「生き方」なのだからという、ただそれだけの理由でそれを愛し、それに自信をもつことである。

(福田恆存「文化破壊の文化政策」)

⇩文化＝人間の生の営み。

(2)「文明」とは、一つの「文化」が、そうした普遍化への意志を持ち、その意志を実行に移すだけの装置を備え、そして事実、多くの異なった文化を、自分の文化的な価値のなかで統一する形で支配し統治したときに、その状態に対して付される術語(じゅつご)ではないか。私はかねてからそのような文明の持つ力を「ブル・ドーザ効果」と呼んできているが、文明とは一言で言えば、「ブル・ドーザ効果を持つ文化であり、しかもその支配欲は、他の文化に対して、また自然に対して、同様に発揮し得るもの」ということになろうか。

(村上陽一郎『文明のなかの科学』)

⇩文明＝周辺を自分の色に染めようとする文化。

(3)現在、戦後の日本で起こったような文化の画一化が、世界全体で進行しています。世界のどこに行っても、同じ商品が店に氾濫(はんらん)し、ビートのきいたアメリカ製の音楽が街に流れ、テレビにはCNN放送やハリウッド製の映画がかかっています。欧米に発する現代大衆文化とコマーシャリズムが、異なる文化をもつ人々の心と頭に浸透し、世界の文化を一元化して行きます。これから本格化する、世界の通信能力の飛躍的増大とコンピューター・ネットワークの拡大は、欧米からの情報を世界のすみずみにまで到達させ、この傾向にさらに拍車をかけるでしょう。

(加藤淳平『文化の戦略』)

⇩いわゆるグローバリゼーション。

14

歴史(れきし)

◆歴史(れきし) 英 history … ❶人間の生の営み。 参 文化 ②文字によって記録されている過去の出来事。

✤解説

▼人間は、刻一刻と歴史を生み出しながら、歴史の中に生きています。「**歴史**」とは、過去だけでなく、現在・未来をも含めた、そうした〈人間の生の営み〉です。

➜〈人間の生の営み〉を空間的な広がりの中で（共時的に）とらえるとき「文化」と呼び、時間的な流れの中で（通時的に）とらえるとき「歴史」と呼びます。

〈文字によって現在まで記録として残されている過去の出来事〉を歴史という場合もあります。このような記録が残されている時代を「**歴史時代**」、それ以前を「**先史時代**」といいます。

現代に生きる私たちは、過去の出来事を現代人の視点からしか見ることができません。したがって、歴史は、過去の事実ではなく、現在から見て作り出した過去の姿にすぎません。その意味で、歴史は現代史でしかありえないのです。

〈社会のさまざまなものごとを歴史の中に位置づけてとらえること〉を「**歴史主義**」といいます。

たとえば、生活がどんどん豊かに便利になっていた近代ヨーロッパでは、人間は進歩し続けるものだと考えられました（**進歩史観**）。このとき、自分たちとは違って豊かでも便利でもない生活を送っているアジアやアフリカのあり方は過去のヨーロッパの姿であり、ヨーロッパより後れた地域だと考えられました。

▼歴史（history）と物語（story）が同じ語源（仏 histoire）をもつことからわかるように、歴史は、物語、つまり**虚構**（作り話）にすぎません。しかし、こ

うした作り話こそが、私たち人間の生を意味づける大切な要素なのです。

　人間には、自分の生を意味づけるものが必要です。↓P148それは、現在、アイデンティティという個人的なものとしてとらえられていますが、古くは、宗教や神話という社会的なものとして考えられていました。宗教や神話は、神という姿を借りながら、世界のあり方、人間のあり方を語ります。それが作り話であることはたしかですが、それを信じている人たちにとっては、生きるための道標（みちしるべ）になるものでした。歴史もまた、そのような存在です。私たちが過去とどのようにつながっているか、何のために生きているか、が、私たちの生を意味づけ支えるものとなるのです。

例文

(1)歴史は、さまざまな形で個人の生を決定してきた。…にもかかわらず、そのようなすべての決定から、私は自由になろうとする。…私の自由な選択や行動や抵抗がなければ、そのような自由の集積や混沌（こんとん）がなければ、そもそも歴史そのものが存在しえなかった。

（宇野邦一『反歴史論』）

(2)歴史には、一定の意味と目的があり、その終点へと向かう力にさからうことができない、という観点から歴史を見ると、近代という時代は、ブルジョワジィの台頭や、市民革命、宗教改革、科学の発展、個人主義の誕生、自我の確立といった、社会的文明的発展、進歩の如何（いかん）によって規定される。意味のある歴史的発展の一段階としての「近代」が、その段階としてもつべき意義や達成が想定されている。

（福田和也『「内なる近代」の超克』）

⇩こうした歴史のとらえ方を「**歴史主義**」という。

15 言葉（ことば）／言語（げんご）

◆言葉（ことば）／言語（げんご）…世界を分節するもの。

解説

▼従来、「言葉／言語」は、思考やコミュニケーションの手段にすぎないと考えられていました（**言語道具説**）。しかし、現在では、人間の世界認識とかかわる、もっと根源的なものだと考えられています。言葉は、〈人間が生きるために世界を**分節**したもの〉であり、〈この世界を人間がどう認識しているのかを表すもの〉です。言葉は、人間のものの見方（**世界観**）そのものであり、**文化**そのものなのです。

私たちは、言葉というフィルターを通してしかこの世界を見ることができません。その意味で、言葉は、人間と世界をつなぐ手段（メディア）である一方で、人間の見る世界を歪（ゆが）めてしまうものだといえます。

たとえば、先輩―後輩、兄―弟など、年齢の上下を表す言葉を使っている私たちは、初対面の人間が自分より年上か年下か気になります。私たちは、日本語を通して世界を見ていますが、それは日本語によって歪められた世界像でもあるのです。

しかし、そうわかっていても、私たちは、言葉から逃れることはできません（**言語の獄屋（ごくや）**）。言葉は人間の生を成り立たせているものであり、それなしに人間は人間たりえません。ただ、それを自覚することで、私たちは、自分の見ている世界が一つの可能性でしかないことに気づけます。言葉とは何かという問いは、世界を相対化する入り口なのです。

▼言葉を、ただの**記号**だと見なす考えがあります。**差異**を表しているにすぎないというのです。

たしかに、Aは、BやCと違います。そこにAという言葉があるのは、Aと呼ばれる、他と違うものがあるということです。しかし、そもそも言葉は、人間が生きるために世界を分節するところに生まれます。そうした人間の生とのかかわり（**経験**）を無視しては、言葉とは何かを見失います。

　五年前の流行語を覚えているでしょうか。現代は、新しい言葉が氾濫（はんらん）しています。その言葉は人々の目を惹（ひ）くかもしれませんが、人間の生に裏打ちされていないために簡単に忘れられてしまいます。

　人の心を動かす言葉――は人間の生や思いが込められた言葉です。日本では、かつて言葉の呪力（**言霊**（ことだま））が信じられていました。言葉は、人間と世界をつなぐ神聖なものだったのです。それは、迷信でなく言葉の本来の姿なのかもしれません。

▼近代になって、言語は新しい局面を迎えます。

　言葉は、その成り立ちから考えると、人々の暮らしや風土と深くかかわり、地域によって違うはずです。大きな国家や帝国が生まれたり交通が発達したりして、より広い地域の人々が交流するようになると、そこで通用する共通語や公用語（たとえば、東アジアにおける中国語（漢文）、ヨーロッパにおけるラテン語）はあったでしょうが、使われる言語が統一されることなどありませんでした。

　ところが、近代に誕生した**国民国家**は、**標準語**を制定して、**民族意識**を醸成することで、被支配民（支配下の人々）を**国民**（国のメンバー）に変えていきました。いわば、人々の暮らしが国民国家を単位とするようになった（国家によって人々の生活が一元化された）結果、言語もまた国家単位になったわけです。こうして、言語は、国家や民族と深く結びつくものになりました。

　ここで、二つのことを確認しておく必要があります。

　一つは、言語という人間にとって根源的なものが国家と結びつくことで、自分が何国人であるかが、アイデンティティ（自分とは何か）を決定づけるものになったということ。「あなたは何人ですか」という問いに、私たちはほぼ確実に「何国人」と答えます（むしろそれ以外の答えが浮かびません）。

もう一つは、近代以降、言語をめぐる状況は、国家によって選ばれたかどうかで大きく左右されたということ。国家語（国語）として選ばれなかった言語の多くが消えていきました。現在存在する約六千の言語のうち、二千五百（うち日本は八言語）が消滅の危機にあるといわれています。言語が消滅するとは、それを話していた人々の暮らしがなくなるということです。

近代以降、世界は一元化の方向性にあるわけですが、こうした多様性が失われる状況が本当によいのかどうかは十分に考える必要があるでしょう。

➜ヨーロッパでは、現在、地方語の復権が盛んです。たとえば、英国の一地方であるウェールズでは、英語だけでなくウェールズ語も公用語として用いられています。

➜「言語」は、日本語や英語のような「〜語」を意味しますが、「言葉」は、「つくえ」や「ペン」のような一語一語を意味する場合と、その総体である「〜語」を意味する場合があります。

例文

(1)サピアによれば、われわれは、全人類が例外なく持っている言語という文化（記号体系）を通してしか現実を構成することができないのであり、したがって、それぞれの言語という記号体系が異なれば、見えてくる世界も違ったものになってくるのである。

（唐須教光『文化記号論』）

(2)日本人として生まれたから自らの民族の特性として日本語を共有している、というような思いこみは、ぼくの場合、許されなかった。純然たる「内部」に、自分が当然のことのようにいるという「アイデンティティー」は、最初から与えられていなかった。

（リービ英雄『日本語を書く部屋』）

⇩「ぼく」（筆者）は、ユダヤ系アメリカ人。

column

歴史認識というフィクション

しばしば誤解されていることですが、歴史は事実を語るものではありません。あくまでも、**フィクション**にすぎないのです。

こういうと、いや、歴史は史料にもとづいた**実証的**なものだと言われるかもしれませんが、その史料の多くは文字として残されたものです。現在歴史としてとらえられているものは、その多くが文字を残せる強者（きょうしゃ）の歴史にすぎません。

記録として残っていなくとも、さまざまな人たちの生の営みがありました。むしろ、歴史とは、名を残す一部の人たちのものではなく、こうした無名の人たちが作り出すものだといえます。歴史に残る戦争を実際にやったのは、戦争の指導者ではなく無名の人たちです。そうした無名の人たちの生（なま）の生き様こそ、歴史を生み出しているのです。

ところが、こうした真の歴史を掘り起こすことは、現実問題として非常に難しいことも事実です。限られた史料から歴史を推理するしかないのです。

国家間に歴史認識の齟齬（そご）があると言われています。それが、要らぬ軋轢（あつれき）を起こし、徒（いたずら）に**ナショナリズム**を刺激しています。しかし、そうした歴史認識もまた、それぞれの国家が自分たちを意味づけるために生み出した物語にすぎません。自らの歴史こそが正しいとか客観的だという発想自体まちがっていることに気づく必要があります。歴史はフィクションにすぎず、多面的なものであることを忘れてはならないでしょう。

16 メディア

◆メディア 英 media … 【medium（中間）の複数形】媒体（ばいたい）。手段。

◆コミュニケーション 英 communication … 情報伝達。

✤解説

▼「メディア」とは、〈人やものとをつなぐもの〉です。媒体（媒（なかだち）となるもの体）とか手段と訳されます。

広い意味では、ケーキを食べるためのフォークも、世界を認識するための言葉もメディアです。

ただ、フォークが突き刺すことでしか食べられないように、メディアが人間の意識や行動を可能にする一方で、それを制約するものでもあることには留意が必要です。

▼日常では、〈情報にかかわる媒体〉、特に〈多（マ）く（ス）の人に情報を伝達する媒体（メディア）〉＝「マスメディア（mass media）」を単に「メディア」と呼びます。「コミュニケーション」＝〈情報伝達〉なので、「マスコミ」とも呼ばれます。

➜「マス〜（mass-）」は、〈大量の。大衆の〉。単独で〈かたまり〉という意味にも使います。

一般に、マスメディアは、新聞・テレビ・ラジオ・雑誌の四つを指し、それぞれのメディアが多くの人に一方的に情報を伝達するという、一対多の構造をもっています。

近代国家（国民国家）にとって、マスメディアは非常に大きな役割を負っています。国家運営のために、国のメンバーである国民に必要な情報を伝える――それは、しばしば権力者に利用され、都合のいい情報だけを発信する権力の傀儡（かいらい）になることすらありました。その反省の下に、マスメディアは、国家権力の監視者でなければならないとも考えられています。

➡戦時中の日本で、新聞やラジオが国家権力に都合のいい情報ばかりを流したことは有名です。

民主主義は、多数決で物事を決めます。その前提となる、さまざまな意見や考え方があるためにも、よりよい決定を下すためにも、良質で十分な情報を必要とします。それを担ってきたのが、マスメディアです。

その意味で、マスメディアの提供する情報は、中立公正をめざすべきです。が、メディアである以上、何らかの制約があります（だから必ず情報が歪む）。できもしない中立のふりをするのではなく、自分たちの提供する情報もまた、さまざまな立場からの意見や考えの一つにすぎないことを意識することこそが、マスメディアとしての誠実な態度だといえるでしょう。

私たちの側もまた、大量の情報に振り回されるのではなく、それを吟味し主体的に考える力（**メディアリテラシー** media literacy）を育てなければなりません。

▼コンピュータや携帯電話の普及を背景に、新しいメディアが社会のあり方を大きく変えつつあります。

まず、「**インターネット**（internet）」（略して「**ネット**」）は、マスメディアのような一方的な発信ではなく、個人が世界に向かって発信できる多対多の関係を作り出しました（こうした情報のやり取りができる社会を「ネット社会」と呼びます）。さらに、SNS（social networking service）をはじめとする「**ソーシャルメディア**（social media）」を通して、人々は、顔見知り同士が集まるもの（コミュニティ）から不特定多数が集まるもの（コミュニティ）まで、目の前にいない人たちとも常時つながり、広く浅くつきあうようになりました。

そのなかで、メディアの暴力性がより露（あらわ）になってきました。

マスメディアの暴力性は以前から問題にされています。たとえば、テレビで取り上げられて有名になることは、決してよいことばかりではありません。私生活を壊され、いわれのない差別をされることすらあります。

ネットでは、不特定多数の発信者が、匿名で、現実(リアル)社会では言わない／言えない内容にまで踏み込んでコメントします。たしかな根拠もなく、自らの発言に責任を負うこともなく、しかも時には正義漢面(づら)して。

こうしたネットの暴力性はもちろん否定されるべきですが、その言葉は、具体的な人間関係から解放された人間の生(なま)の思いが吐露(とろ)されたものともいえます。ただ単に否定するのではなく、ネット社会における新しい人間関係の方向性を考えるヒントがここにはあるかもしれません。

一方、ネット上の評判は、実は、一部の人間が一時的に騒いでいるだけなのに過剰評価され、さらにマスメディアに取り上げられて、それに拍車がかかることも多いようです。ネット社会は、少人数であっても、大声を出した者が勝つ、いわば**ノイジーマイノリティ**(noisy minority) の天下だといってもよいかもしれません。

➡〈自分の意見を言わない多数者〉を**サイレントマジョリティ** (silent majority) といいます。現実(リアル)社会においても、ネットにおいても、物を言わない以上、現状を肯定していることになります。

▼ネット社会は、情報が多様化し選択肢が増えることで、より自由で開かれた社会になると考えられていました。

たしかに、マスメディアが報じない情報、権力や企業が隠していた情報が、ネットによって明らかになることが増えました。国境などないかのごとく、さまざまな人が日常的につながるようになりました。一人の人間の悲痛な叫びや告発が、社会どころか世界全体を動かすことすらあります。

が、実際には、ネットで見るのは自分に快い情報ばかり。同じ思いの仲間が集うSNSのグループ(コミュニティ)で自分の考えの「正しさ」を確認し、異なる意見を徹底的に排除する——社会の「分断」化が起こっています。

それと合わせ鏡のような現象が、ネット上でバッシングされて起きる自殺でしょうか。

SNSは、不特定多数で構成されていても、結局は、閉ざされた集団（コミュニティ）にすぎません。人は、そうした共同体（コミュニティ）に心のよりどころ（アイデンティティ）を求め、たとえ嫌なことが書かれようともそこから逃れられません。私たちは多くの選択肢をもっているようでいながら、決してそうではないのです。

私たちは、ネットに舞台を移しただけで、コミュニティ（共同体）という昔ながらの人間関係、社会関係にとらわれていることを自覚する必要がありそうです。

例文

(1)現代はインターネットという新たな思考経路が生まれた。ネットというメディアは一見、個人のつぶやきの集積のようにも見える。しかし、ネットの本質はむしろ、不完全を前提にした個の集積の向こう側に、皆が共有できる総合知のようなものに手を伸ばすことのように思われる。つまりネットを介してひとりひとりが考えるという発想を超えて、世界の人々が同時に考えるというような状況が生まれつつある。

（原研哉『白』）

(2)従来は、ネットが普及して市民たちが多様な情報や意見に接するようになると、マスコミによる画一的な偏向報道の弊害を打破できる、と言われていた。しかし実際には、多くのネット民は自分の好きな情報や意見に飛びつき、それと異なった見方を知らないし、拒絶するので、市民の間に分断が拡がった。

（仲正昌樹『現代哲学の論点』）

17 情報（じょうほう）

❖解説

▼私たちは、「情報化社会」に生きています。そこでは、あらゆることが情報として細分化・数量化され、それがさまざまなメディアを通じて、世界を駆け巡っています。

たとえば、私たちの名前や身分は、私たち自身とは無関係に、個人情報としてやりとりされています。人間すら、情報として、分解され、交換されているのです。そうやって手に入る情報は、その人間を成り立たせている、ほんの表層にすぎません。しかし、その当たり前のことを忘れて、私たちは、単なる人間の断片を人間そのものだと考えてしまいます。

この情報化社会を支えているのが、コンピュータであることは偶然ではありません。現実の世界は、そもそも、アナログ（全体的）な世界です。しかし、ディジタル（部分的）なコンピュータは、世界をディジタルにしか描けません。そこに生まれるのは、生身（リアル）の人間の世界ではなく、コンピュータによって作られた疑似的（バーチャル）な世界＝虚構（フィクション）（作りごと）の世界にすぎません。

インターネットには、現実世界（リアル）では考えられないような誹謗（ひぼう）中傷が平気で書き込まれます。日常の自分とはまったく違う人間を演じることもできます。それは、流される情報だけでなく、情報を流す人もまたディジタル（部分的）な存在だからでしょう。インターネットは、自分のもつある部分（多くの場合日常では出しにくい部分）をさらけ出すことができる空間なのです。演じているつもりになっている人格（キャラ）もまた、その人の一部なのだから、ネット空間は、ただの疑似現実（ヴァーチャルリアリティ）ではなく、拡大された現実、いや、現実世界（リアル）の一側面とまでいえるかもしれません。

▼メディアの発達は世界を一つにしようとしています。

しかし、情報の流れは、決して一律ではありません。情報の内容も、決して公平ではありません。アフリカからどれほどの情報がやってくるでしょうか。日本でテロリストと名指しされる人物が、他国では英雄と呼ばれていることすらあります。どんな情報も必ず歪（ゆが）みをもっています。私たちは、そうした歪みがあることを前提に情報を扱わなければなりません。

インターネットの発達は、私たちを、もはや情報を受け取るだけの存在ではなく、日常的に発信する存在にしました。だから、情報をどう受け取るかだけでなく、発信する情報がどう受け取られるかも考えなければなりません。特にネット上に書き込む言葉は、不特定多数の人たちが見る可能性がある以上、どう受け取られるか予測しきれません。

その意味で、私たちには、**「メディアリテラシー media literacy」**＝〈情報を読み解く能力〉が求められています。それは、氾濫（はんらん）する情報に対して主体的であるために必要なだけでなく、インターネットの向こう側に広がる善意や悪意に対して無防備にならないために必要だからです。

例文

(1)個人の身体の周りや皮膚の内側とその私生活のなかにあったプライバシーは、いまでは個人情報へと変換され、個人を分析するデータとなり、情報システムのなかで用いられる。（阪本俊生『ポスト・プライバシー』）

(2)現代世界のこのような情報の流れの構造があるために、情報化が進めば進むほど、欧米の文化的優位が強まり、世界中の人々が、欧米の文化が主導する、世界文化画一化・一元化への圧力を受けることになります。（加藤淳平『文化の戦略』）

18 現実／リアリティ

✤解説

▼食べているリンゴの歯触りや味、机の上の消しゴム……生身の身体が捉えているこの世界のあり方こそが、まず第一に、私たちにとって〈現に事実としてあるもの〉＝「現実／リアリティ（reality）」です。だから、現実は、その日の気分や体調で変わる、きわめて主観的なものだといえます。

私たちは、そうした現実に、たしかな生(せい)の手触り(リアル)を感じます。

▼コンピュータや携帯電話の発達は、ＶＲやＡＲを生み出しました。

「ＶＲ／バーチャルリアリティ（virtual reality）」は仮想現実／疑似現実と訳され、〈仮想空間を現実のように体験できること〉です。仮想空間とはコンピュータ上に作られたつくりもの(ニセ)の空間であり、それをゴーグルなどの機器(デバイス)を使って体験します。

ここでいう「バーチャル（virtual）」は〈仮想の。疑似の〉ですが、〈インターネット上の〉という意味にも使います。それに対する語が「リアル（real）」です。そもそもは〈現実の〉という意味ですが、ネット空間に対して〈現実〉そのものも意味します。

ネット民たちは、しばしば、現実(リアル)が充実している人たちを羨(うらや)んで「リア充」と呼びます。ここでは、バーチャルとリアルが別の世界として捉えられています。

たしかに、ネット空間はバーチャル(疑似的)な空間です。ホンモノ(現実)に似ているけど、ニセモノ(現実でない)の世界。既存の人間関係からは切り離された場です。だからこそ、クラウドファンディング（cloud funding）のように、見知らぬ人の思いつきに大勢の人たちがお金を出すこともあれば、人を傷つける言葉を無遠慮(ぶえんりょ)に投げ合い自殺に追い込むこともあります。いつしか、ニセモノ(バーチャル)であるはずのネット空間が現実(リアル)を動かしているのです。

今や、「バーチャル」は〈ニセモノのようだけどホンモノ〉を意味するようです。

一方、「AR (augmented reality)」は**拡張現実**と訳され、〈デジタル情報が加わった現実空間〉です。携帯電話をかざすと、実際の町並みのなかに店の情報が表示されたり、ゲームのモンスターが登場したりします。まさに、現実空間が拡張(augmented)されたものだといえます。

このような状況は、リアルがバーチャルに侵食されていると否定的に捉えることもできますが、リアルとバーチャルが相互にかかわりあって、人間の生きる世界が広がりつつあると捉えた方が生(せい)が（リアルもバーチャルも）より充実するのではないでしょうか。

▼「世界の現実」などというと、何か悲劇的なことが世界のどこかに起こっているように感じます。決してならない紛争や戦争、しだいに深刻さを増す環境問題……これらもまた、世界の一つのあり方として、私たちにとっての現実といえるでしょう。このとき、現実は客観性を帯びてきます。

しかし、立場を変えれば、「侵略」は「解放」と呼ばれ、「配慮」は「エゴ」と呼ばれることを私たちは知っています。

ここでも、現実は、絶対的なものではなく、一つの可能性でしかないのです。

にもかかわらず、こうした現実が客観的なものに見えるとすれば、自分自身の目ではなく、メディアを通して見たものだからでしょう。メディアが「侵略」に見える部分を切り取れば「侵略」になり、「解放」に見える部分を切り取れば「解放」になる——私たちが見ている現実は、メディアの用意した窓から見たものにすぎません。そして、私たちは、その報じる現実を「正しい」世界の姿だと思い込んでしまいがちです。

▼自分の認めたくない現実を「フェイク(fake)」＝〈ニセモノ〉と断じ、自分に快い現実だけを求める人たちが増えてきました。彼らは、自分に都合のいい情報だけを選べないマスメディアを毛嫌いし、同じ考えをもつ同志しかいない、居心地のいい場所をネットやSNSに求めます。

こうして、社会は、自分の「正しさ」を信じる集団に分かれ、しだいに対立を深めていきます。米国で顕著になっている「分断」ですが、日本も決して他人事(ひとごと)ではありません。

▼事態をさらにややこしくするのは、コンピュータ技術の発達です。

たとえば、コンピュータが作る映像があまりにリアルで、ホンモノなのか、ニセモノ(フェイク)なのか、区別できなくなりつつあります。「侵略」の証拠映像を捏造することは簡単だし、だから逆に、ホンモノの映像をフェイクだと言い張ることもできるようになりました。

学習など、人間の知能がもっている機能をもたせたコンピュータを「AI／人工知能(artificial intelligence)」と呼びます。そのなかでも、「生成AI(generative AI)」は、ネット上の膨大なデータを学習し、文章や映像など、新たなコンテンツ(その意味ではオリジナル作品)を作り出します。ウィキペディアは、誰もが編集できるネット上の百科事典であるがゆえに、しばしば、その不正確さが指摘されてきました。が、生成AIの作るコンテンツは、一つの作品として存在しているために、ウソのデータがベースになっていることすら気づけない可能性があります。

ここに至ると、リアル／バーチャル、ホンモノ／ニセモノ、と問うことが無意味に感じます。そこにあるのは、もはや現実性の保証されない「現実」。だから問うべきは、自分にとっての「現実」とは何か、です。リアル／バーチャル、ホンモノ／ニセモノの区別がない以上、メディアに振り回されないためにも、自らの生の実感を起点にするしかないようです。

ただ、その「現実」はあくまでも現実の一つにすぎません。「現実」が人の数だけあることを忘れてしまうと、社会は分断するしかありません。

「**メディアリテラシー**（media literacy）」と簡単にいわれますが、現代ほど情報を読み解くのが難しい時代はないと断言できます。

▼二〇四五年にＡＩが人間の知能を越えるのでは、といわれています。が、そうした発想はナンセンスです。

ＡＩの存在意義は、人間の知能の及ばない分野にあります。ＡＩが科学技術の産物である以上、競い合える分野では、人間の知能は最終的にＡＩに勝てません。移動速度で人間の足が自動車にかなわないのと同じ話です。ＡＩは、あくまでも人間の知能とは異質なものとして、人間の可能性を開くものでなければなりません。

インターネットは、リアルとバーチャルが混じり合う新しい現実を与えてくれました。これまでの科学技術と同じく、よくもあしくもコンピュータは私たちを新しい世界に導いたのです。ならば、ＡＩもまた私たちに新しい世界を見せてくれることでしょう。そこは、今の私たちなら決して「現実」と呼ばないものかもしれませんが。

例文

(1)自分たちが人種主義者だとは夢にも思っていない日本のひとに、日本の社会的**現実**が、人種主義的なものであることを提示するさいの抵抗を考えてみればわかるだろう。（酒井直樹『死産される日本語・日本人』）

(2)商取引から恋愛まで、すべてはインターネット上の**ヴァーチャル**な体験に置き換えられ、一歩も自分の部屋を出なくとも生活が何不自由なくできるという時代が来るのも夢ではない。（沼野充義『W文学の世紀へ』）

column

デカルトって？　その2

近代を生み出した偉人たちは、「哲学者」なり「科学者」なりと呼ばれますが、それは後世の人間が名づけただけで、実は、自然（世界）とは何かを探求していたにすぎません。少なくとも自覚的に「～学者」ではありませんでした。

デカルトは「哲学者」だといわれますが、現在数学で使われている座標は彼が生み出したもので「デカルト座標」と呼ばれます。

ニュートンも「物理学者」だといわれますが、彼の残した膨大な著作の中には、錬金術とも魔術ともいえるような内容が含まれています。

私たちは同じ近代という枠組み（パラダイム）に生きているつもりですが、かなり違ったものであることがわかります。いや逆に、似ているところが多いせいで、その違いに気づきにくいのかもしれません。

彼らは、大きな意味で合理的であろうとしました。そこには、私たちから見れば不合理な点や矛盾が含まれている可能性があります。

たとえば、「我思うゆえに我あり ラ cogito（コギト）, ergo（エルゴ） sum（スム）」。→P160 人間が自分で考え行動する存在（主体）であることを宣言する、デカルトの最も有名な言葉です。

しかし、論理としてはひどい。自分の無罪（俺は無罪だ！）を自分の言葉でいくら訴えても証明できないように、自分の存在（我あり）を自分の意識（我思う）によって根拠づけようとしても、まったく説得力がありません。

が、それがデカルトには明晰判明（めいせき）なことであったのであり、私たちにとっても実感あるものなのです。近代合理主義的な狭い了見（りょうけん）で、デカルトを安易に断罪することは私たちにはできません。

第2部 キーワード

1 レベルⅠ（テーマ別）

2 レベルⅠ（抽象語）

3 レベルⅡ（テーマ別）

第２部は、「現代」を読み解くためのキーワードを集めました。

この章では、全体を五つのテーマに分けて、「現代」を語る上で重要な言葉を詳しく説明しています。特に、一見簡単そうな言葉には注意しましょう。日常とは違う深い意味をもっていることが多いだけでなく、それ自体がテーマとして語られることも多いので、表面的な理解では文章が読めないからです。

テーマの区分は、第１部２「基本テーマ」の区分に対応しています。一語一語の理解も大切ですが、「現代」との関連を押さえるために、第１部を参照しながら読んでいくのも有効です。

1

混沌（こんとん）／カオス

英 chaos　　別 渾沌

ものごとがまじりあって、区別のないさま。

【混（ま）じる＝渾（にご）る＝沌】

同 無秩序　参 複雑

2

秩序（ちつじょ）／コスモス

英 cosmos

ものごとがつながって、一つにまとまっているさま。

【秩＝順序】

参 宇宙

❖解説

▼「混沌／カオス」は、宇宙・万物のはじめの状態であり、〈すべてのものが形をなさず、まじりあっているさま〉を表します。それは、たしかに無秩序で混乱した状態ですが、これから何かが生まれようとする豊かなエネルギーを秘めた状態でもあり、人間の生の根源的な部分と深く結びついたものとして肯定的に評価されることがあります。

一方、「秩序／コスモス」は、一定の順序にしたがって、〈ものごとが結びつき、調和を保っているさま〉を表します。コスモスは〈宇宙〉とも訳されますが、それは、人間の生きている世界が本来秩序をもったものであることを示しています。

例文

(1)芸術はすでに存在しているコスモス――多くの場合、われわれはすでに日常的秩序が存在しているところに生まれてくるわけだから――を疑い、日常的秩序をカオスとしてとらえ直す。それによって、コスモスを再創造しようとした。

（市川浩『〈私さがし〉と〈世界さがし〉』）

3

宇宙論／コスモロジー

英 cosmology 【ギ kosmos（宇宙）＋ギ logos（論理）】

世界を秩序あるものとしてとらえること。　同 神話②

❖解説

▼近代以降、人間は、自らを自然から切り離してとらえるようになりました（デカルト二元論）。それが現代の豊かな生活をもたらしたことはたしかですが、自然環境問題やアイデンティティの危機も引き起こしています。

それに対して、もう一度、人間と自然との関係を根本的にとらえ直そうという動きがあります（パラダイム・シフト）。「宇宙論／コスモロジー」は、〈宇宙という秩序がどう生まれ、どのような構造をしているかを考えること〉なので、世界を一つのつながったものとしてとらえる言葉です。

例文

(1)こちら（＝文化概念としてのコスモロジー）のほうは**宇宙論**というよりはむしろ宇宙観、あるいは世界観と訳したほうがいいような**コスモロジー**である。この場合は、むしろ人間のほうが大きくなっている。つまり人間が宇宙をどうとらえてきたか。その宇宙のなかの人間の位置をどう考えるか、人間はどこから来て、どこへ行くのか。宇宙のなかの人間の位置を捉える半ば哲学的な概念だと言っていいだろう。

（野家啓一『サイエンス・パラダイムの潮流』）

4

神話（しんわ）

【神の・話】

①神を中心として、世界の成り立ちを語る物語。

❷＋世界を一つのつながったものとしてとらえること。 同コスモロジー

❸－正しいと思い込まれている話。 同絶対化／絶対視・信仰／崇拝

✤解説

▼「神話」とは神の話なので、「神」の意味をどう取るかによって神話の意味も変わってきます。

そもそも、「神」は〈世界を成り立たせるもの〉ですから、神話とは、〈この世界の成り立ちを神の話として説明したもの（①）〉です。ギリシア神話とか出雲（いずも）神話という場合の神話です。

↓すべての神話が創世神話から始まるといわれています。創世神話とは、この世界がどうやって生まれてきたか、という世界の起源を記したものです。

そこでは、この世界のすべてのものが、何らかの形で神とのつながりをもった、意味あるものとして描かれます。〈世界は意味に満ちたひとつながりの存在であって、人間はその中でさまざまなものと結びついて生きているということ（❷）〉を、神話が教えてくれるのです。

↓この意味での神話（❷）は、世界との**つながり**がキーワード。

神話はただのおとぎ話だと思われがちです。それは、近代以降、ものごとは、科学的、合理的に説明できることがよしとされているからです。しかし、科学は私たちの生活を便利で豊かなものにする一方で、自然とのつながりを失わせました（たとえば、私たちはビルの中で昼間から明かりをつけてすごします）。だ

からこそ、私たち現代人は、神話をただ不合理なお話だと思わずに、そこに語られる、世界との一体性（**コスモロジー**）を見直すべきでしょう。

▼現代社会において、「神」は、信じている人にとっては正しいかもしれないけれど……という存在です。だから、〈本当に正しいのかどうかわからないのに正しいと思い込まれている話（❸）〉という意味にも使われます。

たとえば、原子力発電所は長らく安全だと思い込まれていました。それを「安全神話」といいます。

➔この意味での神話（❸）は、思い込みがキーワード。文中にいきなり出てくる「神話」は、ほとんどの場合、この意味です。「**絶対化／絶対視**」「**信仰／崇拝**」という同義語に注意。

例文

(1)＝❷インディアンたちは、彼らの「**神話**の知」を生きることによって、ユングが羨望（せんぼう）を禁じ得ない「気品」をもって生きている。これに対して、近代人は何とせかせかと生きていることか。近代人は豊かな科学の知と、極めて貧困な精神とをもって生きている。ここで、インディアンたちが彼らの**神話**の知を、太陽の運行にかかわる「説明」として提出するとき、われわれはその幼稚さを笑いものにすることができる。しかし、それを自分をも入れこんだ世界を、どうイメージするのかという、コスモロジーとして論じるとき、われわれは笑ってばかりは居られない。

（河合隼雄『イメージの心理学』）

(2)＝❸ここに現在の科学者達を強くしばっている**神話**がある。事物を分類するには、自然の秩序に従うのが、最も合理的である、との考えである。これを自然分類という。

（池田清彦『分類という思想』）

⇩「思い込み」と訳せる。

5

デカルト二元論

世界が精神と物質から成り立っていると考える世界観。

同 物心二元論・心身二元論

◆精神／心
◆物質／物
◆身体

✤解説

▼「近代の父」といわれるフランスの哲学者デカルト（Descartes）は、〈世界は精神と物質という二つの実体から成り立っている〉と考えました。これを「デカルト二元論」といいます。

そこでは、「人間」は、精神をもつ唯一の存在として、世界の支配者（主体）になり、物質的な存在である「自然」は、その支配の対象（客体）になりました。いわば、人間という主人に、自然は仕えるべきだというのです（人間中心主義）。

近代ヨーロッパの繁栄は、人間の知恵や努力（理性）によって厳しい自然を克服することで実現しました。人間が自然を支配、利用してもよいという考えは、近代ヨーロッパ人の実感でもあったのです。デカルト二元論は、近代人の世界観をうまく表現したものだといえます。

▼「精神」は意識を特徴（属性）とします。意識とは考えることなので、人間＝精神は、考える力（理性）をもった存在だといえます。

一方、「物質」は延長を特徴とします。延長とは空間的に広がっていることなので、自然＝物質は、理性をもたない、ただ空間の中に位置を占めているだけの存在だといえます。

➜理性／意識／精神の関係…「精神（心）」の働きが「意

識」、それを成り立たせている能力が「理性」。

↓人間…理性をもつ精神的な存在＝主体。

自然…理性をもたない物質的な存在＝客体。

主体／客体 ＝ 精神／物質 ＝ 人間／自然

支配（主体→客体）

‖ 人間にあてはめると

精神／身体

デカルト二元論

もともと、人間は、宗教や伝統と呼ばれるさまざまな決め事の中で暮らしてきました。それは、人間の生を、良くいえば意味づけ、悪くいえば制約するものですが、貧しさの中に生きる人間には必要なものでした。しかし、豊かになった近代は、世界から意味を剝(は)ぎ取り、人間を宗教や伝統から解放したのです。これを、脱呪術化(だつじゅじゅつか)とか世俗化(せぞくか)といいます。

たとえば、日本には、かつて多くのお地蔵様や祠(ほこら)がありました。ただの迷信かもしれませんが、このような素朴な信仰が、そこに住む人間と自然とをつなぎ、人々の生活を意味づけていたのです。それが、明治以降近代化が進むにつれ、次から次へと取り壊されました。豊かさを求める中で、お地蔵様や祠がもっていた意味が失われ、自然をただの物質だと見なすようになったからでしょう。

こうした自然観が、実は、科学の前提であることを忘れてはなりません。

↓〈世界をただの物質だと考えること〉を「唯物論」といいます。デカルト二元論は、私たちが現実に生きる世界＝自然を物質だととらえるので、一種の唯物論と見なすこともできます。 ↓P157

▼デカルト二元論を人間自体にあてはめると、［精神―身体］と言い換えられます。

「身体」はただの物質だと見なされ、科学の対象となりました。それが、近代医学を発展させたことはたしかです。

こうした二元論は、人間を精神中心にとらえ、心が身体よりも大切だと考えます。しかし、人間は心だけでも身体だけでも存在できません。本来、不可分なものです。心は、人間が実際に生きること（経験）で培（つちか）われていきますから、むしろ、身体こそ心の母体だといえるかもしれません。

↓「身体論」では、精神と身体の切り離しが批判され、精神と身体のつながりが主張されます。

▼デカルト二元論の最も大きな特徴は、理性の有無で、世界を二つに切り離したことです。この《切り離し》は、近代の特徴として最も重要です。

私たちの生活の豊かさや便利さは、まさに《切り離し》によって成り立っています。たとえば、私たちは、真っ昼間からビルの窓を閉め切って、エアコンを効かせ、明かりをつけます。自然から切り離されることで、現代人は快適な生活を手に入れたのです。しかし、そうした人間の態度が環境問題を引き起こしていることも事実です。

こうした《切り離し》は、人間と人間との関係にも見られます。それが、個人を誕生させ、一方で、アイデンティティの危機を生じさせました。

《切り離し》は、現代に豊かさをもたらす一方で、深刻な問題を生み出す源泉にもなっているのです。本来、人間と自然は切り離せないはずのものです。私たちが今の豊かさを手放さないためにも、人間と自然との《つながり》を見直す必要があるでしょう。

↓〈さまざまなものをつなげ、全体としてとらえること〉を、しばしば「コスモロジー」と呼びます。

6 意識

ものごとを認識する心の働き。

【意う＝識る】

参 反省

7 無意識

通常は意識されない心の領域。

同 潜在意識・深層心理

解説

▼「意識」は〈ものごと（対象）を認識する心の働き〉ですが、特に、〈自分自身を客観的に見つめる（反省する）心の働き〉を意味します。

↓「思惟」も、思う＝惟うなので、〈考えること〉という意味で意識とほぼ同じ意味に用いられます。 同 思考

一方、「無意識」は〈通常は意識されない心の領域〉です。

▼デカルト二元論では、意識は、精神を特徴づけるものとして考えられています。意識があるからこそ、人間は自然に優越するわけです。

↓意識という言葉は、〈精神をもつとされる〉人間にしか用いられないことに注意しましょう。

しかし、フロイト（Freud）による無意識の発見は、デカルト二元論の根底を覆してしまいました。人間は、意識だけでは成り立っていないことをあきらかにしたのです。いやそれどころか、無意識は、人間の意識や行動と深くかかわり、それを支配することすらあると考えられています。

無意識は、理性や合理性という切り口からは見えなかった人間の姿を見せてくれます。

8

機械論（きかいろん）

英 mechanism

ものごとにしくみがあると考えること。

✤解説

▼私たちが「機械」と呼んでいるものは、人間のさまざまな機能が外化（拡大・延長）したものです。たとえば、自動車は足の、コンピュータは頭脳の外化だといえるでしょう。

　しかし、機械は、自ら考えて動いているわけではありません。機械とは、〈あるしくみによって自動的に動くもの〉なのです。そこで、「機械的」とは、〈一何も考えず、ただ決まった行動を行うさま〉というマイナスの意味に用います。

▼近代は、この世界を機械と見なしました。扇風機があるしくみ（メカニズムmechanism）をもって風を吹かすのと同じように、この世界に風が吹いているのにも何かのしくみがあるにちがいないと考えたわけです。このように、〈ものごとにしくみがあると考えること〉を「機械論」といいます。

　デカルト二元論によれば、自然は、精神をもたないただの物質であり、それは自然の摂理（せつり）という一定の因果関係にしたがって動くものだと見なされました（機械論的自然観）。科学は、こうした自然のしくみをあきらかにしようとしたのです。科学の一分野である近代医学も、人体を機械と見なしました（機械論的人間観）。たとえば、臓器移植は、まさに臓器という故障した部品の交換です。

　しかし、こうした機械論には限界があります。これまで科学は、［一つの原因→一つの結果］という単純な因果関係で（線形的に）世界をとらえてきました。しかし、現実には、結果が逆に原因に影響を与えることもあります（**フィードバック feedback**）し、いくつもの原因が複雑にからんでいくつもの結果を生み出すこともあります。この世界にしくみがあるとしても、そのしくみは決して単純ではないのです。

このように、〈原因と結果がさまざまにからみあい、一つの**体系**（システム）を作り出していると考えること〉を、「**システム論**」といいます。 ↓P90

世界は、従来の機械論が想定したほど**単純**な姿ではなく、ずっと**複雑**な姿をしているのです。

➜機械論を語る上でのキーワードは**しくみ**です。

➜mechanism の訳として、他に「機制（きせい）」「機構（きこう）」を押さえましょう。ともに〈しくみ〉という意味です。

「**メカニズム＝しくみ→機械論／機制／機構**」と覚えましょう。

例文

(1)生物の立場に立っていえば、絶えず環境に働きかけ、環境をみずからの支配下におこうとして努力しているものが生物なのである。環境のままにおし流されて行くものなら、われわれは何もそこに自立性や主体性を認める必要はないのである。それならば単なる**機械**にすぎない。（今西錦司『生物の世界』）

(2)近代自然哲学は**機械論的**であると言われる。**機械論的自然像**とは自然を**機械**として見る考えをいう。説明することが困難な生命的、有機的なことがらを可能な限り排除しようとするのである。…自然は生きているに違いないが、とりあえず**機械**と見て、それにアプローチしようとするのが、テクノロジー科学の方法論的合意なのである。そうアプローチする方が、自然を理解しやすいからである。換言すれば技術的に操作することが可能になるのである。（佐々木力『科学論入門』）

9 体系（たいけい）／システム

英 system 〖体（まとまり）＝系（つな）がり＝sys（ともに）＋tem（組み立てる）〗

秩序をもったまとまり。

❖解説

▼「体系／システム」とは、〈各部分がかかわりあって、一つにまとまっているもの〉です。

たとえば、神話は、神を中心として世界を一つのまとまりあるものととらえています。その意味で、神話は一種の体系だといえます。

例文

(1)東京は「超（スーパー）システム」の典型である。多様なものを包括しつつ独自性を主張する、生命体として機能している。

（多田富雄『ビルマの鳥の木』）

機械論の図

原　因
↓
結　果

※単純（線形的）な因果関係。

システム論の図

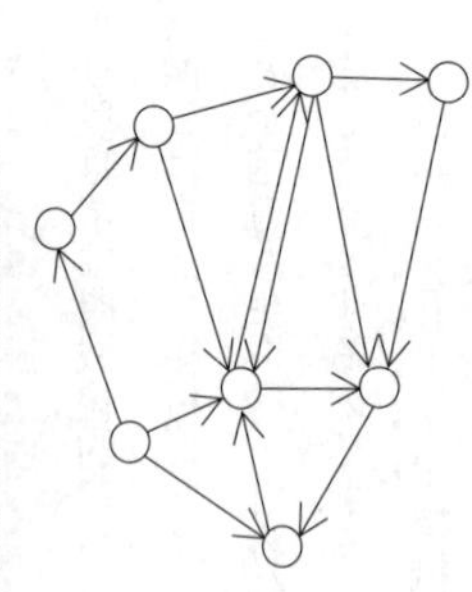

※因果関係が複雑（非線形的）にからんで、一つの全体をつくっている。

column

世界のしくみを作ったのは？

　この世界があるしくみにしたがって動いていると考えるのが、**機械論的世界観**です。それが、現在の科学を支える世界観です。この世界観の下、すべての生物がＤＮＡという一つのしくみで貫かれていることが発見されました。

　しかし、ここで一つ疑問が登場します。そのしくみを誰が作ったのか？　機械論的世界観は、その誰か＝《神》の存在なしに説明がつきません。

　近代当初の科学者たちは、まさに《神》が作ったこの世界の美しさをあきらかにしようとしたといわれています。ニュートンが光を七という数（ラッキーナンバー！）で分けたのは、その典型例です。しかし、《神》の存在が意識されなくなると（当然、私たちは科学の前提に《神》がいるなどと思いもしませんから）、機械論的世界観は、最大のピースを欠いたジグソーパズルになってしまいます。

　現代人が科学によって豊かで便利な生活をしながらどこか充足できないのは、こうした肝心のピースを失っているからではないでしょうか。キリスト教徒ではないのだから当たり前だ、と処理するのは簡単です。しかし、科学が、本来《神》という形で、世界に対する大いなる畏敬の念に支えられたものであるなら、現代人もまた、世界に対する敬虔（けいけん）な気持ち（それはアニミズム的な素朴な信仰心でよいのですが）を忘れてはならないのかもしれません。

10

観念（かんねん）

英 idea

考え。

【観る＝念ずる＝考える】

参 概念

11

理念（りねん）

独 Idee

あるべき姿。

【理で・念ずる→理屈で考える】

同 理想・イデー

◆イデア ギ idea …観念。理念。

◆表象（ひょうしょう）…【象（かたち）を・表（あらわ）す】①イメージ。同 形象・心象・イマージュ　②象徴。

◆観念的（かんねんてき）…①観念でとらえるさま。②一 理屈だけで、現実離れしているさま。同 形而上学②

解説

▼「観念」は、英語の idea の訳語なので、一言でいえば〈考え〉です。

「観念的」とは、〈頭でものごとをとらえるさま〉です。が、頭だけで考えたこととして、〈一 現実に即さないさま〉という意味でしばしば用いられます。

「理念」は、ドイツ語の Idee の訳語で、理屈で考えたものごとのあり方＝〈ものごとのあるべき姿〉です。

↓「理想」も、理で想（おも）うことなので、理念と同じく〈ものごとのあるべき姿〉という意味です。

「イデア」は、古代ギリシアの哲学者プラトン（Platon）が唱えた原理（アルケー）で、〈理性でしかとらえられない、事物の本質〉を意味します。しかし、英語の idea やドイツ語の Idee の語源ですので、「観念」や「理念」と訳すとほとんど意味が通じます。

「イデー 独 Idee ／ 仏 idée」は、一般に〈理念〉という意味で使われます。

↓以上を単純化して……

まず、［観念＝考え］、［理念＝理想＝あるべき姿］、

次に、余裕があるなら、［イデア＝イデー＝観念／理念］と覚えましょう。

▼「**表象**」は、〈心の中に形として浮かんでいるもの〉ですので、「イメージ」と言い換えるとほとんど意味が通じます。

〈象徴〉という意味に用いられることもあります。

↓表象＝イメージの同義語として「**形象**」「**心象**」「**イマージュ** 仏 image」を押さえましょう。→P297

例文

(1)文化は、これまで国家や民族という**観念**と強く結びついてきた。（山崎正和『日本文化と個人主義』）

⇩国家や民族という考え。

(2)日本の文学・芸術の世界で、律義な写実という方法がどうも影が薄いのは、われわれの文学的・芸術的伝統が、「移し」という行動的**理念**のうちにより高い価値を見出す傾向をもっていたからではないだろうか。（大岡信『詩人・菅原道真』）

⇩行動としてのあるべき姿。

(3)スポーツは身体のゲームにすぎないが、同時にある**表象**として世界を覆っているものである。これに参入することができるかどうかが、近代社会の仲間入りをしているかどうかの指標になることがある。（多木浩二『スポーツを考える』）

⇩近代社会の仲間なのかどうかの象徴。

(4)彼ら（＝学問的エリート）の大部分は政治に無関心であるか、あるいは現実政治を軽蔑するという意味で、きわめて**観念**的な反体制主義に与※していた。（山崎正和『日本文化と個人主義』）

※**与する**…［与＝組］味方する。

⇩現実離れしている反体制主義。

12

イデオロギー

独 Ideologie 【ギ idea（観念）＋ ギ logos（論理）】

❶ 一 人間の意識や行動を支配する観念。

参 イデア・ロゴス・パラダイム

② 政治思想。

解説

▼「イデオロギー」は、ある社会において〈人間の意識や行動を枠づける観念〉です。

たとえば、偏差値は、人間が頭で作りあげた、ただの数字＝観念にすぎません。にもかかわらず、受験生は、それに一喜一憂します。偏差値は、受験界という社会において、受験生の意識を支配している観念なのです。

▼現代ほど異文化間のコミュニケーションが重視されている時代はないかもしれません。それは、さまざまな文化や民族の間で対立や齟齬（そご）が起こっているからです。

そもそも、こうした対立が生じたのは、米ソによるイデオロギーの対立が消滅したからだといわれています。世界が資本主義と共産主義で二つに分かれて対立していたときには目立たなかった文化の違いが、イデオロギーの対立が消滅してむき出しになったわけです。

このイデオロギーは、〈政治的な主張や思想〉として人間の意識や行動を支配しています。

↓イデオロギーは、いずれにしろ、idea＝観念（考え）とかかわる語です。

例文

(1) 人間たちは、進歩や発達を人間社会にとって不可欠の要素だと考える**イデオロギー**をもつことによって、自らの行動を支えながら生きている。（内山節『自由論』）

column

枠組み？　思い込み？

私たちが何かを考えるときには、どこから見るかという《視点》が必要です。たとえば、リンゴを「味」から見ると決めてはじめて、「甘酸っぱいもの」と言えるのであって、その《視点》なしに「リンゴとは何か」には答えられません。

この《ものごとを考える枠組み》を、「**立場**」「**視座**」「**基準**」「**単位**」「**次元**」「**パースペクティブ**」「**メディア**」などと表現しますが、このうち、〈思考を枠づける最も根本的な枠組み〉を「**パラダイム**」と呼びます。

こうした《枠組み》は、私たちにとって空気のような存在です。それがなければ考えることができないのですが、普段はその存在を意識すらしない自然で絶対的なものなのです。だからこそ、それが一つの《視点》であることが忘れられ、その枠内で考えられたことは、誰にとっても正しいことのように思い込まれてしまいます。

私たちは、しばしば自分が「味」から見ていることを忘れて、リンゴを「甘酸っぱいもの」だと決めつけてしまうのです。

《考えるための枠組み》が、一転して《思い込み》を生み出す元凶になってしまいます。そうした《思い込み》を、私たちは、「**常識**」「**臆見**（おっけん）」「**神話**」「**固定観念**」「**先入観**」などと呼びますが、その親玉だといえるのが「**イデオロギー**」なのです。これらは、私たち人間の意識や行動を縛るものとして文章中に登場します。

13

パラダイム

英 paradigm 【para（並んで）+ digm（見せる）= 模範（もはん）】

知の枠組み。

参 イデオロギー

✤解説

▼もともと「**パラダイム**」は、科学を成り立たせている、〈ある時代の科学者に共有されている知の枠組み〉です。その枠組みが一斉に変化してしまうことで科学理論は交代するのだ（**科学革命**）、と科学史家クーン（Kuhn）は唱えました。

▼科学が解き明かす自然のしくみは、人間と切り離された、唯一絶対のものだと考えられてきました。しかし、人間が何かを見るには《視点》が必要です。パラダイムは、科学にもそうした《視点》が潜んでおり、しかも、それが科学者に共有されることで科学が成り立っているということを指摘したものです。科学と人間とは深くかかわりあっているのです。

▼私たちは今、自然環境問題の当事者として、生き方自体を変えることが求められています。これまで私たちは、地球の資源を浪費しながら、豊かさや便利さに浸（ひた）って暮らしてきました（デカルト二元論）。しかし、人類がこの地球で生存し続けるためには、生の枠組みを根本的に見直す必要があります。自然との**対話・交感**が必要なのです（コスモロジー）。

最近では、こうした生の枠組み（世界観）もパラダイムという言葉で説明されるようになりました。このとき、パラダイムは、〈ものごとを成り立たせている根本的な枠組み〉という意味です。こうした〈知の枠組みを変えること〉を「パラダイム・シフト paradigm shift」といいます。

政治や経済の分野で構造改革が叫ばれて久しいです

が、それはまさに政治や経済を成り立たせている根本的な枠組み（パラダイム）を変えようということです。私たちは、近代という時代の終焉（しゅうえん）と新たな時代の幕開けに立ち会っているのかもしれません。

▼イデオロギーとはどう違うのでしょうか。

どちらも、私たちの思考や行動の枠組みです。しかし、イデオロギーがある社会集団を射程にした言葉であるのに対して、パラダイムはある時代を射程にしています。たとえば、かつて、米ソは、資本主義と共産主義という政治思想（イデオロギー）に分かれて対立していましたが、同時代に生きる人間としての価値観や生き方の大枠（パラダイム）は共有されていました。

また、イデオロギーは、しばしば、私たちの思考や行動を拘束するものとして否定的に扱われがちですが、パラダイムは、良くも悪くも、人間が生きるために拠（よ）って立たざるをえない、ものごとの根本的な枠組みとして意識されます。

例文

(1)科学革命によって一つの分野の**パラダイム**が変わると、同じ現象を見ても、それを取り扱う見方、考え方が変わり、その現象について取り上げる問題が変わる。…古い**パラダイム**を支持する人も、新しい**パラダイム**を支持する人も、どちらも自分の**パラダイム**の方が正しいことを論理的に完全な証明によって相手に示すことはできない。なぜかというと、対立する二つの**パラダイム**は、前提も考え方も用語も違っていて、「共約不可能」（通約不可能、incommensurable）、すなわち同一の基準で測れない、からである。したがって、科学者共同体の大部分が古い**パラダイム**を捨てて新しい**パラダイム**を採用するようになるのは、純粋に論理的な過程ではなくて、いわば宗教的回心（conversion）に似た、考え方の変化（転換）である。

（都城秋穂『科学革命とは何か』）

14

矛盾

つじつまのあわないこと。

【矛↔盾】

15

逆説／パラドクス

英 paradox　別 パラドックス

【臆見とは逆の・説＝para（逆の）＋ギ doxa（臆見）】

①常識とは逆の考え。

②矛盾。

◆**皮肉**…【皮＝肉＝表面・うわべ】①相手を遠回しに非難すること。❷思い通りにいかないこと。　同 アイロニー・イロニー

◆**両義** 英 ambiguity …【両つの・義（意味）】一つの言葉に相反する二つの意味があること。　参 一義・多義

解説

▼ここで取りあげたのは、すべてズレをもつ語です。これらの語は、多くの場合、筆者の問題意識や主張とからんで出てきます。

特に、「矛盾」は《筆者の問題意識》と、「逆説」は《筆者の主張》とかかわりやすいので、丁寧に押さえながら文章を読むようにしましょう。

▼「矛盾」は、「ある商人が何をも貫く矛と何をも防ぐ盾を売った」という話から生まれた故事成語で、〈つじつまのあわないこと〉＝二つの話がズレていることを表します。

そこから、〈社会や現実のあり方につじつまのあわない点があること〉にも用いられます。

↓次の語も、〈矛盾〉を意味する語です。

◆**撞着**…【前後の話が撞き（＝着き）あたる】「自家撞着」（自分の言動に矛盾があること）にも注意。

◆**二律背反**…【二つの・律（ルール）が・背く＝反する】

◆アポリア ギ aporia …〖同じ問題に矛盾する二つの答えが成り立っていること〗一般に〈難問〉と訳す。

▼「逆説／パラドクス」とは、常識と逆の説であり、〈常識から考えるとおかしいが、よく考えると正しい考え〉を意味します。たとえば、「急がば回れ」という諺は、「急ぐときには近道すべきだ」という常識から考えると、一見バカげたことを言っているようですが、実は「急ぐときには、たとえ遠回りになっても、確実な道をたどった方が結局早く着く」という考えを述べています。

↓ここでいう常識は正しいと思い込まれたものであって、「臆見」といわれます。

↓逆説は（常識との）ズレをもつ語です。「一見〜だが、実は〜である」という文型を使うとうまく表せます。

逆説は、一般的な考えとズレているので、〈矛盾〉という意味でも使われます。

↓特に、「逆説的」は〈矛盾しているさま〉という意味に使われます。 同 パラドキシカル・パラドクシカル

▼「皮肉」とは、〈相手にストレートに言うのではなく、遠回しにいって非難すること〉ですが、〈思ったことと違った結果になること〉にも使います。

↓《意図（ねらい）》と《結果》にズレがあることを表します。

「風刺」は、何かを直接批判・嘲笑するのではなく、〈他の話にことよせて、遠回しに批判・嘲笑すること〉です。 別 諷刺

皮肉が、普通、目の前の相手やものごとを個人的に批判・嘲笑するのに対して、風刺は、社会の出来事や有名人を社会的に批判・嘲笑するときに使います。

↓関連するものとして、次の語も確認しましょう。

◆シニカル 英 cynical ／シニック 英 cynic … 皮肉なさま。冷笑的。

◆皮相 …〖皮の・ありさま(相)〗①表面的。②うわべだけでものごとを判断するさま。 同 浅薄

▼「**両義**」は、〈一つのものごとに相反（あいはん）する二つの意味があること〉です。

➜《矛盾》＝ズレがあることに注意。一般に、「両義的」「両義性」という形で用いられます。

➜〈一つのものごとに相反する感情をもつ〉語として、「**アンビバレンス ambivalence**」（形容詞形＝「**アンビバレント ambivalent**」）「**葛藤**（かっとう）」「**ジレンマ dilemma**」を確認しましょう。→P243

例文

(1)「自然との共生」という価値と「ゾーニング」に含まれる価値とが、表面上の共存に反して、じつは互いに**矛盾**しているということである。

（桑子敏雄『環境の哲学』）

⇩自然を味わう区域（ゾーン）を囲い込んで作ること。

(2)日常的世界のなかでは、つねに人間として、人どうしの間の関係性のなかで生きてきたわれわれは、…死において、かかる一切の人間としての関係性を喪（うしな）って、ただ一人で、死を引き受けなければならない。このことへの恐怖こそ、**逆説的**に、人が人間として生きてきたことへの明証となるだろう。

（村上陽一郎『生と死への眼差し』）

⇩逆に。一人で死ななければならないことへの恐怖が、実は人は一人ではないということをあきらかにする、という矛盾＝ズレをもっている。

(3)勤務時間に拘束されない裁量労働時間制を導入した会社では、**皮肉**なことに導入前に比べるとかえって会社にいる時間が長くなり、家族と一緒に過ごす時間が減少しているのである。

（太田肇『囲い込み症候群』）

⇩意図＝勤務時間を減らすことと、結果＝勤務時間が増えたことがズレている。

(4)ことばは身体に根ざし、それでいて身体を越えるもの。そうした**両義**を本性とする。

（浜田寿美男『「私」とは何か』）

column

悪しき自我／良き自我

「**自我**」とは、「自分が〜をしよう、〜をしたい」という意識ですから、人間が生きるために当然もっているものです。しかし、《貧しさ》の中で、たとえば、限られた食料を分けあって生きている村で、そうした意識を前に出すことはただの「わがまま」にすぎません。それこそ、仏教で「**煩悩**（ぼんのう）」と呼ばれ、否定されてきたものです。近代以前、自我は否定的にとらえられていました。

ところが、《豊かさ》の中では、事態は逆転します。たとえば、たくさんできたキャベツを売って儲（もう）けるためには、一人一人の人間の欲望をうまく解放し、より多くのものを求めるように人々を導く必要があります（資本主義）。「**近代的自我**」とは、こうした《豊かさ》の中で肯定的にとらえられた自我のことです。

明治期の日本は、文明開化したとはいえ、まだ貧しく、封建的な社会制度も残存していました。近代ヨーロッパから入ってきた「個」という意識（近代的自我）は、《貧しさ》の中では自分勝手でしかなく、当時の日本の社会にはなかなか受け入れがたいものでした。明治期の文学者たちは、こうした社会の中で近代的自我への憧憬を作品に込めたといわれます。それは、ある意味で、《豊かさ》への渇望であったわけです。↓P212

16 修辞（しゅうじ）／レトリック

英 rhetoric 【辞（ことば）を・修（おさ）める（よくする）】

① 表現技法。

② ー言葉巧（たく）みなごまかし。

17 比喩（ひゆ）

たとえ。 【比（くら）べる＝喩（たと）える】 別 譬喩

18 象徴（しょうちょう）／シンボル

英 symbol 【徴（しる）された・象（かたち）】

あるものごとに何らかの意味を込めること。 参 記号

◆直喩（ちょくゆ） 英 simile …【直（じか）の・喩（たと）え】「ようだ」など、たとえを表す表現を用いる比喩。 同 明喩（めいゆ）

◆隠喩（いんゆ）／メタファー 英 metaphor …【隠（かく）れた・喩（たと）え＝meta（別の次元へ）＋phor（運ぶ）】「ようだ」など、たとえを表す表現を用いない比喩。 同 暗喩（あんゆ）

◆擬人（ぎじん）…【人（ひと）に・擬（なぞら）える】人間でないものを人間にたとえた比喩。

✿解説

▼「修辞／レトリック」は、比喩・倒置・対句（ついく）のように、〈表現効果を高めるために、言葉を凝（こ）らしたり美しく飾ったりする表現技術〉です。

そのために、レトリックは、しばしば、〈ー言葉を飾ることでごまかすこと〉というマイナスの意味で使われます。

しかし、人間が言葉を通して世界と主体的にかかわる手段として積極的に評価することもあります。そも

そも、言葉は、人間が世界を認識するための手段ですが、そのために、逆に、人間は言葉によって世界の見え方が制限されています。言葉を用いながら、そうした限界を超えるためには、通常とは違う言葉の使い方をするしかありません。それこそがレトリックだというのです。

↓P64

▼「**比喩**」は、〈何かを説明するとき、別のものごとになぞらえるレトリックの一種〉です。

比喩にはいろいろありますが、まず「直喩」、「隠喩」、「擬人」の三つの区別ができなければなりません。

たとえば、「私の部屋はゴミ箱のようだ」は、部屋の汚さを説明するために、部屋をゴミ箱にたとえています。このように、〈比喩だとはっきりわかる表現を用いる比喩〉を「**直喩／明喩**」といいます。

↓比喩だとはっきりわかる表現…「ようだ」、「ごとし」(文語的)、「みたいだ」(口語的)。

一方、「私の部屋はゴミ箱だ」のように、〈比喩だとはっきりわかる表現を用いない比喩〉を、「**隠喩／暗喩／メタファー**」といいます。

「木々が歌う」は、木が風に鳴っている様子を、歌うという人のする動作で表しています。このように、〈人でないものを人になぞらえる比喩〉を「**擬人**」といいます。

「ワンワン」「ガシャーン」など、〈動物や事物の声や音をまねた語〉を「**擬声語**」といいます。その中で、「じわじわ」「にやり」など、特に〈ものごとの様子を表した語〉を「**擬態語**」といいます。

↓擬声語は「**擬音語／オノマトペ**仏onomatopée」ともいいます。

「**寓話**」は、〈動物などの話に託して、教訓や風刺を語るたとえ話〉です。いわゆる『イソップ物語』は典型的な寓話です。

▼「**象徴／シンボル**」とは、〈目に見える具体的なも

のによって、つかみにくい抽象的な意味を表すこと〉です。たとえば、「鳩は平和の象徴だ」というとき、《鳩》という具体的なものに《平和》という意味が込められています。

➡象徴は、**記号**の一種です。→P144

▼では、比喩と象徴はどう違うのでしょうか。

「私の部屋はゴミ箱だ」というとき、「私の部屋＝ゴミ箱」という類比(イコール)関係を前提として、私の部屋に《汚い》という意味が与えられています。

一方、「鳩は平和の象徴だ」というとき、鳩に《平和》という意味が与えられていますが、本来、鳩と《平和》の間には何らの結びつきもありません。ノアの方舟(はこぶね)という聖書の逸話(いつわ)（文化的な常識）を前提として結びついているだけです。

このように、比喩も象徴も、あるものに《特別な意味》を与えるレトリックですが、比喩が**類比関係**を前提とするのに対して、象徴は、社会がそれをどう見なしているかという**社会的な文脈**を前提とするという違いがあります。

➡小説では、作者がそれをどう見なしているかによって「象徴」の意味が決まります。作者が恣意的に（思ったとおりに）意味を与えることができるわけです。

例文

(1)このような差別の手強(てごわ)さは、差別と区別の違いという**レトリック**によって支えられていることも多い。「差別だって？　とんでもない。ぼくは区別をしているだけだ」。（岩崎稔「差別と差異のヒストリオグラフィ」）

⇩言葉によるごまかし。

(2)本来の**レトリック**とは、私たちの認識と言語表現の避けがたい一面性を自覚し、それゆえに、もっと別の視点に立てばもっと別の展望がありうるのではないか……と探求する努力のことでもある。創造力と想像力のいとなみである。（佐藤信夫『レトリックを少々』）

⇩レトリックを積極的に評価した例。

(3)《世界はいまだ書かれざる一巻の書物である》と考えた詩人がいたのだ。世界を書物に見立てるとはまさしく**メタファー**の極致である。

（野内良三『レトリックと認識』）

⇩世界＝書物という類比関係がある。(6)と比較せよ。

(4)三〇年前にはじめて出現したゴジラは明らかに核兵器の屈折した**暗喩**（メタファー）だった。核兵器は、物質の結合のために使われているエネルギーを解放してしまおうとする戦争機械だ。それは自然の中に眠っている力を実に乱暴なやり方で取り出し、地球的な規模の破壊を行な（おこ）おうとする。この核兵器が海底に眠っているゴジラを目覚めさせ、怒りに燃えて人間の都市の破壊にむかわせるのである。

（中沢新一『雪片曲線論』）

⇩このように、「メタファー」は日常に隠れている現代の問題をえぐりだすときにも用いられる。

(5)それは、人間でない動物に対しても、その「心」を私に擬（ぎ）して理解しているということにほかならない。その動物の恐怖、おびえ、疑惑、飢え、敵対心、時にはその喜びや悲しみを「私に擬して」理解しているのである。このことを通常のいい方で、動物を「**擬人的**」に理解する、といっても差し支えはない。

（大森荘蔵『知識と学問の構造』）

(6)パソコンによって、どれほど多くの小さな刊行物が生産されたことか、またインターネットを利用してどれほど多くのテロなどに**象徴**される危機的な政治にかかわる情報が流されたことか、それらがどれほど人々に影響を与えているか。

（柏木博『「しきり」の文化論』）

⇩「テロなど」は社会的に「危機的な政治」だと見なされている。

19 感性（かんせい）

英 sensibility　同 感受性

①感覚によってものごとを感じ取る能力。【感じる・能力（性）】

②感じる能力。例「感性豊かな芸術作品」

20 理性（りせい）

英 reason

①ものごとの根本を探求する能力。【理（ことわり）の・能力（性）】参 原理

②合理的に考え判断する能力。

21 悟性（ごせい）

英 understanding

思考能力。【悟（さと）る（わかる）・能力（性）】同 知性

解説

▼人間は、さまざまな感覚によってものごとを感じ取っています。「五感」は、視覚（見る）・聴覚（聞く）・嗅覚（きゅうかく）（嗅（か）ぐ）・味覚（味わう）・触覚（触る）という五つの感覚（sense）のことなので、〈人間の感覚の総称〉として用いられます。

こうした感覚を用いて、〈光や音など（刺激（しげき））をとらえること〉を「知覚（ちかく）」といい、〈そうした能力〉を「感性」といいます。

感性がとらえたことにもとづいて〈ものごとを考える能力〉を「悟性」とか「理性」といいます。

この二つは区別なく用いられることも多いですが、区別するなら、悟性が**経験にもとづいて**考える能力であるのに対して、理性は**経験を超えて**考える能力だといえます。たとえば、外は雨だと感じ取るのが感性であり、だから傘が必要だと経験上悟る（わかる）のが悟性であり、なぜ雨が降るのかという理由（reason）を考えるの

が**理性**です。

▼理性は、一般的に、〈感情におぼれず、ものごとを合理的に考える能力〉という意味で用いられます。

しかし、そもそもは、〈ものごとの根本を探求する能力〉を意味しました。私たちは、当たり前のもの（**常識**）を疑おうとはしません。しかし、そうした常識はすべて周りから与えられたもの（**臆見**）にすぎないので、それをもう一度とらえ直す（当たり前を疑う＝**懐疑**）能力こそが理性だったのです。

この理性が、近代以降、人間とそれ以外を区別する基準として用いられました（**デカルト二元論**）。

近代になって、私たちは以前よりもはるかに豊かな生活を手に入れました。それは人間だけがもつ理性のおかげだ、と考えたのです。しかし、現代では、こうした人間理性への盲信は崩壊しました。たとえば科学は理性の産物だと考えられていますが、一方で、戦争や公害などさまざまな悲劇を生み出すもととなっています。私たちが手に入れた《豊かさ》とは何か？　その根本にある理性自体を問い直すことが求められているといえます。

例文

(1)十七世紀のデカルト以来、人間**理性**の力を信じ、**理性**を正しく行使するならば、世に不可解なことはなにひとつないと信じ、人智人力の無限の能力を信ずるという方向を辿って今日に到った。それが近代をして近代たらしめている根本的な特徴といってよい。

（唐木順三『日本の心』）

(2)恐怖が世界に於いて先ず神を創り出した様に、最初の芸術を強制したのである。人間と外界との調和は、長い経験によって**悟性**の勝利であって、人間は先ず、混沌として曖昧な世界に孤立している本能的な不安を、精神的な恐怖を一挙に片附けようとしたに違いない。

（小林秀雄『近代絵画』）

22

自我（じが）

①自分という意識。

②自分という意識をもった存在。

【自分の・我（が）】

23

他我（たが）

①他者がもつ自分という意識。

②自分という意識をもった他者。

【他人の・我（が）】

24

自己（じこ）

自分。

【自分＝己（おのれ）】

25

他者（たしゃ）

自分以外の存在。

【他の・者（もの）】

参 対象・差異

解説

▼「我（が）」＝《自分という意識》なので、「自我」とは〈自分という意識〉や〈自分という意識をもった存在〉を意味します。自我の持ち主である私から見て、他の人間もまた自我をもった存在です。このように、〈他の人間のもつ自我〉や〈自我をもった他者〉を「他我」といいます。

一方、「自己」とは〈自分〉であり、「他者」とは〈自分以外の存在〉です。

《自分という意識》は人間しかもっていないので、「自我」や「他我」は人間にしか使えません。しかし、「自己」や「他者」は人間以外にも使えます。たとえば、機械が自分で故障部分を見つけて直す働きを自己修復機能といい、ペンは私にとって他者です。

▼近代は、理性をもつ一個の存在として人間をとらえました。人間は、個として自由・平等であり、その行動に責任をもたなければなりません。

そのような〈一人の人間として生きていこうという意識〉を「**近代的自我**」、〈そうした意識をもった個人〉を「**市民**」、〈その市民が主体的に作りあげる社会〉を「**市民社会**」と呼びます。

▼**他者**とは、〈あるものを自分と違う存在としてとらえること〉です。

たとえば、近代は、自然を他者（人間とは違う存在）としてとらえることで、自然を人間の支配の対象としました（**デカルト二元論**）。この場合、他者とは、自分以外の存在を自分から突き放してとらえる語で、「**対象**」や「**客体**」とほぼ同じ意味です。

また、異文化や異民族の衝突は、互いの文化や民族を他者（自分とは違う存在）だと考えるために起こります。こうした**差異**を表す場合もあります。

例文

(1)特に人格の形成期、こうした人と人とののっぴきな※らぬコミュニケーションが、アイデンティティ形成に大きく寄与する。**他我**を鏡として**自我**を確認する、というういいかたもできる。（中野収『現代史のなかの若者』）

※**のっぴきならない**…『退くも引くもできない』避けることができない。さしせまった。

(2)彼ら明治期の文学者たちが直面したのは、**市民社会**がいまだ成熟していない状況の中でいかにして**近代的自我**を確立するのか、というほとんど解決不可能な課題であった。（野家啓一『物語の哲学』）

(3)「日本人離れ」とは、西洋人というまぎれもない**他者**、それもあらゆる意味において圧倒的な力量をもって現われた**他者**に遭遇した日本人が、彼我※の差異を痛切に意識しながら、その**他者**性を内在化しようとしたところに成立した言葉であり概念にほかなるまい。

（谷川渥『日本人離れ』と『日本人そのまま』）

※**彼我**…『**彼と我**』相手と自分。

26 個人／個

英 individual

【in（できない）＋divide（分ける）＝個の・人】

他から切り離されている一人の人間。

27 社会

英 society

【社＝会う＝人が集まること】

かかわりあっている二人以上の人間。

◆共同体／コミュニティ 英 community …自然に生まれた社会。 参 血縁・地縁

◆アソシエーション 英 association …人為的に作られた社会。

◆世間…【世の・間】世の中。

解説

▼私たちは、人間として、人と人とのかかわり（間）の中で生きています。「社会」とは、ただの人の集まりではなく、生きるために人々がかかわりあって集団をなしていることです。

その社会を構成する最小単位が「個人／個」です。個人とは、人間を他から切り離して、一個の存在として見る言葉です。

人間の意識には、社会的な側面と個人的な側面があります。たとえば、「そろそろ親が心配するから帰ろう」と思うのが社会的な側面、「でも遊びたいからまだいいや」と思うのが個人的な側面です。こうした個人的な側面は、《貧しさ》の中ではただのわがままでしかありませんでしたが、《豊かさ》の中で、人間として当然もつ意識として認められるようになりました。

▼そもそも社会は、人が生きていくために自然発生したものです。人間は、家族（血縁）やムラ（地縁）の

一員として生きてきました（**共同体／コミュニティ**）。

↓「血縁」とは〈血のつながり〉、「地縁」とは〈住んでいる土地のつながり〉です。現在でも日本に色濃く残る「**家**」（たとえば「〜家と〜家の結婚式」）は、そうした血縁を重視する制度です。

しかし、豊かになるにつれて、人間の活動（人やものとのかかわり）はより多様になり、より盛んになっていきます。そうなると、これまでのような《貧しさ》の中で互いに助けあうための社会形態では、人々の活発な活動を支えられないだけでなく、邪魔にすらなります。だから、個人という意識（自分がどう考えどう行動するか）が生まれ、商売や生産など、特定の目的のために活動しやすい社会形態が生み出されたのです（**アソシエーション**）。

↓「共同体」は、家族や地域社会など、〈自然に生まれた社会〉で、昔からある伝統的な社会形態です。一方、「アソシエーション」は、学校や会社など、特定の目的のために〈人為的に作られた社会〉で、その多くが近代以降に生まれた社会形態です。

現在でも、共同体の役割が失われてしまったわけではありません。人間の活動が盛んになるにつれて、一つ一つの人間関係が希薄化したからこそ逆に、家族や地域社会の重要性は見直されつつあるといえます。

▼近代以前には、人間は、共同体（社会）の一員として生きていました。

しかし、近代になって、社会全体が豊かになると、自分のことを個人だと自覚するようになり、その個人が主体的に社会を作っているのだと考えるようになりました。その意味で、人間は、個人であるとともに社会の一員なのです。

より豊かになった現代では、個人という意識が肥大化して、社会の一員としての意識が希薄になりました。その一方で、さまざまなメディアを通じて、互いに顔を見たこともない個と個が世界的な規模で結びついています。いわゆる《引きこもり》の問題と、ネットやSNSなどによって見知らぬ者どうしが結びつく現象は、生身（なまみ）の個どうしがかかわりあうことを避けているという意味で、同じ現象の裏表だといえます。ここには、近代的な人間像によって説明できない現代的な人間が生まれているのです。

▼しかし、それ以前に、日本では、一人一人の人間が社会を作りあげているという自覚はあまり育ちませんでした。それは、「**世間**」があるからでしょう。

世間とは〈私たちが暮らしている世の中〉です。私たちが生まれる以前からあって、私たちの生を支えるとともに、拘束するものでもあります。その中に私たちは生まれ、育ってきました。それは、個人が自覚的に作りあげたものではありません。

こうした世間のあり方は日本の社会の後進性だととらえられてきました。しかし、近代的な社会観は近代ヨーロッパ特有のものであって、決して普遍的なものではありません。日本には日本的な個人や社会があってよいはずです。それを語るためには、世間の存在を無視するわけにはいきません。

例文

(1)今、自由な**社会的**人間にとってほんとうに必要なことは「国家」の威力を出来るかぎり縮小することである。 （多木浩二『スポーツを考える』）

⇩個人の自由な意思にもとづいて社会の一員として生きる人間。

(2)西欧では**社会**というとき、**個人**が前提となる。…日本では…**世間**は**個人**の意思によってつくられ、**個人**の意思でそのあり方も決まるとは考えられていない。**世間**は所与とみなされているのである。 （阿部謹也『「世間」とは何か』）

⇩自分たちで作りあげるのではなく、もともと与えられてそこにあるもの。

↓P295

column

ひとりぼっちな「私」

個人(individual)とは、定義上、社会を主体的に作りあげていく最小単位です。つまり、個人であるとは、社会の一員であるという自覚を伴ったものなのです。しかし、現代人は、自分のことを、社会から切り離された一個の人間だと考えがちです。それを個人と呼ぶことは適当ではないでしょう。本書では、それを「**個**(こ)」と区別して、「**私**(し)」と呼んでいます。

　では、なぜそのような変化が起きたのでしょうか。

　それは、社会が豊かになったからです。《豊かさ》は、より多くの人やものとのかかわりを生み出します。だからこそ、その一つ一つとのかかわりは希薄になります。現代人は、ここが自分の居場所だという特定の社会をなかなかもてないために、社会から切り離された一人の人間＝「私」として自分をとらえてしまうのでしょう。

　そうした傾向をどうにかしようとして、たとえば愛国心教育をした（国家を《たしかな他者》だと植えつけた）ところで、根本的な解決にはなりません。簡単に《たしかな他者》を得られるなら、そもそもこのような事態は起こるはずもありません。

　むしろ、他者から切り離されたひとりぼっちの自分こそが、私たちの実態ではないでしょうか。そう自覚した時に、私たちが築かねばならない関係の方向性が見えてくるのであって、失われた社会のあり方をよしとする後ろ向きな姿勢では何も生まれてこないでしょう。

28

アイデンティティ／自己同一性

英 identity 【identify（同一視する）の名詞形】

他者とのかかわりの中で自分を実感すること。

◆帰属意識…【帰する＝属する】ある集団の一員として意識すること。

解説

「アイデンティティ」は、一般に「自己同一性」と訳されます。〈自分を実感すること〉です。

しかし、そのためには、他者とのかかわりが必要です。家族や友人がいなければ、過去や未来の自分がいなければ、《自分》はありません。

↓ここでいう「他者」は、〈自分以外の存在〉です。私たちは、《自分》を、たとえば高校生という身分で実感しています。昔自分はこうだったという記憶や将来こうなりたいという夢も《自分》を成り立たせる他者の一つです。

ところが、現代人は、《豊かさ》の中で、個人という意識が肥大化し、他者とのかかわりが希薄になっています。他者とのかかわりの中にこそ《自分》があるのに、他者との違いの中に《自分》を求めようとし、逆に《自分》を実感できなくなっているのです（アイデンティティの危機 identity crisis）。

「自分探し」とよくいわれます。現代人は、根本的で変わらない《本当の自分》がどこかにあると信じているようです。しかし、まず《自分》というものがあってその《自分》が他者とかかわっているのではなく、他者とかかわる中ではじめて《自分》というものが生まれてきます。「自分探し」をする人は、《本当の自分》をもっていないから他者とうまくかかわれないのではなく、他者とのたしかなかかわりをもっていないから《本当の自分》を実感できないのです。

アイデンティティにとって必要なのは、ただ他者とかかわっていることではなく、他者とのたしかなかかわりなのです。

▼アイデンティティは、しばしば「個性」とか「自分らしさ」と訳されます。しかし、こうした他者とのかかわりを無視した訳（人間が個であることを強調した訳）が一般化しているところに、現代人の病根があります。他者とのたしかなかかわりを意識するなら、「帰属意識」（あるグループに属しているという意識）こそ最も大切な訳です。

実は、個性や自分らしさもまた、帰属意識に支えられています。ある人がこの世のものとは思えないかっこうをしたら、それはただの変人（変態？）にすぎません。あくまでも世の中の人たちが個性的だと見なすものを個性的というのであって、個性的であるためには、その一員になる必要があるのです。

↓他者とのかかわりを意識した訳として、他に「存在意義」「生きがい」「自分の居場所」などがあります。

▼他者とのかかわりは刻一刻と変化しますから、《自分》も刻一刻と変化しています。にもかかわらず、そこに《一つの自分》が存在するように思うのは、私たちが《自分》を言葉によって同一化しているからです。たとえば、家族といるときと友人といるときでは、あきらかに《自分》は違います。しかし、その違うものを「自分」という一つの言葉でとらえてしまうので、私たちは、そこに同じ《自分》がいるように思い込んでしまうのです。

私たちは、可塑的（かそ）な《自分》を、「自分」という一つの言葉で同一化しているわけです。私たちは、身体を《自分》の実体だと思いがちですが、むしろ《自分》は、人間の意識（自我）が生み出したものだといえます。

▼自分を実感することを意味する語としては、もともと「**レーゾンデートル**仏raison d'être」が使われていました。レーゾンデートルとは〈自分が存在する理由〉＝**自己存在証明**です。その理由を確認することで自分の存在を証明しようとしました。

レーゾンデートルは、近代において**疎外**された人間性（主体性）を取り戻そうとする**実存主義**の術語(じゅつご)です。一方、アイデンティティは、現代の《豊かさ》の中で、個人という意識が肥大化し（他者とのかかわりを見失い）、逆に生きる実感を得られない人間の心のあり方をとらえた心理学の術語です。

➜簡単にまとめると、レーゾンデートルが「疎外」を前提にした言葉なら、アイデンティティは「個人」を前提にした言葉です。

例文

(1)個人の**アイデンティティ**が身分や職業といった社会的な枠組みに依存していた時代には、身を飾る必要はあまりなかった。…自分を社会のなかでいかに位置づけるか。衣服の流行には、このように自己の社会的な位置づけにたいする強烈な欲望の存在が必要とされる。

（北山晴一『衣服は肉体になにを与えたか』）

(2)彼女たち（＝厚底靴を履いた女性たち）は、自分をまわりとは別の存在であることを強調しているわけだが、同時に、この靴や化粧が、実は彼女ら一人一人のものではなく、どれも流行であって、そういう人たちの中に入ると、見事なくらい非個性化し、集団に**帰属**する。…「全部」とははっきり違うが、少数の一部とは一体であるということ。これがある種の流行をとり入れるというか、その流行に身をまかせる人にとっての「特権の意識」ということになるのだろうか。

（吉田秀和『音楽展望』）

⇩ある「集団に帰属する」ことが、「特権の意識」を生み、それがアイデンティティとなる。

column

自由であること／平等であること

自由も平等も、そもそも、人間一人一人が理性をもつ主体である、というところから生まれた概念です。しかし、自由とは〈一人一人が違ってもよいこと〉であり、平等とは〈一人一人が同じものとして扱われること〉なので、自由と平等は対義語だといえます。しばしば「自由と平等」と並べられますが、この両者は、本来共存できないものなのです。

《豊かさ》とは、自由です。豊かであればあるほど、できることの選択肢は広がります。私たちが《豊かさ》の中で生きている以上、自由は絶対だといえます。しかし、平等も無視はできない。そのあたりの綱引きが、現実の自由や平等の意味を決めていきます。

たとえば、アメリカでは、一人一人の人間が同じように自由であることが自由主義だと考えられています。そこでは、平等は〈人間が一人一人違う存在だと認めあうこと〉であり、自由を発揮する前提だといえます。

一方、日本では、少数派（マイノリティ）の自由にも配慮することこそが自由主義だと考えられています。多数決で切り捨てられる少数派の意見を少しでも取り入れることで、多数派（マジョリティ）だけでなく少数派の自由も守ろうというのです。そこでは、自由を発揮した結果ができるだけ平等であることが求められています。

たとえどんなにグローバリゼーションが世界を一元化したとしても、自由や平等の概念は多種多様であることを止めないでしょう。その多様性こそが人間の生だからです。

29

自由

①制約や束縛からの解放。 例「親からの自由」

❷自分の思ったとおりにできること。 例「表現の自由」

参 主体・相対

◆自由主義／リベラリズム 英 liberalism ：自由を重んじる立場。

解説

▼近代以前は、いい意味にも悪い意味にも、宗教や伝統が人々の考えや行動を縛っていました。しかし、近代以降、人間はそうした制約や束縛から解放され、自らの理性によって自分の考えや行動を選ぶことができるとされました。「自由」とは、人間が主体として〈ものごとを自分の思ったとおりにできること〉をいいます。

しかし、それは、好き勝手に何でもすることを許されていることではありません。自由には理性という基準があり、理性にもとづく責任がつきまといます。たとえば、私たちは、自由に他人を殺してもよいはずですが、もしそうすると理性から外れた行為として処罰されます。どのような考えや行動が理性的かは社会的に決まるものですから、一般的に考えられているように自由は個人的なものではなく、むしろ社会的なものだといえます。

自由とは何かを考えるとき、こうした社会性（社会による枠組み）が問題になります。一見、この枠組みは、私たちの行動を制約するもののようですが、枠組みをなくした考えや行動は自由ではなく混沌といいます。自由が自由であるためには、それを保証する枠組みが必要なのです。

▼正確にいえば、自由とは〈ある枠の中で、自分が何をするかという選択肢をいくつかもっている状況〉だといえます。しかし、その選択肢が多くなりすぎると、人はどれを選んでいいかわからなくなり（**混沌**）、自らの自由を放棄し、たしかそうなものに頼ろうとしがちです（**自由からの逃走**）。

最近日本でも**ナショナリズム**（nationalism）が声高（こわだか）に唱えられますが、そこには、あまりに過剰な自由の中で自分のやりたいこと、やるべきことがわからなくなった現代人が国家（nation）というたしかそうなものを自分のよりどころにしようとする姿が見え隠れします。

▼「**自由主義／リベラリズム**」は、〈自由を重んじる考え方や立場〉です。

しかし、自由という概念（自由とは何か）自体が社会や時代によって大きく異なりますので、自由主義の内容も決して一つではありません。

そもそも、ある自由の形を強制することは、きわめて逆説的な状況を生じさせます。自由を与えることを大義として正当化される戦争もありますが、その結果与えられた自由を本当に自由と呼べるかどうか、私たちは深く考える必要があります。

◆**リベラル** 英 liberal …自由を重んじるさま。

例文

(1)積極的には規定しえない「何か」によって、**自由**が拘束されており、その拘束をこそ前提にして（自由が）可能になっていることを、われわれは自覚しておかなくてはならない。

（大澤真幸「自由の牢獄――リベラリズムを超えて」）

30 平等（びょうどう）

31 差別（さべつ）

✤解説

▼近代以降、すべての人間が同じように理性をもつ主体であると考えられました。「平等」とは、〈すべての人間が等しい価値をもつ存在としてとらえられること〉です。しかし、それは、すべての人間に同じであることを強制することではなく、他の人も私と同じように自分で考え行動する存在だと認めあうことです。

人間は、さまざまな区別（分節）なしに生きていくことはできません。たとえば、食物と毒物の区別（差異）が必要なことはいうまでもないでしょう。しかし、その区別には必ず好き嫌い（価値）が伴います。人間にとって、食物は良いものであり、毒物は悪いものです。「差別」とはこうした〈好き嫌いを伴う区別〉であって、それが人間の生と根源的にかかわる以上、差別はなくなりません。私たちは、差別のなくならないことを前提にしてはじめて、平等を語ることができるのです。

▼差別が《する》側の問題ではなく《される》側の問題であることも忘れてはなりません。差別したことが問題になるのではなく、差別されたと感じることが問題になるのです。いわゆるセクハラ（sexual harassment）として問題視される男性の言動も、男性が差別するつもりだったかどうかではなく、女性が差別されていると感じるかどうかが問題なのです。

↓しばしば、こうした差別の構造は「非対称的（ひたいしょうてき）」といわれます。男性の言動に対して、女性が対等な立場で張りあうことができない、つまり対称性がないのです。 ↓P262

こうした差別の構造は、近隣諸国との歴史認識の問題でも浮かびあがってきます。過去の戦争をどうとらえるかはそれぞれの立場からの認識である以上、ズレることはしかたありません。平等が〈互いに違う存在であることを認めあうこと〉であるなら、日本は（そして近隣諸国も）、自分とは異なる歴史認識があることを認める必要があるでしょう。しかし、日本の態度が他国に侮辱や差別ととられてしまっては、自らの正当性を主張することはできません。差別が《される》側の問題である以上、《する》側に立っている日本は、謙虚に相手の言葉に耳を傾ける必要があります。

▼「**格差**（かくさ）」とは、〈価格、資格、経済、水準などに違いがあること〉です。

日本は、かつて総中流（そうちゅうりゅう）社会（みんなが中流の社会）といわれ、その意味で、かなり平等な社会だったといえます。その実態は、もしかしたら、みんなが貧しかっただけなのかもしれないですが、少なくとも、多くの日本人がそう感じていたことはたしかです。

ところが、今では**格差社会**になったといわれます。それは、ある意味で、日本の社会が豊かになった証拠です。現在の日本は《豊かさ》を追求し、その波にうまく乗れた人と、うまく乗れなかった人が登場したわけです。

たしかに、収入の面ではずいぶん格差が広がっているようです。そのために、最低限の生活もままならない人が増えていると聞きます。しかし、もし本当に日本が豊かになったのなら、そうした経済的な視点だけから見る人間観を卒業する時期に来ているのかもしれません。お金が大切なのは当たり前ですが、私たちにはそれ以外にたくさん大切なものがあります。自分の趣味や生きがいのためにお金を犠牲にできるのは、むしろ豊かな国の特権でしょう。

日本が本当に《豊かさ》を求めるなら、多様な価値観を認める社会になりたいものです。

32

国民国家（こくみんこっか）

英 nation state　同 ネーションステート

一つの国民によって構成される国家。

✤解説

▼「国民国家」は近代ヨーロッパに生まれた国家形態で、ヨーロッパの強大化に伴って世界中に強制されました。したがって、「近代国家」とも呼ばれます。

国民国家は、主権、領土、国民という三つの要件によって成り立っています。

「主権」とは〈その国の支配権〉のことです。日本では、主権者である国民が、選挙を通じて国家を支配していることになっています（国民主権）。

「領土」とは〈その国の主権が及ぶ空間的な範囲〉のことで、周辺の国々との条約によって取り決められています。どこの国にも固有な領土などありません。どの条約を正式なものとして認めるかによっても領土は変わってきます。領土問題が生じるのは、むしろ領土がただの取り決めにすぎないからです。

「国民nation」とは〈言語や文化を共有し、国家を構成する人々〉のことです。これにはいくつか注意する点があります。

まず、国民とは、国によってただ支配される存在（被支配民）ではなく、その国を構成するメンバーです。だから、その国で起こったことはどんなことでも他人事（ひとごと）ではなく、自分たちに起こったこととしてとらえます。日清（にっしん）戦争で日本が清という大国に勝てたのも、清の兵士が強制的に徴発され嫌々ながら戦った被支配民であったのに対して、日本の兵士は「自分たちの国を守るのだ」という意識をもった国民だったからだという人もいます。

しかし、国民が近代の産物であることは忘れてはなりません。そもそも、広大な地域に住む人たちが一つの言語や文化を共有したり、「自分たちは一つの仲間だ」という意識をもったりすることは、自然に起こるはずがありません。まず標準となる言語（**標準語**）を制定し、自分たちが昔から仲間だった根拠を**歴史**や**伝統**という形で作り出し、それを強制することで、仲間意識（**民族意識**）を生み出しました。そうした民族意識を共有している人たちこそ国民なのです。現在では、マスメディアの発達もあって、私たちは、生まれながら一つの言語や文化を共有しているように思っています。このような状況を指して、国民国家は「**想像の共同体**」だといわれます。↓P148（物語）

➡実際は互いに知らない人たちが、「自分たちは仲間だ」と思い込むことで作られたのが、国民国家だというわけです。

私たちは、どこかの国民でなければなりません。地球上に国民国家しかない現在、国民であることが絶対化されたのです。それが、露骨な差別を生み出します。同じように日本に暮らしながら、日本国籍をもっている人（日本人）ともっていない人（外国人）では許されていることが全然違います。ましてや、国籍をもっていない人（無国籍者）は悲惨です。そうした差別にどんな根拠があるのか、といえば、その出発点は、国籍を定めたただの法律です。これだけ世界的に人やものの交流が盛んになっている以上、国籍という人為的な区別でどれほどの差別が許されるのか、少数者（マイノリティ）への配慮という現代の避けられない問題がここでも顔を出します。

国民国家が現在のような形で確立したのは、フランス革命（一七八九年）以後だといわれています。そんな古い国家体制が現代の要請に応えられるのか？　EU（ヨーロッパ連合）は、国民国家をベースにしながらもそれからの脱却を図るプロジェクトなのですが、決して順調ではありません。だからといって、このままでいいのか、主権者であるはずの国民一人一人が考えるべき課題かもしれません。

例文

(1)革命の生んだ〈民主主義〉は…戦争を原理的に「万人のもの」とする。それは個人がまず〈国民〉であることを、そして兵士であることを要請する。…また責任に対する自覚を育てる必要もあるし、あらゆる意味で国を支える人材を育てなければならない。こうして国家による公教育が始まり、〈国民〉の計画的育成が始まる。

（西谷修『戦争論』）

⇩右の文章はフランスの話。日本は、フランスをお手本に「国民」教育を行ったといわれる。

(2)日本の「言語的近代」は、そもそも日本語という言語的統一体がほんとうに存在するのかという疑念から出発した。国語とは、この疑念を力ずくで打ち消すために創造された概念であるとさえいえる。国語はできあいのものとして存在していたのではない。「国語」という理念は明治初期にはまったく存在しなかったのであり、日本が近代国家としてみずから仕立て上げていく過程と並行して、「国語」という理念と制度がしだいにつくりあげられていったのである。

（イ・ヨンスク『「国語」という思想』）

(3)既存の権力機構が無国籍者らに対して無力ぶりを露呈する一方で、難民や無国籍者の数は飛躍的に増大し、一民族や一種族全体にまで及ぶようになり、それまでの個別的ともいえる難民保護や避難所の提供ではまったく対応できない事態を招いたのが、二〇世紀の特徴である。国民国家の体制がつくり出したこれらの存在は、逆に国家内ないし国家間秩序をその根本から問題化し、国家主権の論理の限界を露呈させるにいたったのである。

（梅木達郎『支配なき公共性』）

column

「国民」の誕生

現在地球上にある国家はすべて「国民国家」なので、この国民国家が特殊なのだといわれても、あまりピンと来ないと思います。特に、「国民」という概念は近代的なもので、それまでの国家には国民などいなかったといわれると、ますますわからないでしょう。

「あなたは何人（なにじん）ですか」という問いに、今の人はためらいなく「日本人です」（日本人なら）と答えるでしょうが、では江戸時代は、平安時代は、と考えると、国民（この国のメンバー）という意識がかなり新しいことがわかるはずです。

たとえば、江戸時代の国家形態（幕藩体制）は、幕府を中心として、藩と呼ばれる多数の国家が作る連合体でした。その藩のメンバーといえるのは藩主や藩士たち（武士）であって、それ以外の人たちは、その武士たちに支配される被支配民にすぎません。日本という新しい国家の誕生にまったく無関心な農民の姿が、島崎藤村（しまざきとうそん）『夜明け前』には描かれています（九七年センター試験【一】参照）。

被支配民であるかぎり、藩の動向には無関心で済みます。しかし、国民であるとは、国の一員として、国のことを自分のこととして考えることです。現に、私たちは、日本の政治や経済が自分の生活に直結するものとして深い関心をもっています。

［被支配民→国民］という転換は、決して簡単なことではありません。しかし、明治以来のさまざまな国民教育の末、私たちは自分のことを「日本人」だと思うようになったのです。

33

民族（みんぞく）

英 nation

文化を共有する（と考えられている）集団。国民。

◆エスニシティ 英 ethnicity …【ethnic（民族的）の名詞形】民族性。

◆人種（じんしゅ） 英 race … 人間の生物学的な分類。

✤解説

▼「民族」は、〈言語や文化を共有し同族意識をもつ集団〉だといわれます。

しかし、言語や文化は、国民国家が成立した後に、その成員（国民 nation）に強制することで共有されたのであって、最初から共有されていたわけではありません。現代に生きる私たちには想像しにくいことですが、日本でも、明治期に標準語が制定され、国語として教育されることで、はじめて共通の言語が誕生しました。私たちが使っている日本語は、もともと明治期に作られ強制された言語なのです。日本語という言語を共有するようになって、一つの日本文化を共有していると考えるようになり、はじめて同じ日本人としての意識（**民族意識**）も生まれました。

つまり、民族とは、〈国民国家によって、一つの言語や文化を強制され同族意識をもたされた集団〉＝国民だといえます。

当然、それにどうしてもなじめない人たちが出てきます。その少数者（マイノリティ）たちには「俺たちは彼らとは違う」という意識が芽生え、多数者（マジョリティ）との対立を深めていきます。**少数民族**もまた、国民国家が形成される過程で生み出されたものにすぎません。

民族が国民国家を生み出すのではなく、国民国家が民族を生み出すのです。

▼にもかかわらず、私たちは、民族を**先験的**に（もともと）存在するものだと感じます。それは、そうした民族意識が、自らのアイデンティティと深く結びついているからです。

実は、「民族」という語には混乱があります。

私たちは、ある風土の中でさまざまな人やものとかかわりながら暮らしています。そこには、自ずと同じような暮らし方やものの考え方が生まれてくるはずです。それが、それぞれの暮らしている場所に根ざした文化や言語を生み出すのです。このように、人為的に作られた国家（ネーション）という枠組みではなく、〈人々の実際の暮らしの中で息づいている生き方やものの見方〉を「**エスニシティ**」＝**民族性**といいます。

↓エスニシティの形容詞形「**エスニック** ethnic」は〈民族的〉。

一方、近代になって、国民国家（ネーションステート）によって、国民（ネーション）の形成が図られました。その結果、同じ言語・同じ文化を共有している一つの民族（ネーション）という意識が生まれたのです（**想像の共同体**）。

このように、民族には、生活の中で自然に生まれるエスニシティという民族意識と、そもそもは国家によって人為的にもたされたネーションという民族意識の二種類あるのです。にもかかわらず、その区別なしに「民族」という語が使われているのが現状です。

↓［エスニシティ―ネーション］の違いは、［クニ―国家］の違いに対応します。 ↓P54

国民国家形成の過程で、国家（ネーション）によって民族性（エスニシティ）が抑圧されてきました。現在、ヨーロッパの多くの国で起こっている地方語（方言）や民族性を復権させようという動きは、それに対する反省だといえるでしょう。

▼「**人種**」は、皮膚や髪の毛の色など〈生物学的な違いによって区別された人間の種類〉です。文化的な分類である「民族」と違って、客観的な区別だとされています。

しかし、実際にはそうではありません。たとえば、オバマ大統領はアメリカ初の黒人大統領だといわれますが、実際には混血です。それを「黒人」だというところに偏見や差別が潜んでいることはあきらかでしょう。「生物学」という衣（ころも）でごまかされますが、人種もまた、民族と同じように、客観的な分類ではなく、近代的で恣意的な（多分に差別的な）分類にすぎないのです。

▼「**民俗**（みんぞく）」は、〈民間で伝えられている風俗〉という意味です。それについての学問を「**民俗学**（みんぞくがく） **folklore**」といいます。

歴史学が文字として残されているもの（文献）を手がかりにするのに対して、民俗学は、語り伝えられてきたもの（民間伝承）を手がかりに、民族文化を研究するものです。

例文

(1)実際、われわれは、必要に応じて和服を着用したり盆踊りを踊ったり、年に数回伝統的食事を食して日本人であることを確認しているのだ。日本人がよくやる万歳三唱もたかだか明治時代の発明品である。白菜づけも戦後普及したものに過ぎない。そもそも天皇を全国民が崇拝するようになったのも明治以降のことである。日の丸や国歌も政府が法律化して強制しなければ、愛着はもてないらしい。米国やオーストラリアに住む移住者には、週末に家族が集まって**民族**衣装を着て伝統料理を食べて楽しむ習慣があるが、これをウィークエンド・**エスニシティ**という。国民（**民族**）が想像の共同体に過ぎないならば、人種・エスニック集団も共同の想像体に過ぎないのである。

（関根政美『多文化主義社会の到来』）

⇩国民国家の成立には、こうした《**伝統の発明**》が必須だといわれている。この文章は、ネーションのみならずエスニシティすら一種の幻想にすぎないという文章例。

column

ネーションとエスニシティの違い

現在の日本では、エスニシティとネーションの区別がなかなかできません。

もともと、日本でも、それぞれの地域にそれぞれの文化や言語（方言）がありました。しかし、明治以来の国民教育がうまくいっただけでなく、現在では、全国一律に同じ番組がテレビから流れるようになり、私たちは、日本が一つの文化や言語を共有していると当たり前のように感じています。つまり、現在の日本では、意識の上で、ネーションがエスニシティと一致してしまっているのです。

ネーションとエスニシティの違いがよくわかるのが、アメリカ合衆国です。アメリカ合衆国は国民国家である以上、アメリカ人という一つの民族（ネーション）によって構成されています。しかし、アメリカ合衆国は多民族国家だといわれます。それは、イタリア系・中国系などさまざまな民族（エスニシティ）から構成されているからです。

ただ、こうした民族（エスニシティ）も、イタリアとか中国という国家（ネーション）が前提になっています。実はここでも、エスニシティとネーションの区別は曖昧（あいまい）なのです。

それなら、この両者を区別する必要などないのではないでしょうか。

いや少なくとも民族をエスニシティとしてとらえることで、ネーションという視点からは見えなかったものが見えるようになるはずです。結局、国家という枠組みからは逃れられないにせよ、その向こう側に、生身（なまみ）の人間が生活する場が少し見えてくるかもしれません。

34

民主主義（みんしゅしゅぎ）／デモクラシー

英 democracy

『民衆が・主の・主義＝demo（民衆）＋cracy（政治）』

民衆を政治の中心だとする立場。

✤解説

▼近代になって、人間は理性をもつ存在として、一人一人が自由で平等な個人だと考えられるようになりました。そうした個人が自分の属する社会の方向性を自分たちで決めることを、「民主主義」といいます。

↓人間はまず個であって、その個が主体的にかかわりあうことで社会が生まれる、という近代的な社会観が、民主主義の前提となっています。

そこでは、自由な議論と多数決によって、意思が決定されます。しかし、その決定が本当によりよいものなのかは不明です。というのは、そもそも、私たちは、十分な議論をするための知識や情報をもたず、正しい判断をするための政治的な素養ももちあわせていないことがほとんどだからです。議会を通じた間接民主制であっても、事情は変わりません。すぐれた政治家をどうやったら見抜けるのでしょうか。

いわば、民主主義は、より多くの素人が「これがいい」と思ったことの実現する制度だといえます。だから、偏った情報や気分によって、しばしば政治が左右されます。ヒトラーの独裁を生み出したのも、民主主義であることを忘れてはなりません。

しかし、何が本当に正しいのか、結局誰にもわからないのだから、より多くの人が正しいと考えることが最も正しい可能性が高いでしょう。民主主義は、それに代わる政治体制がないという消極的な意味で、私たちがとるべき立場だといえます。

↓「デモクラシー」が「民主主義」と訳されるわけですが、そもそもデモクラシーは、否定的なニュアンスをもつ言葉でした。

▼民主主義は、すべての人間を等しく一票と見なし、多数決でものごとを決めます。これは、一見、人間を個人として尊重しているようですが、実際は、人間をただの「1」という数字にしか見なさないわけですから、一人一人の人間の人格を無視しているといえます。

↓民主主義だけでなく、現代社会自体が、こうした「無名化」「匿名化」の傾向をもっています。↓P36

ましてや、現在のような議会制民主主義では、政治家を選べるだけであって、自分の一票が社会を動かしているという実感など、ほとんどありません。

私たちが本当に社会の一員ならば、世の中や政治に対して無関心でいるわけにはいきません。直接民主制を試みようとしたり、住民投票を活用しようとしたりする動きが見られますが、それは、社会に対して私たち一人一人がどうかかわっていけるのかを模索しているからでしょう。

例文

(1)その（＝ブルジョア・デモクラシーの「想定」の）根底に横たわっていた人類の平等は、事実ではなくてただの仮定にすぎず、しかも全く事実に照応しない仮定でさえあったのだ。だからこれはブルジョア・**デモクラシー**の欺瞞性とも呼ばれている。

（戸坂潤『輿論』を論ず）

⇩デモクラシーを否定的にとらえた文章。↓P225

(2)しかし、こうした（＝家族が個人化する）個人主義的な事態というのは、他方では多様性を受け入れる多元主義的な**民主主義**にとって必然的なことであると見ることもできる。…インターネットを利用した議論において、もし普遍的な民主化が実現していることを前提にすれば、そこでの論争を解決するいかなる方法論もありえない。

（柏木博『「しきり」の文化論』）

⇩人間が本当に平等なら、何が正しいかを決めることはできない。

35

資本主義

英 capitalism 【capital（資＝本）＋ism（主義）】

資本をもとに利潤を追求する経済体制。

✤解説

▼「資本主義」は、簡単にいえば、より多くの商品を売って元手（資本）を増やしていこう、と考えることです。そのためには、より多くの人に「これがほしい」と思わせ、お金を使わせる必要があります。

だから、資本主義には、まず、自分のほしい物にお金を使える状況＝《豊かさ》がなければなりません。《貧しさ》の中では、人々は数少ない物を共有するしかありません。「これがほしい」と思っても我慢するしかありません。しかし、豊かになっていくと、一人一人が物をもてるようになり、「これがほしい」という欲望を満たせるようになります。

しかし、人がほしいと思う物を売るだけでは限界があるので、もっと儲けるために、これまで人がほしいと思わなかった物をほしいと思わせる必要があります。たとえば、値下げするとか、広告するとか。資本主義は、人間の欲望を解放しようとします。

このように、ただ商品を売るのではなく、商品への欲望をかきたて、より多くの人により多くの金を使わせようとする点で、資本主義は、自分の努力や工夫が報われる制度だといえます。

《豊かさ》の中で、私たちは、より豊かになっていくことが当たり前だと思っています（進歩史観）。資本主義は、それが経済体制に反映したものにすぎません。資本主義の下、私たちは、常に経済成長することが求められているのです。

▼資本主義は、伝統的に、資本家（ブルジョアジー 仏 bourgeoisie）と労働者（プロレタリアート 独 Proletariat）の関係で語られてきました。資本をもたない労働者が、労働力を資本家に売ることで、商品が生産されるという生産様式から説明されてきました。

しかし、資本主義の下では、資本家が生産された商品を売っているだけでなく、労働者も労働という商品を売っています。資本主義においては、その商品の**差異**（価値）こそが本質的なものだといえます。たとえば、A地で百円で仕入れた物を、B地で二百円で売れば儲かります。この差異が、利潤を生み出すのです。

▼グローバリゼーションとは、世界中が資本主義＝《豊かさ》に染まっていく現象です。それは、一九八九年にベルリンの壁が崩壊し、資本主義と共産主義（米ソ）の対立が解消することで進展しました。

その結果、世界は、安易に戦争をすることができなくなりました。グローバリゼーションは、互いを商売相手にしてしまいました。他国を攻撃するとは、自国の経済を攻撃することです。核（人類を滅亡させる圧倒的暴力）によってしかバランスのとれなかった世界が、経済によって一つになろうとしているのです。

例文

(1)**資本主義**は[1]それまでの社会を作りあげていたコードの破壊をくり返す。[2]そうやったあげく自由になった人間の自然力を欲望という流体に変えて、[3]資本の水路の中に流し込んでいこうとするのだ。

（中沢新一『雪片曲線論』）

⇩かつては［電話＝一家に一台］だったが、1携帯電話の登場がそれまでの電話のあり方（コード）を壊し、2自分用の電話をもちたいと思わせて、3みんなに携帯電話を買わせた結果、［電話＝一人に一台］になった。

(2)差異を媒介して利潤を生み出していたヴェニスの商人――あのヴェニスの商人の**資本主義**こそ、まさに普遍的な**資本主義**であったのである。

（岩井克人『二十一世紀の資本主義論』）

36

ナショナリズム

英 nationalism

民族主義。国家主義。

【nation（民族・国民・国家）＋ism（主義）】

37

グローバリゼーション

英 globalization

世界化。

【globalize（地球化）の名詞形】

38

原理主義（げんりしゅぎ）

英 fundamentalism

根本に戻って考えようとする立場。

解説

▼nationは「民族」「国民」「国家」などと訳せるので、「ナショナリズム」は、それに応じて「民族主義」「国民主義」「国家主義」などさまざまな訳があります。いずれにしろ、〈国民国家（nation state）を前提として国家や民族（国民）を重視する考え〉という意味です。

昨今、愛国心が問われることが多くなっています。それは、国家への求心力が弱まっていることに対する反動です。国家こそが大切だと考える人たちが、そう考えない人たちに対して、愛国心をもてと叫んでいるわけです。

が、社会が豊かになり相対化していく中で、逆に国家を心のよりどころにしようとする動きもあります。家族や会社が簡単に壊れることを私たちは知っています。では、日本はどうでしょう？　ナショナリズムは、失われた《たしかさ》を国家に求めることで、自らのアイデンティティを支えようとする動きでもあるのです。

▼〈国際的〉と訳される「**インターナショナル** international」は、国家(nation)が交(inter)わることを前提にしています。一方、地球(globe)の形容詞形である「**グローバル** global」は、〈世界全体にかかわるさま〉を意味します。

現代は、国境を越えて、人や物資、情報が行き来しています。国家の存在を無視することはできないにしろ、国家の枠を越えて、地球全体を意識することが必要とされています。だから、最近「グローバル」という語がよく使われるのです。

「**グローバリゼーション**」は、〈世界が一体となっていくこと〉＝**世界化**です。しかし、その実態は、世界全体が近代化すること、極論すると、資本主義が世界全体を覆(おお)い尽くそうとする動きです。

資本主義は、《豊かさ》をもたらします。そして、《豊かさ》は、人々に自由や平等という人権意識を芽生えさせます。「アラブの春」と呼ばれる民主化運動は、《豊かさ》の中から生じた自然な欲求だったといえます。

しかし、よいことばかりではありません。世界が一元化することで、逆に、自分の帰属する国家や民族、文化や宗教が意識され、その独自性や優位性を主張する人たちも出てきます。昨今のナショナリズムの昂揚(こうよう)やテロの横行には、こうした背景があります。

本来のグローバリゼーションは、それぞれの地域がお互いを認めあいながら、一つの世界を作りあげることでしょう。それを、「グローバル global」と「ローカル local」＝〈ある地方に特有であるさま〉を合成して、「**グローカリゼーション** glocalization」ということもあります。

➜「**グローバリズム** globalism」は、〈世界を一体だと考える立場(ism)〉です。正確に区別すれば、グローバリゼーションが「世界が一つになっていく」ことなら、グローバリズムは「世界が一つであると考える」ことです。

▼**「原理主義」**は、〈根本に戻ってものごとを考えようとする立場〉です。宗教にしろ、思想にしろ、ものごとのあり方や考え方は、さまざまなものの影響を受けて、時とともに変化していきます。すると、その反動として、良き昔に戻ろう、元の姿を取り戻そうという動きが起こります。それが原理主義です。

➜原理主義は、〈一原理にとらわれて現実に対応できない態度〉という意味でも用いられます。そのときには、**「教条主義 dogmatism」**とほぼ同じ意味になります。 ↓P238

グローバリゼーションは、そもそも、ヨーロッパ発祥の近代化が世界全体に及んだものです。ということは、現在の世界はきわめてキリスト教的なものになったといえます。イスラム教国も、その強い影響を逃れることはできません。それが、一方で「アラブの春」を生み出し、他方で原理主義を生み出すのです。いわゆるイスラム原理主義は、その反動として、イスラム教からキリスト教的な要素を取り除き、イスラム教の根本に戻ろうとすることです。

「原理主義」と**「テロリズム terrorism」**はまったく違います。テロリズムは、〈暴力によって、自分の政治的意見を主張しようとする主義〉です。無差別に人の命を奪う暴力は決して許されませんが、自分の意見を言う場を奪われた少数者（マイノリティ）が最後の手段として行うことが多いことは知っておくべきでしょう。一つの行為が、ある立場からはテロと批判され、別の立場からは英雄的だと称賛されることがあることも忘れてはならないでしょう。

➜〈自分の政治的意見を主張するために行われる暴力〉を**「テロル** 独 Terror（恐怖）」といいます。**「テロ」**は、テロリズムとテロルの略として使われる語です。

column

《もの》が先か？《こと》が先か？

《こと》とは、《もの》と《もの》がかかわることをいいます。たとえば、ペンという《もの》を机という《もの》の上に置くと、「ペンが机の上にある」という《こと》になります。というと、《こと》よりも《もの》が先にあるように思えますが、実は逆です。

この世界は、本来、混沌としています。それを分節することで、私たちは《もの》を作り出しているのです。たとえば、ペンという《もの》が、他の《もの》とかかわらないで存在していることはありえるでしょうか。手で持っていたり、筆箱の中にあったり……必ず何かとかかわっています。ペンは《こと》としてしか存在していないのです。そのかかわりを切り離すことで、ペンは《もの》として認識されます。

この世界は、本来、《こと》の世界です。《もの》はそれを分節することで生まれたのであって、《もの》としてとらえられた世界は、世界の実像ではなく、人間の意識が生み出した仮の姿（仮象）だといえます。

人やものが切り離されたディジタルな時代だと、しばしば現代は批判されます。しかし、私たち人間は、そもそも、アナログな世界をディジタル化することで、世界を認識しているわけです。たしかに、世界は本来アナログなものですが、人間はディジタル性こそが本性なのかもしれません。

39

文化相対主義（ぶんかそうたいしゅぎ）／多文化主義（たぶんかしゅぎ）

すべての文化が同じ価値をもつと考える立場。

英 multiculturalism

40

ピジン・クレオール説

さまざまな文化が互いにまじりあい、変化し続けているというとらえ方。

参 雑種

解説

▼近代は、強大な経済力や軍事力を背景にして、ヨーロッパが世界を支配した時代です。そこでヨーロッパ人が目にしたのは、《進んだ》ヨーロッパ文明と《後れた》アジア・アフリカの文化でした。この進歩史観の下、ヨーロッパを《中心》とし他の地域を《周縁》とする「ヨーロッパ文明中心主義」が生まれました。

↓こうした発想を自文化にあてはめると、「自民族中心主義 ethnocentrism」になります。

たしかに、ヨーロッパ文明は他の地域の文化と比べて華やかなものでした。しかし、それは、物質的で表面的な豊かさにすぎず、それだけで文化の優劣を語ることはナンセンスです。文化の中に潜む構造に注目すると（構造主義）、優劣などなく、すべての文化が同じ価値をもっているといえます。この考え方を「文化相対主義」とか「多文化主義」といいます。

↓これを一つの社会にあてはめると、〈一つの社会の中にさまざまな文化が共存することを認める立場〉という意味にも用いられます。

ヨーロッパ文明中心主義は、時間的な流れの中で（通時的／歴史的に）文化をとらえました。文化の違いを［進んでいる―後れている］という進歩の度合いで考えたわけです。一方、文化相対主義は、空間的な広がりの中で（共時的に）文化をとらえます。こちらは、文化の違いを、場所の違いにすぎないと考えたわけです。

↓P205

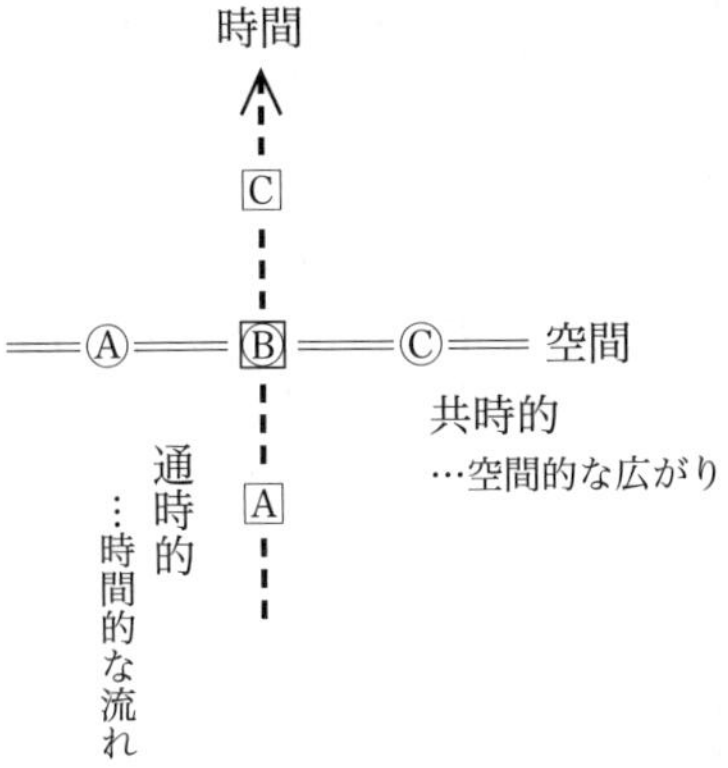

時間

C

Ⓐ　B　Ⓒ　空間

A

共時的
…空間的な広がり

通時的
…時間的な流れ

通時―共時の図

▼文化相対主義は、ヨーロッパ文明中心主義や自民族中心主義を克服するために役立ちました。しかし、そこでとらえられた文化は、国家や民族（nation）を単位とするものであって、文化の実像を無視したものでした。

文化とは、人間の生の営みです。さまざまな人やものとのかかわりの中で常に変化し続けているものです。その意味で、すべての文化は**雑種**であり、**可塑（かそ）的**なものです。国家や民族に固有な文化、純粋で不変な文化というのは、幻想にすぎません。

アジアやアフリカの旧植民地における、言語や文化のあり方の研究から生まれた考えが「**ピジン・クレオール説**」です。ピジン（pidgin）とは、〈植民地と宗主国（そうしゅ）の言語がまじりあって生まれた新しい言語〉で、クレオール（creole）とは、〈そうして生まれた言語が母語となったもの〉です。ピジン・クレオール説とは、〈言語や文化は、さまざまな言語や文化と常に入りまじり、変化し続けていると考えること〉です。

明治期の日本を考えてみても、文明開化の結果生まれたのは、ヨーロッパ文明そのものでもないし、それまでの日本の文化とも違います。それらがまじりあうことで生まれた新しい文化でした。その文化もまた刻一刻と変化し、今にいたります。

これまでの文化観は、国家や民族(nation)という近代的な枠組み(パラダイム)にとらわれていましたが、ピジン・クレオール説は、その呪縛から逃れ、私たちに、動的な文化の姿を提示しました。

↓文化を語る上での最重要キーワードは、**雑種**です。

▼「**カルチャラル・スタディーズ** Cultural studies」も、そうした文化の実像に迫ろうとする試みです。日常的な人間の生の営みを対象として、国民国家をはじめとする近代的な枠組みを乗り越えようとしました。たとえば、ありもしない「日本文化」という一つの文化ではなく、「日本の文化」というさまざまな文化をあきらかにしようとしました。

▼では、世界の現状はどうかというと、ヨーロッパ文明中心主義が「**グローバリゼーション** globalization」と名前を変えて、ヨーロッパ発の資本主義が世界を一元化しようとしています。

文化もまた一元化が進んでいるように見えますが、そこには、実際は、それぞれの地域の(ローカルな) (local) 文化とまじりあいながら、世界的な(グローバルな) (global) 広がりをもつ**雑種**＝グローカル (glocal) な文化が生まれつつあります。このように、〈地域性をもちながら世界化していくこと〉を「**グローカリゼーション** glocalization」といいます。

▼「**ポストコロニアル** postcolonial」とは、直訳すると植民地以後(colony post)で、〈植民地が独立した後の政治的、経済的、文化的状況〉を意味する語です。

旧植民地は、独立した後も、旧宗主(そうしゅ)国の影響を受けながら、さまざまな問題を抱えてきました。たとえば、植民地政策によって意図的に対立させられた部族どうしや、近代化を進めようとする**近代主義**と植民地以前の生活を取り戻そうとする**原理主義**が、独立後、血みどろの内戦を行ったり、独立しても旧宗主国の経済的支配が続いたり、逆に宗主国からの投資がなくなったせいで貧困化が進んだり……。

グローバル化の波はアフリカにまで届き、今後経済成長が最も期待される地域だと考えられていますが、そこにはいまだ深刻なポストコロニアルな状況があることも私たちは知らなければならないでしょう。

➡〈ポストコロニアルにおける差別的な状況をえぐりだそうとする立場〉を「**ポストコロニアリズム** postcolonialism」といいます。 ↓P278

例文

(1) **文化相対主義**はベネディクトなど人類学者の主張するような「未開」文化まで含めた文化の独立性を尊重する相対的価値観としては、どこまで正しく社会に受け入れられたかは疑問だが、多民族国家であるアメリカ社会内部の矛盾が露（あらわ）になった時代の中で、時代の思想として広く受け入れられたことは事実であろう。

（青木保『文化の否定性』）

(2) **多文化主義**は国内のすべての文化を対等に共存させて、孤立閉鎖的な雑居状況を防ぎ、相互接触を永続的に確保しながら、なおかつ独自な文化を維持発展させていくことを可能にするための前提条件とならなければならない。

（関根政美『多文化主義社会の到来』）

(3) 日本文化は、さまざまな土地からの流民が持ち寄った**クレオール**文化であるに違いない。そう考えれば、日本文化は窮屈に閉じた空間ではなく、のびのびと海と世界に開けた空間になる。

（柴田翔『希望としてのクレオール』）

41 分節（ぶんせつ）

世界を区切り、認識すること。

【節（ふし）に・分（わ）ける】

参 差異

解説

▼私たちは、目の前のものを見て、即座にそれが食べられるものかどうか**わかる**でしょうか。

　この世界は、もともと、区別のない混沌（こんとん）とした世界ですが、そのままでは人間は生きていけないので、生きるための区別を必要とします。「**分節**」とは、〈人間が生きるために、混沌とした世界を区切り、世界を秩序あるものとして認識すること〉です。

➜そもそも「わかる」とは、分かる＝分けるです。

　人間には人間の、ネコにはネコの分節があります。私たちの行う分節は、あくまでも人間が生きるために人間の視点でなされたものです。分節は、きわめて恣意的なものです。

　だから、日本では、ナマコは食べますが、カミキリムシの幼虫は食べません。《食べ物》というのは、ただ食べられるかどうかで分節されているわけではなく、そこで生きている人間がどう思うか、という理屈抜きの恣意性に左右されます。

　このような恣意的な分節が行えるのは、この世界が、もともと区切られていない混沌とした世界だからです。私たちは、自分たちの見ている世界の姿が正しいと思い込んでいますが、それは人間から見た世界の姿（人間が作りあげた秩序）であり、本来の世界を見ているわけではありません。

　私たちが「**現実**」と呼んでいるものは、実は、言語によって作り出された「**虚構**」にすぎません。

▼人間は、分節したものに名前をつけることによって、言葉を生み出します。その意味で、言葉には人間の生（人間と世界とのかかわり＝経験）が込められて

いるのです。

その言葉を覚えることによって、人間は、逆に、分節のしかた＝人間と世界とのかかわり方を身につけます。たとえば、《机》という言葉を覚えるということは、《机》という言葉によって世界を分節することを覚えるということであり、《机》という言葉を知っているすべての人とその分節のしかたを共有することです。言葉を通して、私たちは、人間と世界とのかかわり方を共有することになります。これを「**文化**」といいます。

言葉が文化を生み出すのです。

▼分節とは、端的にいえば〈世界認識〉です。人間は、言葉というフィルターを通して、世界を見ています。逆にいえば、私たちが見ている世界は、言葉色に染まっているということです。世界は、日本語を通すと日本語色に見え、英語を通すと英語色に見えます。言葉は、私たちに世界を歪めて見せます。

といっても、その言葉のフィルターを外すことはできません。言葉をもってしまった人間は、言葉なしに、世界を見ることができないのです。

その意味で、私たちは、言葉の牢獄に閉じ込められているといえるでしょう（**言語の獄屋**）。

➜「**レトリック**」とは、言葉を用いて、言葉の限界を超えようとする試みだといえます。 ↓P102

例文

(1)われわれは、全人類が例外なく持っている言語という文化（記号体系）を通してしか現実を構成することができないのであり、したがって、それぞれの言語という記号体系が異なれば、見えてくる世界も違ったものになってくるのである。換言すると、自然という連続の世界を、われわれは言語という文化装置によって、不連続なものに**分節**しているのである。

（唐須教光『文化記号論』）

42 記号（きごう）

意味をもつもの。

参 象徴・差異

✤解説

▼「記号」は次のような構造をもっています。数学の「＋」という記号を例にしましょう。

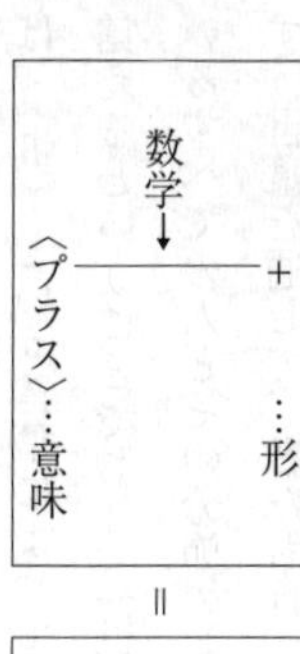

＝

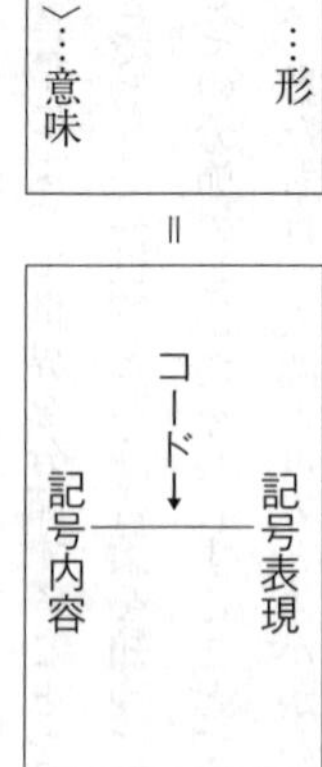

「＋」という形（記号表現）に、《数学》というルール（コードcode）をあてはめると、〈プラス〉という意味（記号内容）が生まれます。

記号表現は記号として表現された部分なので、私たちは、それを形として見たり、音として聞いたりします。その形や音からコードにもとづいて読み取った意味を記号内容といいます。

記号表現と記号内容との結びつきは恣意的です。「＋」という形に初めから〈プラス〉という意味があったのではなく、《数学》というコードが両者を結びつけているのです。

だから、記号表現が同じでも、コードが変われば記号内容は変わってしまいます。たとえば、「＋」の例では、コードを《漢字》に変えると、漢数字の十（じゅう）になります。コード＝視点を変えることによって、ものごとは多様な意味をもちうるわけです。

↓文章の中に出てくる「記号」は、何かを記号と見なして、そこにある意味を見出そうとしています。

▼言葉は記号です。「机」を例に考えましょう。記号と同じ構造をしていることがわかります。

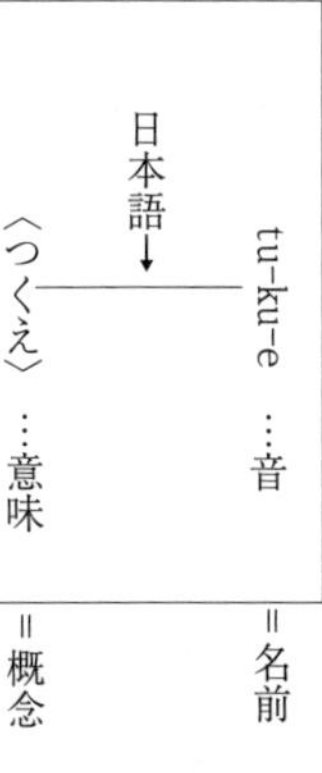

人間は、世界を分節し、その部分（**概念**）に**名前**をつけることによって、言葉を生み出します。そこに言葉があるということは、人間が世界から何かを分節＝差異化したということです。

このように、名前＝言葉には、他の部分との違い（**差異**）が込められています。記号には**差異表示機能**があるのです。

たとえば、新製品に新しい名前をつけることによって、企業はこれまでにない製品であることをアピールできますし、以前と同じ名前をつけることによって、変わらぬ品質をアピールできるわけです。

▼言語とは、そうした差異を表す記号の集合体（**差異の体系**）であるといわれます。

しかし、そうとらえてしまうと、言語と人間の生（**経験**）とのかかわりが見失われかねません。そもそも、言葉は、人間がこの世界で生きるために生み出してきたものです。たしかに、言語は差異の体系であるかもしれませんが、人間が生きるためにその差異を見出してきたことを忘れてはなりません。

例文

⑴外見に対してこだわりを持っていること、身体に強く関与し、それを「着替えたい」と望むことは、言い換えれば、自らの身体を「私」を表示するための**記号**として扱っているということである。

（石田佐恵子『有名性という文化装置』）

⇩「自らの身体」を記号と見なして、「私」という意味を見出そうとしている。

43 概念（がいねん）

ものごとの意味内容。

【概（おお）ねの・念（考え）】

◆範疇（はんちゅう）／カテゴリー 独 Kategorie …【範（わく）＝疇（たくい）】基本概念。

◆概念的（がいねんてき）…①概念でとらえるさま。❷ー具体性がないさま。

解説

▼「概念」とは、「これは何か」という問いに対する答えです。

たとえば、目の前の《もの》を見て、「これは字を書くものだ」とか「これはペンだ」と答えたとき、その《字を書くもの》とか《ペン》というのが概念です。

このように、概念とは〈頭でとらえた、ものごとの意味内容〉を意味します。似た語に「観念」がありますが、こちらは〈頭に浮かべる、考えや像そのもの〉という意味です。

↓大ざっぱにいって【観念＝考え、概念＝意味】です。

「概念的」とは、〈あるものごとを、実体でなく、おおまかな意味内容でとらえるさま〉を表します。多くの場合、〈ー頭でとらえただけで具体性がないさま〉というマイナスの意味で用いられます。

▼ある《もの》を概念としてとらえるとき、そのとらえ方は何通りもあります。たとえば、目の前の《もの》を「ケーキ」ととらえても、「お菓子」ととらえても、「食べ物」ととらえてもかまいません。「範疇」は、こうした概念の中で〈基本的な概念〉を意味します。

↓もともとは〈枠組み〉を意味する語なので、多くは「領域」と言い換えると意味が通じます。

例文

(1)例えば、ヘレン・ケラーは流れ落ちる水に触れ、はじめて無明（むみょう）の状態を脱したという逸話がある。彼女は、このとき、手に触れているものを〈水〉という概念をもって捉え、この概念が「WATER」という記号によって表されることを知ったのである。

（尼ケ崎彬『花鳥の使』）

⇩〈水〉という意味。

(2)このはみ出した部分は、文化の中心部に対する周辺部、あるいは境界領域と呼ばれる部分に、両義性を持ったものとして現(あら)われてくる。つまり、それは、文化が自然や社会現象の分類を行(おこ)なうとき、その分類によってできあがる範疇に、きっちりとはまらない、どっちつかずのものなのである。（唐須教光『文化記号論』）

⇩正確には「基本概念」だが「領域」でも意味が通じる。

(3)私たちが採っている最上級の表現というものは、皮肉なことに、たいていの場合は出来合いのものである。概念的で通念によって汚され、ひからびた表現である場合がほとんどである。（大岡信『詩・ことば・人間』）

column

概念の概念性(アバウトさ)

概念は、アバウトさ（概(おおむ)ね）をもっています。たとえば、《ペン》という概念がアバウトだからこそ、今まで見たことがない《もの》をアバウトに《ペン》と呼ぶことができます。

アバウトさがあるせいで、限られた数の言葉で世界を表現できるのです。

しかし、そのアバウトさが、私たちをいらつかせることもたしかです。たとえば、《悲しみ》という概念は、私たちが現実に味わう《悲しみ》をうまく表現できません。恋人が死んだ気持ちを、簡単に《悲しみ》と表現できる人はいるでしょうか。

概念がアバウトだということは、うまく世界を表現できないということでもあるのです。

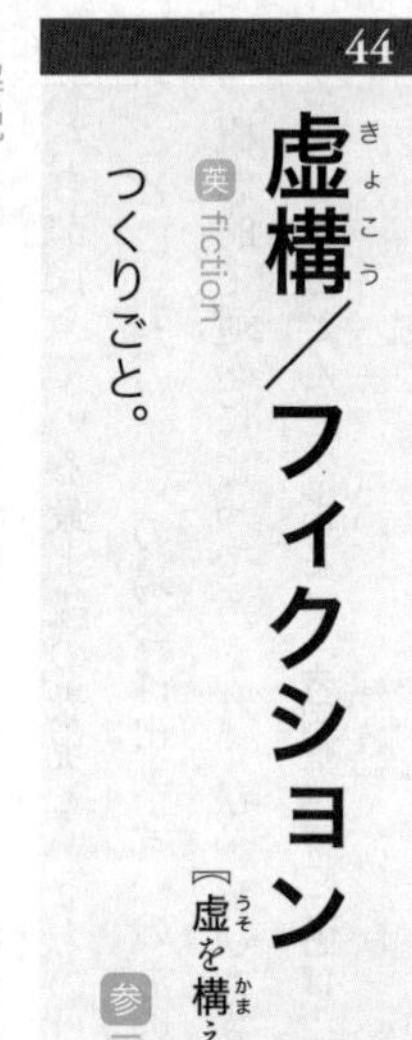

44 虚構（きょこう）／フィクション

英 fiction

つくりごと。

【虚（うそ）を構（かま）える】　参 言語

解説

▼「フィクション」とは「虚構」＝〈事実でないことを事実らしく見せるつくりごと〉です。「擬制（ぎせい）」や「小説」とも訳されます。擬制は、法律上、会社が人と見なされて「法人」と呼ばれるように、〈実際にはそうでないものをそうだと見なすこと〉です。

↓[フィクション＝つくりごと↓虚構・擬制・小説]

例文

(1) わたしたちの現実とは…どこまでも**擬制**的であり、**フィクショナル**なものである。

（鷲田清一『悲鳴をあげる身体』）

45 物語（ものがたり）

英 story

人々に共有され、何かを成り立たせる話。

参 歴史・間主観

解説

▼「物語」とは、人々に共有され、正しいと思い込まれることで、人々の生や世界を成り立たせるお話です。科学も、宗教や神話、歴史と同様、一つの物語といえます。

例文

(1) 自分の写真が匿名の視線にさらされるとき、それは知らぬところで知らぬひとによって、〈わたし〉のもうひとつの**物語**が語られるという危険を、それゆえアイデンティティーの危機をもたらすだろう。

（西村清和『写真という物語』）

column

切り離しとつながり

そもそも、デカルト二元論が《切り離し》という特徴をもったのは、それが厳しい自然を背景にした世界観だったからです。

ヨーロッパ人は、長い間、厳しい自然と戦ってきました。その戦いにやっと勝ったという実感をもったのが、近代です。でも気を抜くといつ暴れ出すかわからない。人間が自然を支配するというのは、自然への根源的な恐れの裏返しです。人間にとって自然は力で抑え込むべき存在だったわけです。

人間と自然との《切り離し》が批判されて《つながり》が主張される――というのが、自然論の定番ですが、注意してほしいことが二つあります。

一つは、人間ではなく自然こそが大事なんだ、と言ってしまっては、《切り離し》を批判していることにはならないということです。結局、デカルト二元論を逆にしただけで、デカルト二元論的思考から逃れられていません。

もう一つは、ここでいう《つながり》は、かつてのように豊かな自然に頼って生きることではなく、自然と対話、交感することだということです。これだけ豊かになったのだから、自然をただ恐れるのではなく、そろそろ真正面から自然と向きあおうよ、といっているのです。

これは、人と人との関係においても同じです。個として切り離されることを前提に、その個どうしがどう向きあうか、が《つながり》という言葉に込められています。

column

デカルトって？ その3

あなたは、ドナーカードをもっていますか？万が一自分が脳死になったとき、臓器を提供するかどうかを選択するカードです。

ドナーになるかどうかは、個人の意思だとされています。私たちが何かを「自由」に選ぶためには、十分な情報が必要です。臓器移植によって助かる人がいるということは知っていても、脳死というのがどういう状態なのか、知っている人は少ないでしょう。もし知らないままドナーカードをもっているなら、それは自由意思で選んだのではなく、何かに操られたにすぎません。それは、多くの場合、臓器移植に好意的な情報、臓器移植のよい面だけを宣伝した情報でしょう。そもそも一方的な情報しかない場合、その情報は（自由の敵という意味で）アブナイと思うべきです。

気づいてほしいことは二つです。一つは、結局、私たちは、「人間」として、自分で考え行動するべきだと考えられていること。もう一つは、脳の死（正確には機能不全）が「人間」の死だと考えられていること。

いずれにしろ、「人間」とは《考える》存在であり、そうでなければ「人間」ではないということです。→P290

デカルト以来、私たちは「コギト（考える私）」だと見なされてきました。が、それはデカルトに指摘されたからではなく、私たちの実感だからです。私たちは、今の自分について、過去や将来の自分について思い悩みます。自分とは何か、とか、人間とは何か、と《考える》ことこそ、「人間」としての証（あかし）なのです。

第2部 キーワード

第２部は、「現代」を読み解くためのキーワードを集めました。

この章では、「〜的」とか「〜性」という形で使われることが多い抽象語を詳しく説明しています。見出し語として、同義語・類義語や対義語など関連する語をセットで挙げていますので、必ず、関連する語をまとめて覚えるようにしましょう。

抽象語は、意味がわかるだけでなく、適切に使えなければなりません。他の章以上に例文を丁寧に見て、使い方を確認しましょう。

なお、見出し語は、できるだけ前後が関係するように配置しました。それぞれの項目だけでなく、前後の見出し語とも関連づけながら学習してください。

1

絶対（ぜったい）

＋的・性・化・視・主義

〔対（むか）うものを・絶（た）つ→比べるものがない〕

一つしかないこと。

参 一義・一元

2

相対（そうたい）

＋的・性・化・視・主義

〔相（あい）・対（むか）う→向かいあわせる〕

見比べること。

参 多義・多元

◆絶対化（ぜったいか）／絶対視（ぜったいし）…一 あるものだけが正しいと思い込むこと。同 信仰／崇拝・神話

◆相対化（そうたいか）／相対視（そうたいし）…＋（見比べることで）ものごとを冷静、客観的に見ること。同 客体化／客体視・対象化／対象視・客観化／客観視

解説

▼「絶対」は、本来、比べるものがないほどすぐれた〈ただ一つのもの〉です。他のものを考えなくても、たしかだと思えるものに対して使います。

一方、「相対」は、一つのものだけを見るのではなく、二つ（以上）のものを向かいあわせて考えることです。〈二つ（以上）のものを見比べること〉を意味します。だから、相対は、〈いくつもあるもののうちの一つとして、ものごとをとらえること〉とも訳せます。

たとえば、「絶対的な基準」というと、ゆるがない一つの基準ですが、「相対的な基準」というと、他の基準との関係で決まる基準＝いくつもある基準のうちの一つだとわかります。

↓「相対」は、かなり意味の取りにくい語です。慣れないうちは、「絶対ではない」と読み替えてみましょう。右の例でも「相対的な基準」＝「絶対的ではない基準」と読むと、ほとんど意味が取れるはずです。

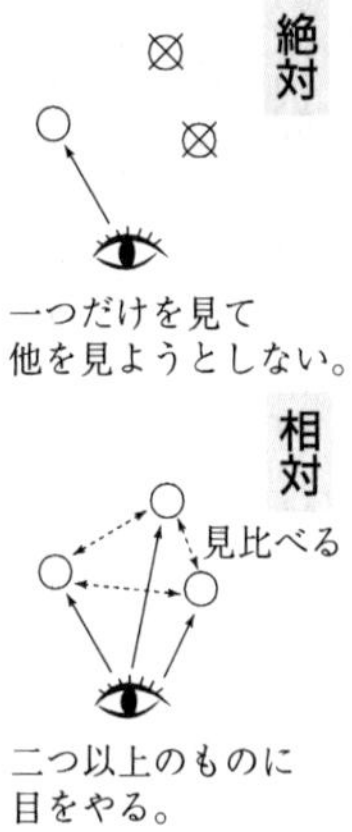

絶対

一つだけを見て
他を見ようとしない。

相対

見比べる

二つ以上のものに
目をやる。

絶対―相対の図

▼「**絶対化／絶対視**」とは、何かを絶対だと思うことです。一方、「**相対化／相対視**」とは、ものごとを見比べようとすることです。

　現代は、豊かさの中で多くの物があふれ、さまざまな情報がとびかっています。そのどれが自分にとって良いものなのかを自分で選ばなければなりません。

　そうした**主体性**が求められている時代にあって、絶対化／絶対視は、〈－ただ一つのものを（正しいと）思い込むこと〉というマイナスの意味になります。一方、相対化／相対視は、さまざまなものを見比べることで、〈＋冷静、客観的に考えること〉というプラスの意味に用いられます。

➡「絶対化／絶対視」（思い込み）の同義語＝「信仰／崇拝」「神話」。

➡「相対化／相対視」（冷静、客観的に考えること）の類義語＝「客体化／客体視」「対象化／対象視」「客観化／客観視」。

　ただし、相対化／相対視には、そもそも見比べるという意味があり、他の語にはないことには注意しましょう。

▼絶対と相対には、それぞれ良い点と悪い点があります。

　絶対は、一つのことだけを考えますから視野が狭いといえますが、何をするかが明快です。一方、相対は、二つ以上のものを見比べますから視野が広いですが、何をするかが曖昧だといえます。

　たとえば、カレーパン絶対主義者（カレーパン以外パンじゃない！）は、パン屋で何を買うかが明快です。しかし、カレーパン以外のパンに見向きもしないのは、視野が狭い、柔軟性がないと言われてもしかたありません。

一方、普通パンを買うのは、相対的に買います。その日のお腹の空き具合やもっているお金、パンの品ぞろえなどをもとに、いろいろ比べて買います。だから、視野が広く、柔軟性があるといえばそうですが、何を買うか迷うという意味では曖昧(あいまい)です。

↓絶対は、−視野が狭く、＋明快であり、
相対は、＋視野が広く、−曖昧です。

▼ところで、カレーパン絶対主義者も、パン屋にカレーパンが二種類以上あると、どれを買うか迷うはずです。このとき、カレーパン絶対主義者は、カレーパンを相対的に買おうとしています。

これはどういうことでしょうか？

相対的であるとは、二つ以上の選択肢があることです。その選択肢は何でもいいわけではなく、ある絶対的な《枠》をもっていて、パンを相対的に買おうとするとき、パンという《枠》は絶対であって、パン屋の窓ガラスやレジを買いません。同じように、カレーパン絶対主義者も、カレーパンが二種類以上あるとき、カレーパンという《枠》の中から選ぶ、つまり相対的に買うことがあるわけです。

こうした相対性を、私たちは「**自由**」といいます。相対的にパンを買うとは、自由にパンを買うことです。したがって、自由は、好き勝手に何かができることではなく、ある《枠》の中にあるいくつかのものから、自分のしたいことを選べることをいうのです。だから、「自由にしていいよ」といわれても、私たちは、普通人間として外れたこと（たとえば殺人）をしませんし、人を殺すことを自由だとは誰もいいません。

→P118

もし何の《枠》もなく、好き勝手に選んでいいとしたらどうでしょう。それは、ただの**混沌**(こんとん)にすぎません。現在の日本社会を見ると、社会の一員として自分が何をすべきか（すべきでないか）の《枠》が見失われ、それぞれが好き勝手なことをしているようにも見えます。もしそれを自由だと思っているなら、それは大きな勘違いでしょう。

相対的であること＝自由であることは、ある《枠》（絶対性）があってはじめて成り立つものなのです。

例文

(1)注意してほしいことは、この（＝机の）長たらしい定義の内で、人間側の要素、つまり、そこにあるものに対する利用目的とか、人との**相対的**位置といった条件が大切なのであって、そこに素材として、人間の外側に存在するものの持つ多くの性質は、机ということばで表わ（あら）されるものを決定する要因にはなっていないということである。
（鈴木孝夫『ことばと文化』）

⇩「人」との関係で決まる位置。

(2)それらの悩み（＝時間ノイローゼ）は、もともと**相対的**[1]なめやすを**絶対化**させるから起きる悩みであり、問題はそのノルマにあるのだ。われわれは「四歳からピアノを始める」というママゴン[2]の前提をあくまでも**相対化**しておかないと、いつのまにか、期限や締め切りとしてだけ働くようになってくる。
（小原信「現代人の時間信仰」）

⇩1いくつもある目安のうちの一つにすぎないものなのに、それだけが正しいと思い込む。2ママゴン（教育ママ）の前提はいくつもある前提のうちの一つにすぎないのに、そう考えないと。

(3)私たちは西洋文化を知ることによって自らの文化を**相対化**するとともに、東洋の叡知（えいち）をテコにして西洋的価値観をも多元化すべきなのではないだろうか。
（丸山圭三郎『言葉と無意識』）

⇩日本文化を西洋文化と比べることで冷静、客観的に見る。

3

一義（いちぎ）

＋的・性　【一つの・義（意味）】

❶ － 一つしか意味がないこと。

② 最も重要な意味。

同 第一義

4

多義（たぎ）

＋的・性　【多くの・義（意味）】

＋ 多くの意味があること。

参 両義

5

一元（いちげん）

＋的・性・化　【一つの・元（もと）（要素）】

－ ものごとをある一面からだけ考えること。

6

多元（たげん）

＋的・性・化　【多くの・元（もと）（要素）】

＋ ものごとを多くの面から考えること。

参 二元論

解説

▼「一義」とは〈一つしか意味がないこと〉、「一元」とは〈ものごとを一つの要素でとらえること〉です。

↓絶対と同様に、＋明快である一方で、－視野の狭いものの見方・考え方を表します。

一方、「多義」とは〈さまざまな意味があること〉、「多元」とは〈ものごとをさまざまな要素でとらえること〉です。

↓相対と同様に、－曖昧（あいまい）になりがちである一方で、＋視野の広いものの見方・考え方を表します。

たとえば、「一元的な理解」という場合、ものごと全体を一つの基準で理解することです。それはものごとのとらえ方を単純にし、わかりやすくしますが、そうすることで見落としてしまうことが多々あることもたしかでしょう。

現代の社会は、ただ一つのものを絶対化せず、さまざまなものが存在することを認める相対的な社会です。だからこそ、一義的、一元的なものの見方ではなく、多義的、多元的なものの見方が求められているのです。

▼〈世界を一元的にとらえること〉を「**一元論**」といいます。

➡特に、〈世界を精神だけでとらえること〉を精神一元論＝「**唯心論**（ゆいしんろん）」といい、〈世界を物質だけでとらえること〉を物質一元論＝「**唯物論**（ゆいぶつろん）」といいます。

一方、「**二元的**」とは〈ものごとを二つの要素でとらえるさま〉であり、〈世界を二元的にとらえること〉を「**二元論**」といいます。

➡**デカルト二元論**は、世界を人間と自然（精神と物質）で二元的にとらえたものです。

▼現在、「**グローバリゼーション** globalization」が進んでいるといわれます。地球化とか世界化と訳される言葉ですが、その実態は〈資本主義による世界の一元化〉です。簡単にいえば、世界全体が近代ヨーロッパに始まる豊かさで一色に染まろうとしているわけです。

豊かさは、人々に自由をもたらします。しかし一方で、その豊かさが人々の暮らしから多様さを奪うものであるなら、手放しで歓迎されるとはいえないでしょう。本当に世界が一つになるためには、さまざまな人たちのさまざまな考え方や生き方を認めつつ、一つの地球に住む仲間だという意識をもつことが必要なのです（**グローカリゼーション** glocalization）。→P135

▼「**一義（的）**」は、一番目の意味ということから、〈最も根本的な意味〉という意味にも用いられます。「**第一義（的）**」とも書かれます。

「**二義（的）**」は、二番目の意味ということから、〈それほど重要ではない意味〉という意味です。「**第二義（的）**」とも書かれます。

例文

(1)意識的にものを見ようとすると、かえって、見ようと思ったその角度だけから、**一義的**にしかものをみることができない。…それに対して、おのずと見えてくるとは、わたしたちが心を開いて自然や外界（人間や出来事をも含めて）に接するとき、つまり視覚の独走にまかせずに五感のすべてを生かして共通感覚的に接するときに、ものが豊かな**多義性**をもってあらわれることなのである。

（中村雄二郎『知の旅への誘い』）

(2)簡単に**一元的**、同質化しえないのであるからこそ、「民族紛争」なのである。問題は、どうしたらこのような**多元的**民族性を保ちながら、異質な共同体が共存しうるのかということである。

（西島建男『民族問題とは何か』）

column

相対と絶対のはざまで

現代社会は「**相対社会**」といわれるように、さまざまな物や情報が入り乱れ、何が良く何が悪いかの判断が容易ではありません。これでは、混沌（こんとん）とした社会といった方がよいでしょう。その中で、私たちは、自分で考えているつもりになって、テレビや新聞の言いなりになっています。

現代は、私たちに**主体性**を求めています。自分で考え行動する。でもそれは、言葉でいうほど簡単なことではありません。だからこそ、私たちは、密かに自分を安心して預けられる絶対的なものを求めてしまうのでしょう（**自由からの逃走**）。

メディアからやってくる情報を全否定する必要はありません。しかし、それをさまざまな情報の一つにすぎないと保留することができるかどうか――それが、主体性への一歩なのです。

絶対と相対の仲間たち

絶対	相対
＋明快だ	－曖昧（あいまい）だ
－視野が狭い	＋視野が広い
一義	多義
一元	多元
一面	多面
一様	多様
画一	
合理	不合理／非合理
部分	全体
分析	総合
対比	類比
ディジタル	アナログ
無機	有機
静的	動的
ミクロ	マクロ
単純	複雑
・一つ	・多い
・切り離し	・つながり

column

キーワードのキーワード!?

その項目を理解するためのキーワードは、解説中に**網掛け**になったり、傍点が付されたりして登場します。その主要なものを次に紹介しましょう。

近代―現代→**切り離し**―**つながり**　→P22・46

自然／科学
→人間との**切り離し**と**つながり**　→P28・43

人間→**主体**（性）と**他者**　→P36

自分／アイデンティティ
→**他者**とのかかわり　→P40・114

文化→**雑種**　→P139

言語→**差異**と**恣意**　→P142・144

7 合理（ごうり） ＋的・性・化

論理や道理にかなっていること。

【理（ことわり）に・合（あ）う】

参 近代・理性

8 不合理（ふごうり）／非合理（ひごうり） ＋だ・的・性

論理や道理に合わないこと。

【理（ことわり）に・合（あ）わ・ない（不／非）】

参 矛盾・弁証法

◆合理主義（ごうりしゅぎ）…合理的に考えることを重視すること。

◆曖昧（あいまい）＋だ…【曖（くら）い＝昧（くら）い】はっきりしないこと。

解説

▼「合理」とは〈理（り）に合っていること〉であり、そうした〈理を重視する態度〉を「合理主義」といいます。

そもそも、この世界は、さまざまな矛盾をはらんだ不合理で曖昧（あいまい）なものです。合理主義は、それを《理》でとらえようとします。だから、本来の合理主義は、この世界に《理》ではとらえきれない部分があるという限界を知っているものです。

近代になると、合理的であることが絶対化され、不合理なもの、非合理なものは無視されたり、存在しないと見なされたりするようになりました。これを「近代合理主義」と呼んで、合理主義一般と区別することがあります。たとえば、現代では、霊の存在は否定されますが、それは科学という《理》では説明がつかないからです。

しかし、今まで不合理／非合理として退けられてきたものは、実は、《理》という基準に合わないだけのことであって、人間にとって無価値なものという意味ではありません。考えてみれば、人がなぜ生まれなぜ死ぬのかを科学では説明できません。心に感じる喜びや悲しみは理屈を超えたものです。不合理／非合理は、むしろ人間の根源的な生のあり方にかかわっているのです。

　合理的であることは大切です。しかし、現代は、理性偏重を改めて、いきすぎた合理性を根本的にとらえ直そうとしている時代といえます。

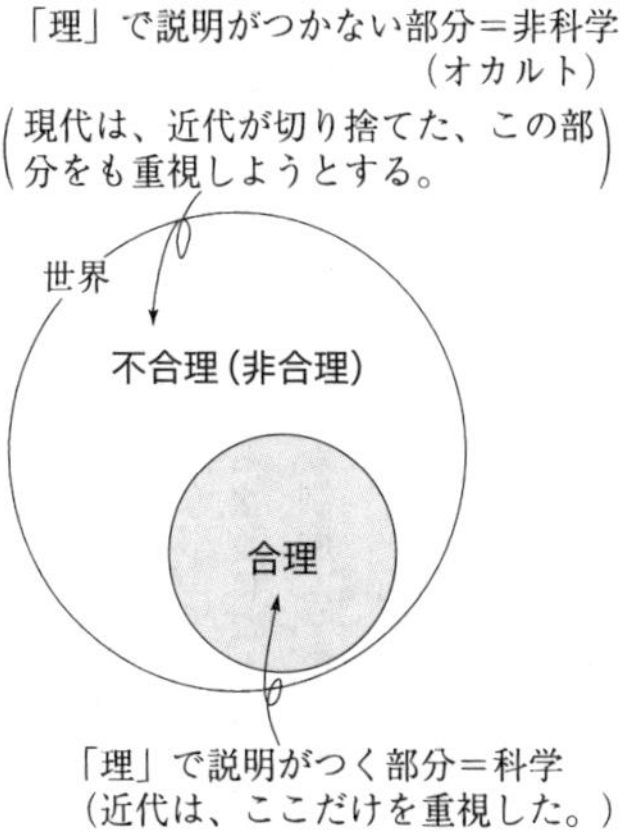

「理」で説明がつかない部分＝非科学
（オカルト）
（現代は、近代が切り捨てた、この部分をも重視しようとする。）
世界
不合理（非合理）
合理
「理」で説明がつく部分＝科学
（近代は、ここだけを重視した。）

合理—不合理／非合理の図

▼［合理—不合理］に対応する語として、［正常—異常］［男性—女性］［大人—子ども］などがあります。

「**正常**」とは〈普通の正しい状態〉であり、「**異常**」とは〈普通でない状態〉です。《常》という基準にしたがっていることを正常、それから外れていることを異常といいます。

　近代社会は、**男性原理**によって成り立っています。たとえば、近代になって実現した普通選挙は、最初、成年男子に限定されていました。近年、こうした男性中心主義は改められつつありますが、女性の社会的地位はまだ十分に高くありません。この問題は、現在、**ジェンダー**の問題としてとらえられています。→P262

「**子ども**」は近代に誕生したといわれています。かつて、子どもは、社会の中で育てられ、未熟ではあっても社会の担い手でした。しかし、現在では、子どもは、一般の社会から切り離され、学校という制度の中で一人前の人間に育てられます。これは、社会全体が豊かになり、子どもを働き手として考える必要がなくなってはじめて実現できることです。

↓右に見るように、「**教育**」とは、そもそも、〈社会の一員として教え育てること〉＝**社会化**です。近代になると、人は、ただの社会の一員ではなく、国家の一員（国民）であることが求められるようになりました。そのために、国民教育を施す特別な制度（学校制度）が必要になったのです。

これまではあまりにも当たり前で疑われることもなかった、日常的な原理や基準が、現在、問い直されようとしています。「不合理」にしろ、「異常」にしろ、「女性」にしろ、「子ども」にしろ、合理的でないとか理性的でないといわれてきましたが、むしろそうしたところに近代の抱える難問のヒントが隠れている可能性があります。

例文

(1)技術のあり方を意図的に制御することが問題になる時には、ほとんどの場合、そこでの議論の焦点は、技術的人工物の使用や制作に備わる**非合理的**な面を修正し、**合理的**なものへと改良することに据えられることになるだろう。（村田純一「技術哲学の展望」）

(2)近代西欧社会は、史上かつてないエネルギーを噴出させ、世界を、たんに力によってだけでなく、思想的・文化的にも支配するようになったのである。そういう意味で近代は、「西欧の時代」であった。そうしてこのような近代西欧社会を支えたものが、**合理主義**一般とは区別されたものとしての「**近代合理主義**」であった。（竹内啓『近代合理主義の光と影』）

(3)夢についてわれわれはあいかわらず神秘的な期待を寄せている。夢というのでなければ、狂気や未開の思考といってもよい。ともかくそれらに理性的、**合理的**思考の硬直したゆきづまりを打開する可能性を見出すことは、シュールレアリスム以来の一般的な傾向である。（柄谷行人『意味という病』）

column

「国民」という矛盾　その1

国民国家とは、「国民」と呼ばれる多数者（マジョリティ）によって構成される国家です。その結果、少数者（マイノリティ）である「外国人」は、さまざまな制約、さまざまな差別を受けます。

それは、国民じゃないんだからしかたないよ、と思うかもしれません。

しかし、その国の国民かどうかは、その国の法律によって決まります。たとえば、アメリカ合衆国では、その領土内で生まれれば自動的にアメリカ国籍を取得できます（出生地主義（しゅっしょうち））が、日本では、両親のどちらかが日本人でなければ原則日本国籍を取得できません（血統主義）。

こうした人為的で、恣意的な区別が、偏見や差別の出発点になっているのです。

たとえば、外国人が許可なく日本に滞在すると、不法滞在になります。不法滞在者は、過酷な労働環境に置かれがちです。犯罪統計を見るかぎり犯罪率は日本人より低いのに、外国人は日本の治安や風紀を乱すという偏見も根強くあります。

日本の法律では両親の国籍が子どもの国籍を決めますから、日本で生まれ育ち日本語しか話せないにもかかわらず、日本国籍のない人たちがいます。「在日」と呼ばれる人たちです。日本に暮らしながら日本から拒絶された存在。地方参政権すらないので、自分の住む地域のあり方に意見をいうこともできません。これまでは朝鮮半島や中国出身者だけでしたが、これからは、アジアのさまざまな地域から多くの人が流入してくるにつれて、「在日」という矛盾は大きくなっていくでしょう。

9 分析（ぶんせき）＋的

英 analysis

ものごとを部分にわけて考えること。『分ける＝析ける』

10 総合（そうごう）＋的

英 synthesis　別 綜合

①バラバラなものを一つにまとめあげること。『総べる＝合わせる』

❷＋ものごとを全体的にとらえること。

③［弁証法で］互いに矛盾する考えを統一すること。

参 アナログ・アナロジー

❖解説

▼人間の身体のしくみを考えることにしましょう。といっても、身体を丸ごと考えてもしくみはわからないので、まずは身体を筋肉や目などの部分にバラしてそのしくみを考えます。その上で、バラした部分をまとめて全体を作ります。これが、［分析↓総合］という思考方法です。

「分析」とは、〈ものごとを部分にわけてその内容や性質をあきらかにすること〉であり、「総合」とは、〈そうしてあきらかになった部分を一つにまとめあげて全体を組み立てること〉です。

この［分析↓総合］は、実験・観察という手段と並んで、科学を支える重要な思考方法です。

しかし、部分をまとめあげても、全体がわかったことにはなりません。［分析↓総合］は、部分をあきらかにするのには長けていても、全体をあきらかにするには限界があるのです。

➡科学は、変化し続けるものをそのままとらえることができません。数学でいう「微分」という方法は、変化するものを瞬間瞬間に分けてとらえるものです。つまり、変化を、線ではなく、小さな点の集合としてとらえるわけです。

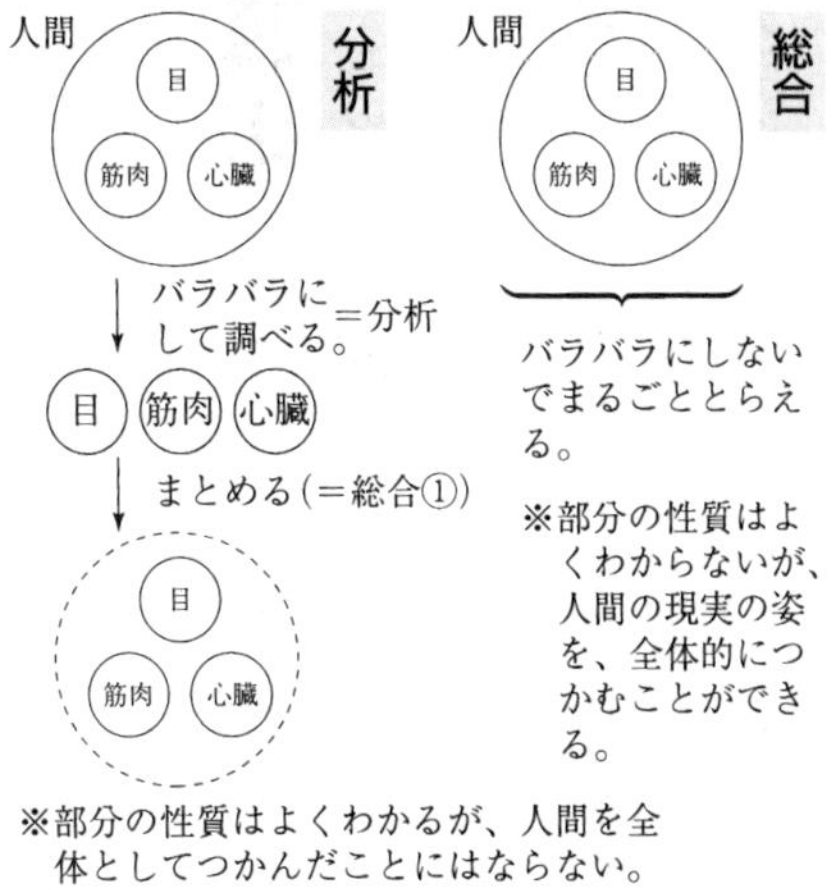

総合

人間
目
筋肉
心臓

バラバラにしないでまるごととらえる。

※部分の性質はよくわからないが、人間の現実の姿を、全体的につかむことができる。

分析

人間
目
筋肉
心臓

バラバラにして調べる。＝分析

目　筋肉　心臓

まとめる（＝総合①）

目
筋肉
心臓

※部分の性質はよくわかるが、人間を全体としてつかんだことにはならない。

分析―総合の図

▼現代は、**総合的**な思考＝〈さまざまなものをつなげて全体的に考えること〉が重視されています。近代はものごとを切り離してとらえましたが、それに対する反省として唱えられているのです。

人間と自然との一体性が訴えられたり、学問分野を越えた学際的な研究が盛んだったり……総合的な思考が求められている例に事欠きません。

➡総合（的）は、**つながり**を表す現代の隠れたキーワードです。

例文

(1)科学は自然のなかに存在する対象を**分析**し、そこから法則を抽出し、対象を**分析的**に理解するというところに中心があった。（長尾真『「わかる」とは何か』）

(2)考え方という意味でも環境問題は、科学の考え方の本質的な問題に関わる。問題が、地球から生物、人間、社会に至るまであらゆることに関係し、従って二元論を超えて**総合的**に考えねばならないからである。（松井孝典「地球環境への処方」）

11 対比(たいひ) ＋的

ものごとの違いに注目して考えること。

〖対(むか)いあわせて・比(くら)べる〗

同 二項対立

12 類比(るいひ) ＋的

ものごとの共通性に注目して考えること。

〖類(たぐ)う＝比(たぐ)う＝くらべる〗

参 類推

◆**対照(たいしょう)＋的** …〖対(むか)いあわせて・照(て)らす〗①比べあわせること。②違いがきわだつこと。 同 コントラスト

◆**アナロジー** 英 analogy …〖ana（同じ）＋ギ logos(ロゴス)（論理）〗ものごとを結びつけて考えること。 参 アナログ

解説

▼「**対比**」も「**類比**」も比べることですが、対比は〈ものごとの違い(・・)を考えること〉で、類比は〈ものごとの共通性(・・・)を考えること〉です。

↓簡単にいえば、対比は「違う」を比べること、類比は「同じ」を比べることです。

▼対比の関連語として、「**二項対立**」と「**対照**」を押さえておきましょう。

「**二項対立**」は、〈二つのもの(項)を対比させて考えること〉です。

「**対照**」は、〈ものごとを照らしあわせて考えること〉です。そこから、〈違いがきわだつこと〉＝「**コントラスト** contrast」という意味にも用います。

↓「**対照的**」は〈違いがきわだつさま〉。同音の「**対症的**」は、表面的な症(・)状に対処することから、〈根本的な問題には触れずに、表面的に対処するさま〉を表す語。 参 対症療法

▼類比の関連語として、「**類推**」と「**アナロジー**」を押さえておきましょう。

「**類推**」は、〈似ている点をもとにして、他のことも同じだろうと考えること〉です。

「**アナロジー** analogy」は、「類比」や「類推」と訳され、〈共通する部分に注目して、ものごとを結びつけること〉です。

➡アナロジーの形容詞形は「**アナロジカル** analogical」=**類比的**。

▼近代は、《対比的な思考》を重視しました。近代の世界観であるデカルト二元論は、人間と自然とを対比的にとらえた世界観です。

《対比的な思考》は近代の繁栄を支える一方で、現在の自然環境問題や民族・文明の対立といった問題の背景ともなります。人間と自然との**交感**、異なる民族や文明間の**対話**を可能にするために、ものごとをつなげ全体的にとらえる《類比的な思考》が求められています。

例文

(1)ここ(=鷗外の詩)にはその褐色(かちいろ)の石と白い花の**対比**があります。見える緑と見えない花との**対照**の妙(みょう)があります。 (辰濃和男『文章の書き方』)

(2)十七世紀には最も精緻(せいち)な機械は機械時計であると考えられていたので、科学革命当時、自然は時計と**類比的**に見られた。 (佐々木力『科学論入門』)

(3)遺伝子ノックアウト技術によって、パーツを一種類、ピースをひとつ、完全に取り除いても、何らかの方法でその欠落が埋められ、バックアップが働き、全体が組みあがってみると何ら機能不全がない。生命というあり方には、パーツが張り合わされて作られるプラモデルのような**アナロジー**では説明不可能な重要な特性が存在している。ここには何か別のダイナミズムが存在している。 (福岡伸一『生物と無生物のあいだ』)

13 ディジタル ＋的・だ

英 digital 【digit（指）の形容詞形】 別 デジタル

ものごとを切り離して部分的にとらえるさま。

14 アナログ ＋的・だ

英 analog 【ana（同じ）＋ギ logos（ロゴス）（論理）】

ものごとをつなげて全体的にとらえるさま。 参 アナロジー

✤解説

▼ディジタル時計とアナログ時計の違いを考えてみましょう。

ディジタル時計の場合、0秒の次は1秒で、その間はありません。一方、アナログ時計の場合、0秒から1秒まですべての時間を針が通ります。このように、ディジタル時計が連続する時間を点で（離散的（りさんてき）に）とらえているのに対して、アナログ時計は連続する時間をそのまま連続的にとらえています。

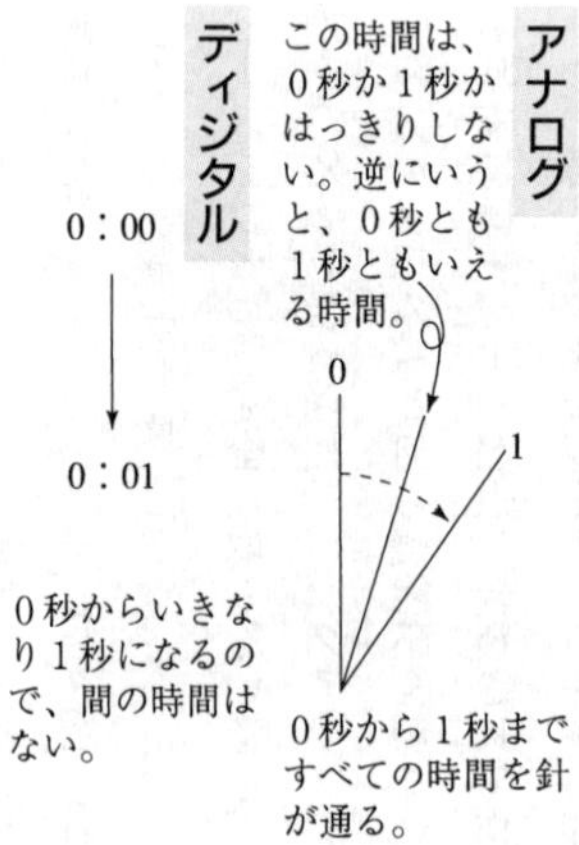

ディジタル―アナログの図

「ディジタル」とは、もともと指折り数えることなので、〈ものごとを一つ一つ切り離して部分的にとらえるさま〉を意味します。そこから、〈ものごとを割り切って考えること〉にも使います。

「アナログ」とは、ものごとを連続的に表すことな

ので、〈ものごとをつなげて**全体的**にとらえるさま〉を意味します。それは時として、〈**一**ものごとを曖昧（あいまい）にとらえること〉にもなります。

私たちの世界は、本来アナログです。さまざまなものがつながりあい、一つの世界を作っています。それを切り離しバラバラにすることで、とらえやすく、そして扱いやすくしたのがディジタルな思考です。人間と自然を切り離してとらえるデカルト二元論も、そうしたディジタルな思考の一つです。

↓「**離散的**」とは、〈連続するものを点のつながりとしてとらえるさま〉です。

▼**情報化社会**である現代は、情報をいかに手に入れ、いかに生かすかが重要です。その情報の流通を支えているのが、コンピュータをはじめとするディジタル機器（内部的に0と1というディジタル信号で処理されている**機器**）です。しかし、新しい機能をもったパソコンや携帯電話が次から次へと発売される中、どれほどの人がそれについていけているでしょうか。すべての人が同じように情報を手に入れ、同じように使いこなしているわけではないのです。隣の店の方が安いことを知らなければ、高い買い物をすることになります。パソコンを使えなければ、会社で厄介者（やっかいもの）扱いされるかもしれません。情報の有無は損得を生み出し、差別を生み出すのです。

こうした〈情報による格差〉を「**デジタルデバイド** digital divide」といいます。

例文

(1)人間生活の**ディジタル化**の赴（おもむ）くところ、**アナログ的**なもの、アナロジー（類比）的なものにみちていた私たちの生活、私たちの世界は曖昧で非能率的なものとしてしりぞけられた。多義的で総合的な**アナログ的**世界から、一義的で分析的な**ディジタル的**世界に変えられてきたのである。

（中村雄二郎『考える愉（たの）しみ』）

15

無機（むき） ＋的・物 【生命の働き（機）が・無（な）い】

ー生命を感じられず、あたたかみのないこと。

16

有機（ゆうき） ＋的・物・体 【生命の働き（機）が・有（あ）る】

＋各部分が密接に結びつきあい、まとまりをもっていること。

参 システム

解説

▼無機とは生命の働きがないことなので、「**無機的**」は〈生命の感じられないさま〉や〈あたたかみのないさま〉を意味します。

一方、有機とは生命の働きがあることなので、「**有機的**」は〈生命のあるさま〉であり、生命体のように〈いろいろな部分が集まって密接に結びつきあい、全体を作りあげているさま〉です。

例文

(1)私がことあるごとに自然に親しもうと呼びかけてきたのは、密室から出て物との対話から離れ、いのちあるものとの対話の日常を楽しむようにしないと、感性は潤いを失って**無機的**になり、やがて萎縮（いしゅく）してしまうのを恐れるからである。 （河合雅雄『子どもと自然』）

(2)実際の作品のなかのひとつひとつの言葉は、それがふくまれる文節に、文章に、またひとかたまりの文章に、そして作品の全体に、**有機的**に結びついている。 （大江健三郎『新しい文学のために』）

(3)海は文明を相互に開かせるとともに、そのそれぞれに求心力を与え、生きた**有機体**として統一する力を持っていた。 （山崎正和『世紀を読む』）

17

ミクロ　＋的・だ

英 micro　別 マイクロ

微視的。微小。

18

マクロ　＋的・だ

英 macro

巨視的。巨大。

◆俯瞰／鳥瞰…〔俯く＝瞰す／鳥のように・瞰す〕高い所から全体を見渡すこと。

解説

▼「ミクロ」は、〈ものごとを個々別々に細かく見るさま〉＝**微視的**です。それは、悪くいえば、**局所的**に見てしまうことであり、**近視眼的**な見方に陥る可能性があります。

一方、「**マクロ**」は、〈ものごとを全体的に見るさま〉＝**巨視的**です。それは、ものごとを大きな視点で**大局的**に見ることです。

↓「局所的」は〈かぎられた一部分であるさま〉。「大局的」は〈全体の状況を見通すさま〉。

↓「近視眼的」は〈目先のことにしか目がいかず、将来のことや全体的なことに考えが及ばないさま〉。「複眼的」は〈いろいろな立場からものごとを見るさま〉。

▼「**俯瞰**／**鳥瞰**」は、〈高い所から見下ろして、ものごとを全体的に見ること〉をいいます。

例文

(1)自然界において各生物がそれぞれ持っている害虫敵は、**ミクロ**のレベルではいないほうがよい存在であるが、**マクロ**のレベルではいなくては困るという弁証法的な存在である。（立花隆『エコロジー的思考のすすめ』）

⇩ミクロでは矛盾しているがマクロでは矛盾していない。

19 動的（どうてき）／ダイナミック＋だ

英 dynamic

ものごとを動くものとしてとらえるさま。

20 静的（せいてき）／スタティック＋だ

英 static

ものごとを動かないものとしてとらえるさま。

◆ダイナミズム 英 dynamism ： 力強さ。活力。

◆力学（りきがく）／ダイナミックス 英 dynamics ： ある力の働き。

❖解説

▼「動的」は〈ものごとを動くものとしてとらえるさま〉を表す一方、「静的」は〈ものごとを静かなもの＝動かないものとしてとらえるさま〉を表します。

本来、この世界は刻一刻と変化しています。しかし、科学は、こうした世界の複雑さをそのままとらえることができません。そこで、変化し続ける世界を瞬間瞬間に分けてとらえようとしたのが、「微分」という手法です。動いている世界を動いているままにとらえるのではなく、瞬間という点の連続としてとらえたわけです。科学の描く世界は、あくまでも静的なものなのです。→P28

世界は本来動的なものなのだから、どうやって動的なままとらえるかが大切でしょう。科学のあり方が問い直されている昨今、それが大きな課題といえます。

▼「ダイナミズム」は〈力強さ〉、「ダイナミックス」は〈力学〉と訳せば、ほぼ意味が通じます。ともに、力や動きを意識した言葉です。

「力学」は、もともと「力についての学問」ですから、あるものごとに対して、〈どのような力が働いているか〉を意味する語として用いられます。

例文

(1)私たちは、民族移動が**静的**であるのに比して、文化交流・あるいは文化受容がきわめて**動的**、積極的だった国土、国家、民族として日本を理解するための一つの形として、文化交流史という記述を重視すべきであると考える。

（上垣外憲一『日本文化交流小史』）

(2)日本人の夫婦はほとんど明示的な愛情表現をしないし、社会的に定型化された英語の honey・darling のような、社会人類学者のいう saccharine term（甘いことば）を持っていない。これは日本人にとって結婚状態とは、絶えず相互の愛情を確認しながら保持して行く、**ダイナミック**な直接的で契約的な人間関係ではなくて、むしろ否定したり解消したりすることが原理的に不可能である親子関係という**スタティック**で不変の関係を介した、それ自体すでに与えられた人間関係として把握されているのではないだろうか。

（鈴木孝夫『ことばと文化』）

(3)哲学的社会批判の無力を宣告する「哲学の貧困」論は、時代の支配精神になっているように見える。社会の秩序形成を指導するのは哲学的原理ではなく、経済の**ダイナミズム**である——この史的唯物論の公理が大手を振って歩いている。

（井上達夫『現代の貧困』）

⇩歴史を唯物論（この世界は物質だけから成り立っているという見方）から見るルール。

(4)近代的地図の表象の様式としての普遍性のみを強調することは、近代的世界の成立において、近代的な地図とそれが表象する世界像が果たしてきた、まさに社会的な**力学**を無視することになるだろう。

（若林幹夫『地図の想像力』）

⇩「近代的世界」が成立するために、「近代的な地図とそれが表象する世界像」が社会的に及ぼした大きな影響力。「社会的な力学」とは「社会的な力の働き」である。

21

主体（しゅたい） ＋的

英 subject

意識や行動の中心となるもの。

〔主となる・もの（体）〕

参 人間

22

客体（きゃくたい） ＋的

英 object

意識や行動の相手となるもの。

〔主の相手（客）となる・もの（体）〕

同 他者　参 自然

◆対象（たいしょう） 英 object … 〔対（たい）する・象（かたち）〕意識や行動の相手となるもの。

◆主体性（しゅたいせい）… ＋自分で考え行動すること。

◆客体化（きゃくたいか）／客体視（きゃくたいし）・対象化（たいしょうか）／対象視（たいしょうし）… 〔客体＝対象に・する（化）／として視（み）る〕ものごとを冷静、客観的に見ること。 参 ～化・～視

解説

▼《私》が《ペン》を見ているとき、見ている《私》を「主体」、見られている《ペン》を「客体」といいます。簡単にいえば、主体とは〈何かをする人〉であり、客体とはその相手、すなわち〈されるもの〉です。

《私》＝主体
見る ↓ 切り離し
《ペン》＝客体

ここで重要なのは、主体と客体が切り離されなければならないことです。たとえば、私たちは自分自身のことをなかなか冷静、客観的に見ることはできません。それは、見ている《私》と見られている《私自身》が近すぎるからです。ものごとを冷静、客観的に見るためには、見ようとしているものを見ている自分

から突き放す必要があるのです。

普通、〈人の意識や行動の相手〉は「**対象**」と呼ばれます。対象と客体は、ともにobjectの訳なので意味に違いはありませんが、厳密に区別すると、何を見ていても見ているものはすべて「対象」と呼べるのに対して、見ている者から切り離されていなければ「客体」とは呼べません。この二つの語の違いは、《切り離し》があるかどうかにかかっています。

▼近代は、世界の主体を**人間**、客体を**自然**と考えました（**デカルト二元論**）。そこでは、人間は、精神をもった唯一の存在として世界の中心であり、それ以外の存在（自然）は、ただの物質として人間の意識や行動の対象でしかありません。

しかし、現在は、そうした単純な**人間中心主義**こそが、自然環境問題をはじめとするさまざまな問題を引き起こす原因になっていると考えられています。私たちが人間である以上、人間中心主義にならざるをえないのはたしかですが、人間と自然との《つながり》を思い出す必要があるのです。

▼近代以降、人間は、自らの**理性**にしたがい、自分で考え行動するべきだと考えられました。これを「**主体性**」といいます。

現代は、豊かだ（やれることが多い）からこそ、自分で何をするか選ばなければなりません。しかし、その選択肢が多すぎて、なかなか選べないのも現代の特徴でしょう。自分のやりたいことをやればいいと言われても、何が正解か、自信をもって選べる人はなかなかいません。だからこそ、救いを求めて、たしかそうなものに頼るのです。

たとえば、昼食を食べるために、ネット検索して、周辺の店の評判をチェックしたとします。が、そのせいで、わざわざハズレのお店に入ってしまうこともあるでしょう。現代人は、無自覚なままに主体性を放棄していることすらあるのです（**自由からの逃走**）。

多くのものや情報にあふれる現代だからこそ、私たちの主体性は問い直されているのです。

↓「主体的」の仲間＝「積極的」「能動的」「自律的」「ポジティブ」。

▼**「客体化／客体視」「対象化／対象視」**とは、〈あるものを客体＝対象として客観的に見ること〉です。そのためには、主体（見る人）と客体＝対象（見られるもの）をはっきり区別し、心情的に切り離すことが必要です。

たとえば、ある医者が瀕死の息子を救おうとしても冷静な診断がなかなかできないのは、息子に対する心情（愛情や悲しみ）が邪魔するからです。

↓この《切り離し》は合理的にものごとを考えることを可能にする一方で、見る主体が見られる客体を冷たく突き放して見ることでもあることに注意しましょう。

↓「客観化／客観視」は、同義語。ものごとを客観的に見ることです。

「相対化／相対視」は、類義語。見比べることで、ものごとを冷静、客観的に見ることです。

［客体化／客体視＝対象化／対象視＝客観化／客観視＝相対化／相対視＝ものごとを冷静に見ること］と覚えましょう。

例文

(1)自然科学の知を得るために、人間は自分を対象から切り離して、**客体**を観察し、そこに多くの知識を得た。

（河合隼雄『イメージの心理学』）

⇩ここでは、「対象」と「客体」が厳密に使い分けられている。

(2)実際には、意識的にものを見ようとすると、かえって、見ようと思ったその角度だけから一義的にしかものを見ることができない。もっといえば、そのとき、見られるものは冷やかに**対象化**されて、一義的でしかないものになる。

（中村雄二郎『知の旅への誘い』）

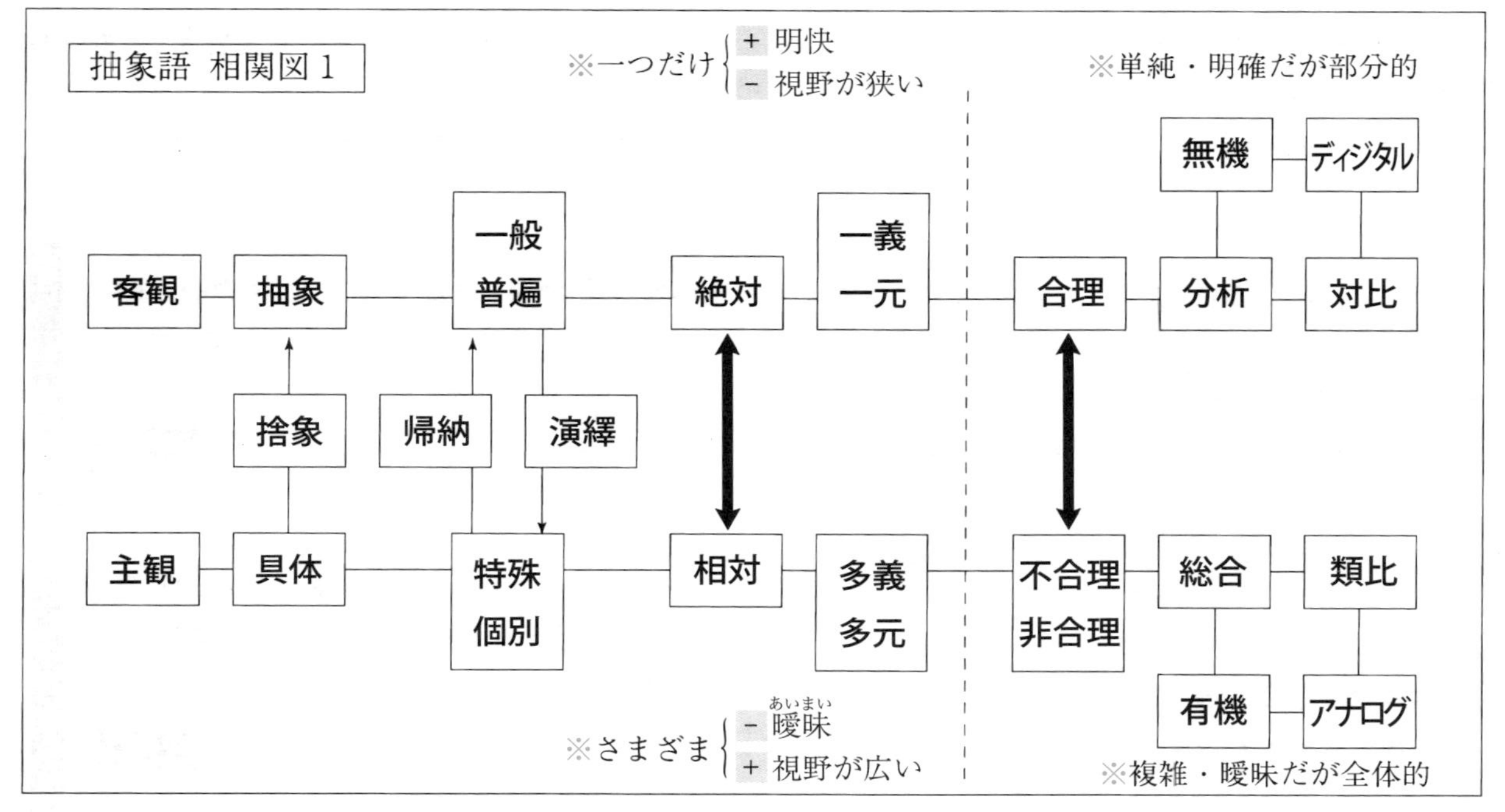

抽象語 相関図1
※一つだけ
＋ 明快
− 視野が狭い
※単純・明確だが部分的
無機
ディジタル
客観
抽象
一般
普遍
絶対
一義
一元
合理
分析
対比
捨象
帰納
演繹
主観
具体
特殊
個別
相対
多義
多元
不合理
非合理
総合
類比
有機
アナログ
※さまざま
− 曖昧(あいまい)
＋ 視野が広い
※複雑・曖昧だが全体的

23

主観（しゅかん）＋的・性

英 subject

①主体。

❷自分なりの見方。

【主体として・観（み）る】

24

客観（きゃっかん）＋的・性

英 object

①客体。

❷（主観を超えた）一般的、普遍的な見方。

【客体として・観（み）られる】

◆間主観（かんしゅかん）／共同主観（きょうどうしゅかん）英 intersubject ＋的・性 …【inter（交わる）＋subject（主観）】複数の主観に共通する認識。

参 間〜

◆客観化（きゃっかんか）／客観視（きゃっかんし） …【客観的に・する（化）／視（み）る】ものごとを冷静、客観的に見ること。 参 〜化・〜視

解説

▼「主観」とは、主体として見ることです。主体としての人間は理性によって自分で考え行動する存在ですから、主観は〈一人一人違った見方〉になります。

↓主観は、－自分勝手な見方である一方で、一人一人の生を重視する現代においては、＋実際に生きる人間の実感がこもった自分なりの見方だといえます。

それに対して、「客観」とは、客体として見られることです。一人一人の人間（主体）から切り離されたものとして対象を見ることなので、客観は〈一人一人の見方に左右されない一般的、普遍的な見方〉になります。

↓客観は、＋第三者からの冷静な見方である一方で、－一人一人の人間の生を無視した冷たい見方ともいえます。

ただし、この場合の第三者は、発言者自身が設定したものです。客観とは、あくまでも、発言者から見た客観にすぎません。その意味で、客観も、発言者の考

えに左右される一種の主観にすぎず、決して絶対的なものではありません。

▼主観と主体はともにsubjectの訳であり、客観と客体はともにobjectの訳です。哲学的、思想的な文章では、主観が主体の意味で、客観が客体の意味で使われることがあります。

▼「**間主観性**」とは、〈人々の主観(subject)が交わる(inter)ことで生まれる共通の認識〉です。

この間主観性が客観性を保証しています。

たとえば、ある社会で、全員が神の存在を信じているとしましょう。全員が信じているために、誰に聞いても、神は存在すると言うはずです。一人一人の信仰は主観的なものですが、その社会では神は客観的に存在しているのです。私たちの知のあり方もまた同じです。私たちは全員が正しいと信じているものを、実は、客観的と呼んでいるにすぎません。

だから、「客観的」という言葉は、正確には「**間主観的**」といわなければならないことになります。

▼「**客観化**」とは〈あるものを客観的なものにすること〉、「**客観視**」とは〈あるものを客観的に見ること〉ですので、「客体化／客体視」「対象化／対象視」とほぼ同じ意味に用いられます。

➡［客体化／客体視＝対象化／対象視＝客観化／客観視＝相対化／相対視＝ものごとを冷静に見ること］と覚えましょう。

例文

(1)携帯電話によってできる点線ネットワークが、**主観的**にはいくら濃いリアリティを持っても、決して外界に**客観的**に（ないしは**共同主観的**に）成立するものではないことに気付くと、ふと足元が揺れるような不安が起きる。

（柴田翔「携帯電話の不安」）

⇩それで結ばれた一人一人にとってはリアリティのあるものだが、ネットワークの外にいる人間とは共有しえないものである。その意味で、「共同主観的」でない。

25 自律（じりつ）

＋的・性　【自分が・律（りつ）する】

＋自分の意志で行動すること。

26 他律（たりつ）

＋的・性　【他人が・律（りつ）する】

ー他人の意志にしたがって行動すること。

❖解説

▼「自律」とは、自分が自分を律（コントロール）すること、つまり〈自分で考え行動すること〉です。一方、「他律」とは、他人が自分を律（コントロール）すること、つまり〈他人の考えにしたがって行動すること〉です。

個としての《主体性》が求められている現代において、自律的であることが大切です。

▼「自立（じりつ）」とは、〈自分一人の力で身を立てること〉です。

自律が自分で**コントロール**するという意味が強いのに対して、自立は他に頼ることなく自分**だけで**するという意味が強いという違いがあります。

➡「自立」の対義語＝「依存（いそん）」。「いぞん」とも読みます。

例文

(1)個人の確立されていないところに、**自律的**な「他人の眼（め）」はあり得ない。**自律的**な「他人の眼」とは習慣的に強いられた思考方法による批判ではなくて、人間が、一個の人間が、人間性を基準にして抱く素朴な感覚である。（大庭みな子『女の男性論』）

⇩自分で自分を〈他人のように〉冷静に見ることができる心の眼。

27 能動（のうどう）＋的・性

＋自分で考え行動すること。

【動（うご）きを・能（よ）くする】

28 受動（じゅどう）＋的・性

－他からの考えや動きを受け入れること。

【動（うご）きを・受（う）ける】

同 受身（うけみ） 参 パトス

❖解説

▼「能動」とは、〈自分で考え動く積極的なあり方〉です。一方、「受動」とは、〈他からの動きを受け入れる消極的なあり方〉です。

現代では、人間は、個として主体的に生きることが重視されています。その意味で、私たちは、受動的ではなく能動的であるべきです。

しかし、人間は、さまざまな人やものとの関係性の中で生きているので、他からの働きかけを受け入れることなく生きることはできません。私たちの生にとって、**受動性**は本質的なのです。私たちが自分の姿を見つめるためには、主体性ばかりではなく、この受動性を忘れてはなりません。

例文

(1)われわれ一人ひとりにとって経験とは、ただなにかの出来事に出会うことでもなければ、ただ**能動的**に振（ふる）舞（ま）えば足りることでもない。その際にどうしても欠かせないのは、身体をそなえた主体として、他者からの働きかけによる**受動**＝受苦にさらされるということである。この受苦という苦（にが）い契機を欠くならば、せっかくのわれわれの**能動性**も、明快ではあっても抽象的なものにとどまり、空まわりするだけだろう。

（中村雄二郎『臨床の知とは何か』）

29

ポジティブ＋だ

英 positive

①肯定的。
②積極的。

参 楽観的

30

ネガティブ＋だ

英 negative

①否定的。
②消極的。

参 悲観的

解説

▼「ポジティブ」はそもそも〈肯定的〉という意味なので、〈ものごとに対して積極的なさま〉を表します。そこから、〈ものごとを良いように考えること〉＝「楽観的」という意味にも用います。

一方、「ネガティブ」はそもそも〈否定的〉という意味なので、〈ものごとに対して消極的なさま〉を表します。そこから、〈ものごとを悪いように考えること〉＝「悲観的」という意味にも用います。

例文

(1)＝①子どもはおとなの発見と同時に、おとなではないもの、いわばおとなのネガとして発見されたのである。

（岸田秀「子どもとは何か」）

⇩ネガはネガティブの略。「おとな」の否定。

(2)＝②ノイズと脳の関係でいえば、ノイズをかき分けながら音を得るポジティブなよろこびが、「きれい」な録音盤を聴くことからはかなり失われ、そこに刻印された音は、とても穏やかに、ネガティブに受け入れられてゆくことになる。

（桑原茂夫「にぎやかな風景が脳をよろこばせることについて」）

31 楽観（らっかん）

＋的・主義

ものごとを良いように考えること。

【楽（たの）しく・観（み）る】

同 楽天

32 悲観（ひかん）

＋的・主義

ものごとを悪いように考えること。

【悲（かな）しく・観（み）る】

同 厭世

解説

▼「楽観」は、〈ものごとを良いように考えること〉です。「楽天（らくてん）＋的・観・主義」は、天（てん）（世界のあり方）を楽（たの）しむことなので、楽観と同じように使います。

↓同義語として、「オプティミスティック optimistic」＝楽観的、「オプティミズム optimism」＝楽観主義。

▼「悲観」は、〈ものごとを悪いように考えること〉です。「厭世（えんせい）＋的・観・主義」は、世を厭（いと）うこと、つまり〈世の中のことをいやなものだと思うこと〉なので、悲観とほぼ同じ意味にも使います。「遁世（とんせい）」は、世を遁（のが）れること、つまり〈俗世間を逃れること〉で、〈出家すること〉も意味します。このような俗世間を逃れた「遁世者（とんせいしゃ）」を「隠者（いんじゃ）」といいます。

↓同義語として、「ペシミスティック pessimistic」＝悲観的、「ペシミズム pessimism」＝悲観主義。

整理すると……

［楽観的＝楽天的＝オプティミスティック＝ポジティブ］。

［悲観的＝厭世的＝ペシミスティック＝ネガティブ］。

例文

(1) 1960年代に撮られたキューブリック監督の『2001年宇宙の旅』。そこで描かれた未来像は決して**楽観的**なものではなかったにせよ、科学技術は、人類を次の世紀に新たなステージへ進ませるものと予感されていた。

（黒崎政男「ゆらぐ科学のリアリティー」）

33

創造（そうぞう）＋的・性

新しいものを作り出すこと。

【創る＝造る】

参 想像力

34

模倣（もほう）

まねること。

【模る＝倣う＝まねる】

別 摸倣

❖解説

▼「創造」とは〈何かを新しく作り出すこと〉であり、「模倣」とは〈すでにあるものをまねること〉です。

近代の人間は、**主体的**であることが求められました。だから、創造的であることはきわめて良いことだといえるでしょう。

しかし、私たちは、人のまねをすることによって、言葉や人間としての生き方を学びます。模倣こそ、**文化**を作り出し、人間を人間たらしめるものなのです。模倣は、人間の根源的な部分とかかわっています。

例文

(1)この想像力（＝イメージの能力）は、感覚によって与えられたイメージを造り変えたり組み替えたりして人間の**創造**活動の源泉となる。（山下勲『世界と人間』）

(2)普段はあまり考えないことであるけれども、競争というのは**模倣**を含むものである。あるいは、**模倣**を含むことを余儀なくされるものである。したがって競争社会とは、必然的に**模倣**社会となる。（横山滋『模倣の社会学』）

35

人為(じんい)／人工(じんこう)＋的

人の手が加わること。

〘人が・為(な)す／つくる(工)〙

対 自然・天然(てんねん)

✤解説

▼〈人の手が加わっておらず、もとのままであること〉を「自然／天然」というのに対して、〈人の手が加わっていること〉を「人為／人工」といいます。

人為と人工を区別するとき、人為は人が何かを**する**側面を強調し、人工は、人が何かを**造る**側面を強調します。

例文

(1)人間ももちろん自然の一部分であるから、**人為**と自然の対立はない。人間が自然にどのような**人為**を加えても、それは自然に反するものではなく、人間による自然破壊ということはありえないであろう。

(加茂直樹『環境思想を学ぶ人のために』)

⇩人間自体が自然の一部だから、人間が何をやっても、それは自然の中の出来事にすぎない。

(2)いまこれが純粋な自然だと思われているものも、実は過去の**人工**のあとが加わったものであることが多い。…少なくとも旅客機の窓から眺めおろし、列車の窓から眺め渡す限り、この島国の風景はどこも人間のにおいがする。人間の加工のあとが見える。

(日野啓三『都市という新しい自然』)

36

公（こう）＋的

社会とかかわること。

別 おおやけ

37

私（し）＋的

自分自身に関する個人的なこと。

別 わたくし

解説

▼「公」とは、本来、政治や行政に関係することですが、今では、人の社会的な活動に関することを広く指します。したがって、人の活動のうち、〈対社会的な部分〉を「公」といい、〈個人的な部分〉を「私」といいます。

↓そもそも、個人は、ただの一個の存在ではなく、社会を作り出す基本単位です。個という意識が肥大化して、社会との関係性を見失いがちな現在の個人のあり方を、本来の「個」と区別するために、「私」としばしば呼びます。このとき、「私」は、〈社会から切り離された一個の存在〉という意味です。

▼［公―私］のあり方は、決して単純ではありません。

「パブリック public」は〈公的〉、「プライベート private」は〈私的〉と訳されますが、そのあり方は［公―私］とずいぶん異なっています。そこには西洋文化に裏打ちされた［個―社会］の存在があります。一般に〈私的領域〉と訳される「プライバシー privacy」も、個の存在なしに語れません。一方、日本における［公―私］は、戦後大きな変化を見せながら、依然、伝統的な家や世間のあり方と深くかかわったものです。たとえば、飛行機事故の被害者の氏名など、欧米では、プライベートなものとして公表が控えられますが、日本では、世間の関心を惹く公的なもの

人間は個であるとともに社会の一員であるはずです。しかし、現在では社会の一員としての意識が希薄になっているといわれます。だからこそ、公共心が問題にされるのですが、それが強制されるところには、結局のところ、公共心は芽生えません。

として公表されます。

芸能人の私生活は公的なものだからこそ、テレビや新聞で報道されているのでしょう。電話は社会的な連絡手段（公的なもの）のはずなのに、最近はその番号が個人情報（私的なもの）として考えられています。それは、携帯電話の普及によって、電話が個人的なものになっていったことも深くかかわるでしょう。豊かさが私的領域を拡大させます。ですから、かつて公的だと思われていたものでも、現在では私的で他人が不用意に触れてはいけないとされていることがたくさんあるわけです。

［公―私］は、そもそもその線引きが難しいだけでなく、社会や時代によっても大きく変わるのです。

▼「**公共**」は、〈社会全体にかかわること〉です。だから、「**公共心**」とは〈社会のために尽くそうとする心〉であり、「**公共性**」とは〈ひろく社会に利害や影響が及ぶ性質〉です。

例文

(1)私たちの社会には「**私**」より「**公**」を優先すべきだという暗黙の前提が存在するため、個人的あるいは**私的**な性格が強いこれらの生活領域は、会社、地域、学校といった**公的**な領域よりも軽く扱われる。実際、**公的**な場で行事や会合の予定をたてたり仕事の調整をするときに、**私的**な都合を持ち出すことははばかられる。たとえ**私的**な理由で異議を唱えても一蹴（いっしゅう）されるのが落ちである。どうしても自分の都合を考慮してもらおうと思えば、要領よく「**公**」を装わなければならないのである。

（太田肇『囲い込み症候群』）

38
本音（ほんね）
本心。

39
建前（たてまえ）
表向き。

✤解説

▼日本人は、本音と建前を使い分けるといいます。「本音」とは〈心の中で本当に考えていること〉ですが、それを隠して、〈表向きの考えや方針〉である「建前」を用いることで、人間関係を円滑にしようとします。

それが、国際社会において、日本人の曖昧（あいまい）さやわかりにくさを生み出していることはたしかでしょう。しかし、それをただ否定的にとらえるのではなく、日本人の特質として自覚することの方が重要です。

例文

(1)我が国においては個人は長い間西欧的な個人である前に自分が属する人間関係である「世間」の一員であった。したがって何らかの会合において発言する際には個人としての自分の意見を述べる前にまず自分が属する「世間」の利害に反しないことを確認しなければならない。まず「世間」人として発言しなければならなかったのである。自分自身の意見は**本音**として「世間」の蔭（かげ）に隠れていた。「世間」を代弁する発言はこうして個人にとっては**建前**となり、**本音**と区別されたのである。こうして「世間」と個人の関係の中で我が国における**建前**と**本音**の区別が生まれたのである。

（阿部謹也『「教養」とは何か』）

column

「国民」という矛盾　その2

サッカーのW杯で、フランスの代表にはほとんど白人がいないことを知っているでしょうか。それは、旧植民地を中心に移民を広く受け入れた結果です。日本は、現在のところ、移民を受け入れていません。それは、日本が島国で、昔から同族意識をもった人たちが暮らしていた国なのだ、という、明治以来語られてきた閉鎖的な日本観によるところが大きいでしょう。

しかし、日本は、本当に島国だから閉鎖的で同族的なのでしょうか？　少なくとも、世界地図を見るかぎり、日本列島はユーラシア大陸の東端にあって、北と南をつなぐ海の回廊の一部です。日本海を隔てて、朝鮮半島や中国との行き来が頻繁にあっただろうことも想像できます。つまり、日本は、島国だからこそ開放的で、さまざまな地域と交流してきたのです。私たちにはむしろさまざまな地域の人たちの血が入りまじっているはずです。

その意味で、「外国人」というのは、ただの法律的な線引きにすぎず、いわば遠い親戚だといえます。その外国人をもし差別しているなら、それは自分自身を差別していることになります。

グローバル化は、日本の内側の問題でもあります。私たちの身の回りの「物」はもうすでにグローバルであり、今後ますますそうなるでしょう。「人」についてもまったく同じです。そうした「物」や「人」が私たちの生活の一部である以上、「外国人」に対する差別的状況を私たちは看過することができないはずです。

40

一般（いっぱん）

＋的・性・化

多くの場合にあてはまること。

【一つの・種類（般）】

同 普通

41

普遍（ふへん）

＋的・性・化

すべてにあてはまること。

【普く（あまねく）＝遍く（あまねく）＝すべてにわたって】

42

特殊（とくしゅ）

＋だ・性・化

①普通と異なっていること。

②一つ一つ違うこと。

【特別＝殊（こと）に】

同 個別・具体

43

個別（こべつ）

＋だ・性・化

一つ一つ別々なこと。

【一つ一つ（個）・別】

同 特殊②・具体

解説

▼ものごとを全体的に見たとき、〈例外的なもの〉を「特殊」といい、〈例外以外のすべてのもの〉を「一般」、そうした〈例外のないこと〉を「普遍」といいます。

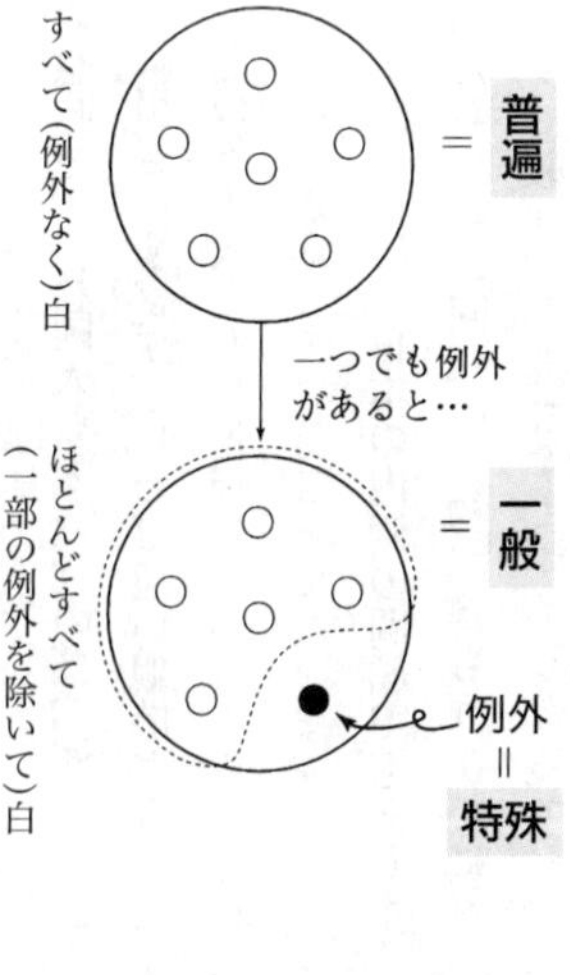

一般―普遍―特殊の図

全体的にあてはまる、という意味で、一般も普遍も共通していますので、混同して用いられることがありますが、一般が例外を認めるのに対して、普遍は例外を一切認めないという点で違います。

➡三語をつなぐキーワードは例外です。

一方、「**個別**」は、ものごとを一つ一つ見るときに使う語で、〈一つ一つ別々であること〉という意味です。〈一つ一つのものを違うものとして具体的にとらえるさま〉なので、「**個別具体的**」という表現で用いられることもあります。

近代は、ある意味で、普遍性を求めた時代でした。理性をもつ人間という普遍的人間像を信じ、科学によって自然の普遍的な法則をあきらかにしようとしました。しかし、現代は、一人一人が違うこと（個）を大切にします。現代人は、それぞれが特殊＝個別であろうとしているのです。

▼「**普遍化**」とは、簡単にいえば、〈ものごとを一色に染めること〉です。「**一元化**」もほぼ同じ意味に用いいます。

グローバリゼーションは、世界が資本主義一色に染まることであり、その意味で、世界が普遍化＝一元化しようとすることです。

例文

(1)ああした**特殊**な事件（＝金属バットで親を殺した事件）を、すぐ潜在的にはどの受験生の家庭にもある問題だ、というように**一般化**する議論が、微妙に人々の現実を見る目をあやまらせているという気がしてならない。（山田太一『いつもの雑踏いつもの場所で』）

(2)こうした祈りに包まれ、呪術と合体した労働は、近代以前に**普遍的**に見られることである。（今村仁司『近代の労働観』）

(3)苦痛や不愉快を避ける態度は、その場合その場合の具体的な不快に対応した一人一人の判断と工夫と動作を引き起こす。そこには、**個別具体的**な状況における**個別具体的**な生き物の識別力と生活原則と知恵と行動とが、具体的な**個別性**をもって寄り集まっている。（藤田省三『全体主義の時代経験』）

44

具体（ぐたい） ＋的・性・化

英 concrete　【形あるもの（体）を・具える】　同 具象

形や内容を備えていること。　参 複雑

①（個々の特徴に注目して）一つ一つ違うものとしてとらえること。　同 個別

② ＋（実際に即していて）わかりやすいこと。

45

抽象（ちゅうしょう） ＋的・性・化

英 abstract　【象（かたち）を・抽き出す】　参 単純

重要な特徴を引き出すこと。

①（個々の特徴に注目せず）ものごとを一般的にとらえること。

② －（観念的で）わかりにくいこと。

46

捨象（しゃしょう） ＋化

英 abstract　【象（かたち）を・捨てる】

（抽象するために）余分な特徴を捨てること。

✤解説

▼なぜ、色や形などが違うのに、植物の花は、すべて《花》と呼ばれるのでしょうか。

たしかに、1それぞれの花には細かい特徴があって一つ一つ異なっていますが、2個々の花がもっている色や形など細かい特徴を捨て、3花弁やオシベ・メシベなどに目をつけると、細かい違いを乗り越えた共通性が引き出せます。この共通性をもったものを《花》と呼んでいるわけです。

これが、1具体↓2捨象↓3抽象の過程です。

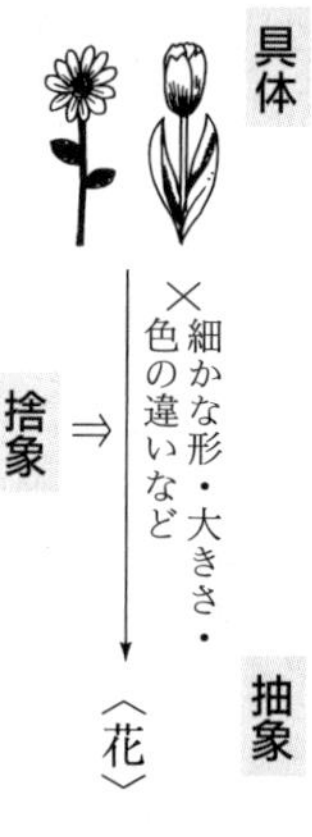

具体

×細かな形・大きさ・色の違いなど

捨象 ⇒

抽象

〈花〉

具体—捨象—抽象の図Ⅰ

「**具体**」とは、〈日常生活の中で実際出会う、色も形も備えたもの〉です。それは、ものごとを現実に生きている姿でとらえることであり、だからこそ、一つ一つのものごとが、細かい特徴をもった違うものとしてとらえられます。

〈そうした違いを生み出している細かい特徴を捨て去ること〉を「**捨象**」と呼びます。

「**抽象**」とは、ものごと全体をとらえるのではなく、〈何らかの特徴に注目してものごとをとらえること〉です。細かい特徴は無視されて、多くのものごとが一つの基準の下同じものだと見なされるようになります。

音楽と絵画というまったく別のものが《芸術》として語られますが、それは、《美》という特徴で（それ以外は捨てて）音楽と絵画をとらえているからです。

ここで、《美》とは何か、と問われても、これが《美》だと指すことはできません。それは、抽象が観念的なものだからです。

その意味で、具体が、日常生活の中で実際にかかわる身近なものであって、わかりやすいのに対して、抽象は、頭の中で作りあげた観念的なものなので、わかりにくさをもっているといえます。

↓「**具体を捨象すると抽象になる**」といえます。

↓何かを引き出すにはそれ以外の部分を捨てる必要があるので、抽象と捨象は同じ作用の裏表です。だから、英語では、抽象も捨象も同じ語（abstract）で表します。

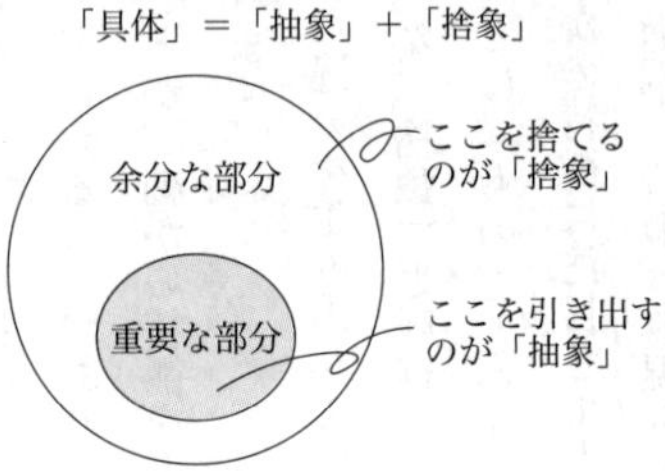

「具体」＝「抽象」＋「捨象」

余分な部分

重要な部分

ここを捨てるのが「捨象」

ここを引き出すのが「抽象」

具体―捨象―抽象の図Ⅱ

例文

(1)「アヴィニヨンの娘たち」を描いてからの三年間、ピカソの作品は急進的にその**抽象性**の度合を深めていった。画面からは**具体的**なものの形がほとんど消えてしまい、メカニックな線や面の構成となっていく。

（宇佐美圭司『絵画論』）

⇩ものごとが一般的にとらえられて、一つ一つの細かな特徴が描かれなくなった。

(2)社会という言葉は明治以降徐々に文章の中で使われはじめ、学者やジャーナリスト、教師などはこの言葉を使うが、その意味は西欧の歴史的背景の中で生み出されたかなり**抽象的**なものであり、世間がもっているような**具体性**を欠いている。

（阿部謹也『「世間」とは何か』）

⇩社会は観念的でわかりにくいのに対して、世間は現実的でわかりやすい。

(3)そもそもモデルとは現実そのものではないのであり、何がしかの**抽象化**、したがって**捨象化**によって切り落としたことがらがあるはずであり、その意味では、現実から遊離しているのは当然ともいえる。そうしたことをわきまえたうえで、現実とは異なるモデルによって、現実の何が見えてくるかを問わなければならないはずであろう。

（中村達也『豊かさの孤独』）

column

「特殊」は良いことか、悪いことか

同じ一つの言葉なのに、人によってイメージが異なる、という恐い現象がしばしば起こります。たとえば「特殊」。

この語のイメージは、プラスなのか、マイナスなのか？　高校生に聞いてみると、回答が二分します。

そもそも、「特殊」とは、一般から外れていること、普通ではないことです。世の中で普通に認められているものから外れたダメなやつに対して使う言葉でした。

たしかに、ものごとを全体的に見ると、その全体性から外れていることは悪いことでしょう。しかし、ものごとを一つ一つ見ると、この世界には決して同じものは存在しません。それぞれが、唯一のものとして存在しています。この世界に存在するものすべてが、ある意味で「特殊」なのであり、そうでなければならないのです。特に、現代のように、人間一人一人を〈個〉として尊重する時代にあっては、他と違うことはその人の個性としてプラスの価値をもちます。

たとえば、グループの中で一人だけ違うことをするのは、全体の規律を乱すという意味で悪いことでしょうが、そのグループ内のメンバー一人一人が個性をもっていること自体は良いことのはずです。

そもそもの意味からすると、「特殊」はマイナスのイメージをもちやすいのですが、〈個〉を尊重する現代では、しばしば「特殊」がプラスの意味をもってしまうのです。

47

単純（たんじゅん）

＋だ・化 〖単（ひとつ）＝純（まじりけがない）〗

簡単なこと。

48

複雑（ふくざつ）

＋だ・化 〖複（ひとつでない）＝雑（まじりあっている）〗

こみいっていること。 参 カオス

解説

▼「単純」とは〈ものごとのあり方が簡単なこと〉で、「複雑」とは〈ものごとのあり方がこみいっていること〉です。

この世界は、本来、複雑です。私たちがそれをそのままとらえることはむずかしいので、単純化することでとらえようとします。

その典型例が、科学です。現代の豊かさや便利さは科学に支えられていますから、科学の描く世界像が正しい世界だと思われがちです。しかし、それは、あくまでも、科学という視点から単純化された世界像であって、決して世界の姿そのものではありません。

現在では、複雑な世界を複雑なままとらえようとしたり、複雑であるとはどういうことかが考察されたりしています。

↓その代表例が「カオス理論」。その中でも、「バタフライ効果」（一匹の蝶（ちょう）の羽ばたきが遠く離れた場所の天候に予測不可能な影響を与えること）は有名です。

▼〈単純な因果関係でものごとをとらえるさま〉を「線形的（せんけいてき）」といい、〈さまざまな要因がかかわってものごとが成り立っているために、単純な因果関係ではとらえられないさま〉を「非線形的（ひせんけいてき）」といいます。

これまでの科学は、世界を線形的にとらえてきましたが、私たちが生きている世界は、非線形的で複雑であることを忘れてはならないでしょう。

➜線形とは、一次方程式で表せるものをいいます。それを図形にすると、直線になるので、単純な直線関係のことを意味します。非線形とは、そうした直線関係で表せないものです。

例文

(1)**単純化**された環境は、緩衝のきかない、もろい環境である。今、地球上では、このもろい環境が急速に広がってゆきつつある。人間は地球上をすべてこのように変え、変えた上で管理すればよいと考えているかのようである。しかし、地球上を**単純化**して管理しきれるかどうかは疑問である。

（日高敏隆『人間に就いての寓話』）

(2)身近な日常の現象は、理想化された机の上の物理学とは異なって、**複雑**で汚い（簡単に解析できない）から敬遠されてきた。いわば、科学は解ける問題のみを解いてきたに過ぎない。寺田（寅彦）は、そのような科学の在りように疑問を持っていたのだ。

（池内了「哲学も科学も寒き嚔哉」）

(3)厳密な手続きを通して意識的に導く論証ならば、所与のデータに対して論理的な吟味が十分なされた後で結論が導き出されるという筋道をとる。しかし一般に人間の思考はそのような**線形的**展開を示さない。…相手の主張を最後まで虚心に聞ける人はまれで、相手は左翼なのか右翼なのか、味方なのか敵なのか、論者は信用に値するのか、それとも政府の御用学者なのかといった範疇化がすぐさま無意識に行われる。

（小坂井敏晶「常識を見直す難しさ」）

49

演繹（えんえき）＋的 【原理を演じて・繹ねる】

ある原理をさまざまな事実にあてはめること。

参 具体化

50

帰納（きのう）＋的 【原理に帰る＝納める】

さまざまな事実から一つの原理を導き出すこと。

参 一般化・普遍化・抽象化

解説

▼「鳥は羽をもっている」という原理から、「だから自分の飼っている鳥には羽がある」「だからダチョウにも羽がある」と考える思考方法が、「演繹」です。このように、演繹とは〈一般的な原理を一つ一つのものにあてはめること〉です。

逆に、いろいろな鳥を見てみるとすべての鳥が羽をもっていることから、「鳥は羽をもっている」という原理を導き出す思考方法が、「帰納」です。このように、帰納とは〈さまざまな事例から一般的な原理を導き出すこと〉です。

一般的な原理　鳥には羽がある

帰納（原理に帰る）↑　演繹（原理を使ってみる）↓

具体的な事例　A：スズメには羽がある　B：ペンギンには羽がある

演繹―帰納の図

↓帰納はさまざまなことを経験することが前提となっているので、「帰納的」は「経験的」と言い換えると意味が通じます。

51 敷衍（ふえん）

別 布衍・敷延

ある考えをおしひろげて説明すること。

〔原理を敷く＝衍げる〕

52 還元（かんげん）

＋論・主義

根本的なものに戻して考えること。

〔元（原理）に・還す〕

解説

「敷衍」は、〈ある考え（原理や学説など）をおしひろげて何かを説明すること〉です。

↓演繹が原理を具体的な事例にあてはめるのに対して、敷衍は原理から別の話に広げることです。

「還元」は、〈何かを考えるときに、根本的な原理に戻して考えること〉です。

↓帰納が原理を導き出すのに対して、還元は原理に戻って考えることです。

この世界は、HやOなど、原子によって構成されていると、科学では考えられています。このように、ある根本的な要素に戻して考えようとする科学のあり方を、「要素還元主義」といいます。

実は、私たちの日常的な思考にもそうした要素還元主義は見られます。たとえば、最近よく「自分探し」という言葉を耳にします。今の自分は本当じゃない、きっとどこかに《本当の自分》がいるにちがいない……《本当の自分》という要素に還元して自分をとらえようとしているわけです。

↓原理（根本的な何か）との関係に留意すること。

例文

(1)心は脳だと言うときには、心は脳の物質的研究から演繹されるものだ、という含みがあるけれども、心はソフトウェアだという見方は、その点を否定する。

（高橋英之『思想のソフトウェア』）

⇩「脳の物質的研究」で得た一般的な原理を、心のさまざまな働きにあてはめること。

(2)自然界の不思議さは原始人類にとっても、二十世紀の科学者にとっても同じくらいに不思議である。その不思議を昔われらの先祖が化け物へ帰納したのを、今の科学者は分子原子電子へ持って行くだけの事である。

（寺田寅彦『化け物の進化』）

⇩自然界の不思議な現象から化け物という原理を導き出した＝自然界の不思議な現象を化け物という原理で説明した。

(3)わたし個人の行動や思考のあり方を人々一般のそれに敷衍することはかならずしもできないかもしれないが、あえて敷衍して考えてみると、人間の行動というのは、いかに保守的なものかと感じる。

（柏木博「システムが自己崩壊する日」）

⇩広げる。

(4)分析的方法の確立者とも言えるデカルトは「研究しようとする問題のおのおのを出来る限りの、そうして、それを最もよく解決するために要求される限りの、部分に分けること」と言っております。そうして、それこそ、対象、あるいは問題の要素と言われるものなのです。その意味で、分析とは要素への還元であるとも言われるのです。

（澤瀉久敬『哲学と科学』）

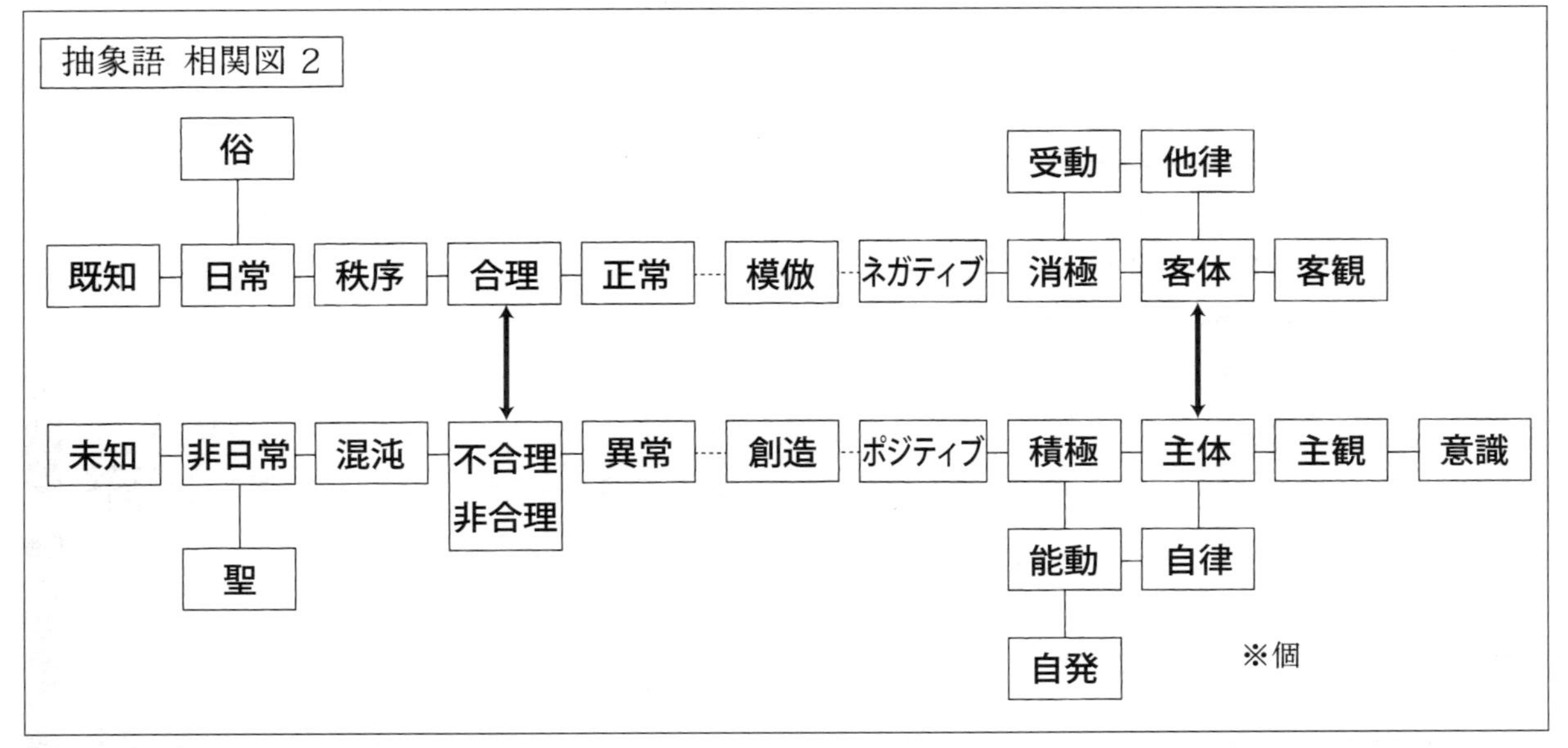
抽象語 相関図２
俗
既知
日常
秩序
合理
正常
模倣
ネガティブ
受動
他律
消極
客体
客観
未知
非日常
混沌
不合理
非合理
異常
創造
ポジティブ
積極
主体
主観
意識
聖
能動
自律
自発
※個

53 先天（せんてん）／先験（せんけん）＋的・性

〖天（生まれつき）に・先立つ＝経験に・先立つ〗

生まれつきもっていること。 同 アプリオリ

54 後天（こうてん）＋的・性

〖天（生まれつき）に・後れる〗

経験することで身につけること。 参 経験

解説

▼〈生まれつきもっているさま〉を「**先天的／先験的**」といいます。

↓同義語として「アプリオリ ラ a priori」も押さえましょう。 ↓P203（例文(2)）

しかし、私たちは、経験することで、さまざまなものを学びます（**学習**（がくしゅう））。〈学習した結果身につけたさま〉を「**後天的**」といいます。

↓［先天的＝先験的＝アプリオリ＝生まれつき］と覚えましょう。

↓先天的とは経験することなく身につけていることであり、後天的とは経験することで（学習して）身につけたことです。

例文

(1)ものを見る目は、まさに獲得されるものなのである。逆にいうと、ものの見えは**先験的**にあるのではない。

（桑原茂夫「にぎやかな風景が脳をよろこばせることについて」）

⇩後天的は英語でacquired（獲得された）。

(2)人間社会の最大の特徴は――本能に依存する昆虫の社会とちがって――それが非常に大きく**後天的**な学習によって成り立っているという点にある。

（碧海純一『法と社会』）

⇩経験することで学ぶこと。

55 生理（せいり）＋的

生命（身体）の働き・しくみ。

【生（い）きる・理（ことわり）】

56 心理（しんり）＋的

精神の働き・しくみ。

【心（こころ）の・理（ことわり）】

解説

▼「生理」とは〈生命活動としての身体の働き〉であり、「心理」とは〈心の働き〉です。

ただし、「生理的な嫌悪感」というとき、「**生理的**」は〈理屈ではなく感覚的、本能的であるさま〉を意味します。しかし、それも根源的な生命活動に根ざしたものであることは変わりません。

「**心理学**」は、〈心の働きを研究する学問〉です。

例文

(1)さて、身分制社会が消滅し服装の自由が確立されたときに、どんな状況が出現したのであろうか。各人が気ままな服を着た自由で多様性豊かな光景が出現したのかといえば、まったくそうはならなかった。多くの人々にいつのまにか類似の服装をさせてしまう、流行という名の新現象が発生したからである。しかも、この新現象は、**生理的**には必要がないと考えられるものまで買わせてしまう、そういう**心理的**な強制力を備えた動きなのであった。

（北山晴一『衣服は肉体になにを与えたか』）

(2)だが、これまでに**心理学**、精神分析理論、コミュニケーション論などが明らかにしてきたように、「自己」は必ずしも先験的（ア・プリオリ）に与えられるものではない。…「社会」との関わりのなかではじめて、私たちは「自己」を獲得していくといえる。

（阿部潔『彷徨（さまよ）えるナショナリズム』）

57
顕在（けんざい）＋的・化
存在がはっきり見えていること。 【顕（あらわ）れた・存在】

58
潜在（せんざい）＋的・化
存在しているが、それが見えないこと。 【潜（ひそ）む・存在】

解説

▼「顕在」とは、〈存在していることがはっきり見えていること〉であり、「潜在」とは、〈表面的には見えないが、内にひそかに存在していること〉です。

「顕在化」＝〈あるものの存在が目に見えるようになること〉、「潜在化」＝〈あるものの存在が（存在しているのに）見えなくなること〉という形でもよく登場します。

➜顕在と同音の「健在（けんざい）」は、〈それまでどおり健（すこ）やかに（元気に）存在していること〉です。

例文

(1)物は自由の必要条件であり、人間は物を主体的に生かして自由を獲得すべき**潜在的**・**顕在的**な能力をもっており、それを（アマルティア・）センはケイパビリティとなづけるのである。
（川勝平太『日本文明と近代西洋』）

(2)現存する社会問題を円滑に解決するというよりも、憲法の存在によって、社会的な矛盾が**顕在化**され、公開の議論の場へともたらされるのである。
（坂井直樹『死産される日本語・日本人』）

(3)この言葉（＝歌謡曲）が**健在**だった頃、音楽ソフトの数も、またその売り上げも、いまに比べればまだたいしたことはなかった。
（山田真茂留『〈普通〉という希望』）

59 通時（つうじ）＋的・性・態

ものごとを時間的にとらえること。【時間を・通じる】 参 歴史的

60 共時（きょうじ）＋的・性・態

ものごとを空間的にとらえること。【時間を・共にする】

解説

▼「通時」とは〈時間の流れに沿ってものごとをとらえること〉、「共時」とは〈空間的な広がりの中でものごとをとらえること〉です。

↓P139（図）

↓「空間」とは、〈一つの時間を共有した広がり〉です。

↓「通時的」は、時間の流れを考えることなので、「歴史的」と言い換えられます。

特に、《言語》や《文化》のとらえ方を説明するときに使われます。

▼「共時性 synchronicity」は、心理学でも用いられる語です。いわゆる「偶然の一致」に意味を見出す原理です。

例文

(1)ここでは時間的連続に保証された言語の**通時的**同一性[1]だけが論じられているが、おなじことはもちろん**共時的**側面[2]についてもいえる。今、「日本」という政治的・社会的空間に住むあらゆる人々が、何よりもまず、「ひとつ日本語」を話していると信じなければ、概念としての「国語」など成立するはずもない。

（イ・ヨンスク『「国語」という思想』）

⇩1たとえば万葉集で使われる言葉と現代の日本語が同じだと考えること。2たとえば東京弁と大阪弁が同じ言葉だと考えること。

61

純粋（じゅんすい）＋だ

まじりけのないこと。

【純＝粋＝まじりけがない】

同 無垢（むく）

62

雑種（ざっしゅ）

さまざまなものがまじっていること。

【種類（しゅるい）を・雑（ま）ぜる】

参 文化・民族

✤解説

▼「純粋」とは〈まじりけのないこと〉であり、「雑種」とは〈さまざまな種類のものがまじっていること〉です。

《文化》や《民族》は純粋なものだと考えられがちですが、決してそうではありません。日本文化も、日本人も、何千年、何万年にもわたってさまざまな地域と交流してきた結果、今ここにあるものです。

世界全体が国民国家に分けられているため、私たちは、国家を単位に《文化》や《民族》を考えてしまいますが、そもそも《文化》や《民族》には明確な切れ目などありません。今ですら、いや交通が発達した今だからこそ、《文化》や《民族》はよりダイナミックに交流しあいまじりあって、変化しつづけています。

現代は、世界の一体化（グローバリゼーション）が進む一方で、民族意識の高まり（ナショナリズム）が見られます。世界というつかみどころのないものに埋もれてしまうことを恐れ、自らの《民族》の純粋性を唱えることで自分を実感しようとしているのでしょうが、《民族》が純粋だったことなど一度もありません。《文化》や《民族》が**雑種**でしかないこと――それは、そもそも世界が互いにかかわりあうことでしか成り立たない一つのものであることをあきらかにします。

➡**雑種**は《文化》《民族》を語る上でのキーワードです。

例文

(1)政治的民族文化であれ、生活的民族文化であれ本来的には**雑種**であり、**雑種**文化は、しばしばフランス語ではクレオール文化、英語ではハイブリッド文化と呼ばれるものである。そして文化の境界も可変的でファジーなものなのである。

（関根政美『多文化主義社会の到来』）

(2)民族というものは自明であるようにみえて自明でもないのである。**純粋**民族などありえようか。なんらかの交通により**雑種**民族となっているのが普通である。民族主義のイデオロギーとは**純粋**民族という虚構性から生じるものであり他民族の排除とは自己疎外の別名でもあるのだ。だからなお残酷化するともいえる。

（西島建男『民族問題とは何か』）

⇩純粋な民族などないから、他民族にも自民族の血がまじっている。他民族を排除することは、自分自身を排除することになるのである。

63 可塑（かそ）＋的・性

英 plastic

【形を作る（塑）ことが・できる（可）】

柔軟性があること。

参 自分・身体

解説

▼「可塑的」とは、プラスチック（plastic）のように〈柔軟性があるさま〉です。

《自分》《身体》《文化》など、通常固定的と考えられがちなものが、実は、常に変化し続けているさまを表すために用います。

例文

(1)その（＝日本のアニメで一秒間のはずなのに一分間の会話や精神作業を詰め込んだりする）「時間の**可塑**性」は映画の一つの魅力ではあります。（「日本経済新聞」）

64 日常（にちじょう）

65 非日常（ひにちじょう）

✤解説

▼「日常」は、〈人間がふだん生きる、秩序ある場〉です。「非日常」は、〈日常とは異なる、特別な場〉です。

私たちは、日常の中で生きています。そこには、秩序を生み出すために守らなければならない厳然としたルール（道徳や慣習、法律など）が存在します。しかし、そうしたルールの中で生きることは、時として人に息苦しさを与えます。

それを活性化するのが非日常です。非日常は日常から見れば混沌（こんとん）ですが、そもそも、混沌は、ただの混乱状態ではなく、創造性に満ちたエネルギーをもっています。非日常はそのエネルギーを人に与えることで、日常の秩序を保ってきました。

たとえば、旅は、私たちの好奇心をかき立て、日常では味わえないさまざまな経験を味わえます。それが、日常生活をより意味あるものにしてくれるのです。

▼民俗学では、非日常を「ハレ（晴れ）」と呼びます。

➜「晴れ着」「晴れの舞台」などと使います。日常は「ケ（褻）」。

たとえば、「正月」や「祭り」というハレが、年中（ねんちゅう）行事（ぎょうじ）として定期的に行われることによって、日常が日常として成り立ってきたのです。

➜〈毎年定期的に行われる行事〉を「年中行事」といい、〈一生で一度経験する行事〉を「通過儀礼（つうかぎれい）／イニシエーション initiation」といいます。

66 俗（ぞく）

世間一般であること。

同 世俗（せぞく）

67 聖（せい）

宗教的であること。

✤解説

▼「**聖**」とは〈宗教的で非日常的なこと〉です。一方、「**俗**」は、そうした宗教的なこととかかわらないことなので、〈世間一般の日常的なこと〉を表します。

現在の日本では宗教の意義が軽視されていますが、人間やその社会を根本的に支えてきたのは宗教です。そのために、宗教性をもたない「**世俗**」や「**俗世間**」には、本来、マイナスのニュアンスがあります。聖なるものとのかかわりが希薄になったのが、近代です。このように〈宗教や伝統の束縛から解放されること〉を「**脱呪術化**（だつじゅじゅつか）」とか「**世俗化**（せぞくか）」といいます。その結果、私たちは、俗なる世界に生きているのです。

▼俗は、世間一般＝ありふれていることなので、〈いやしく下品なこと〉という意味があります。

➔その意味での対義語は「**雅**（が）」（風流で上品なこと）。

▼「**俗物**（ぞくぶつ）**／スノッブ snob**」は、〈━世間的な名誉や利益にしか興味がない人〉です。〈そうした名誉や利益にばかり関心をもつこと〉を「**俗物根性**（ぞくぶつこんじょう）**／スノビズム snobbism**」といいます。

例文

(1)世界は神聖な意味を失った**世俗的**世界として現れる。近代的世界の成立は、その意味論的な構造において世界と社会の**世俗化**と対応しているのである。

（若林幹夫『地図の想像力』）

68

蓋然（がいぜん） ＋的・性 【推し量る（蓋）・状態（然）】

確からしさ。 対 必然

解説

▼「**蓋然性**」は、〈あることが起こる可能性〉です。

↓「確からしさ」と言い換えると意味が通じます。

↓「**蓋し**（けだし）」は、蓋＝思うなので、〈思うに〉という意味の副詞です。

例文

(1)（吉村昭は）ターヘル・アナトミアを（前野）良沢が訳したように訳してもみた。そして、史料で埋めきれぬ部分のみを**蓋然性**ある推理で埋めた。

（関川夏央『本よみの虫干し』）

69

妥当（だとう） ＋だ・性 【妥だ（おだやか）＝当てはまる】

（ものごとの実情に）あてはまること。

解説

▼「**妥当**」は、〈ものごとの実情にあてはまり、考え方ややり方として適切であること〉です。しばしば、「**普遍妥当性**」という形で用いられ、〈例外なくすべてにあてはまるさま〉を意味します。

↓〈普遍妥当な事実〉を「**真理**」といいます。

例文

(1)環境問題を取り上げる場合、環境を保護することの**妥当性**はしばしば自明のこととして前提されている。

（加茂直樹『社会哲学の現代的展開』）

70 整合（せいごう）＋的・性

論理に矛盾がないこと。

〘整（ととの）い・合（あ）う〙

解説

▼「**整合性**」とは、ものごとが整っていてぴったり合うさまですが、特に〈論理に矛盾がなく、首尾一貫しているさま〉に用います。
「斉一性（せいいつせい）」とは、一つに斉（ととの）うことなので、〈整いそろっていること〉です。

例文

(1)ある語りと別の語りとの**整合性**がそこでは問題となっているということになる。（鷲田清一『ことばの顔』）

71 恣意（しい）＋的・性

自分の思うとおりにすること。

〘恣（ほしいまま）に＝意（おも）うままに〙

参 利己・思惟・言語

解説

▼「恣意」とは、〈自分の思ったとおりにすること〉です。
〈自分勝手〉というマイナスの意味に使うことも多いですが、必ずしもそうではありません。

例文

(1)言語はいたるところで自然を分節するが、それは人間の**恣意**である。（養老孟司「死と死体」）
⇩人間の勝手。プラスもマイナスもない。

column

わかるかな？：石に漱（すす）ぎ流れに枕（まくら）す

評論文に最もよく登場する日本人は、夏目漱石（なつめそうせき）です。

漱石といえば……やはり『こゝろ』でしょうか。明治の文学者の一大テーマは、**近代的自我**でした。ヨーロッパから入ってきた新しい人間観で、まだまだ貧しい日本の社会にはそぐわないものでした。『こゝろ』は、それを扱った代表的な作品と見られているわけです。

でも、それに共感を覚える高校生はどれほどいるでしょう。

まず、社会的状況が違います。現代は、もう十分に豊かで、「個」であることが当たり前の時代です。その上、書いたのはおじいちゃんのおじいちゃんほどの年齢の人です。そんな古くさい文章は読むだけで面倒くさい。

しかし、文学は、作者の意図どおりに読む必要はありません。たとえば、『こゝろ』は同性愛小説だという評価すらあります。私たち読者がどう読むかが大切なのであって、近代的自我にとらわれる必要などないのです。 →P288

漱石は当て字の名人でした。私たちがやるとたぶん誤字だといわれてしまうでしょうが、まだ日本語としての表現が固まっていなかった時代ですから、ある種のユーモア、レトリックとして受け入れられたのでしょう。たとえば、「三馬」。魚の「秋刀魚（さんま）」です。

漱石は、自分の名前をよく「瀬石」と書いていたそうです。もし、それをまちがいだと指摘したら、漱石は、「漱石」の当て字だと負け惜しみをいってごまかしたに違いありません。

第2部 キーワード

1 レベルⅠ（テーマ別）

2 レベルⅠ（抽象語）

3 レベルⅡ（テーマ別）

第２部は、「現代」を読み解くためのキーワードを集めました。

この章では、全体を五つのテーマに分けて、「現代」を語る上で重要な言葉を詳しく説明しています。レベルⅠと同じように、一見簡単そうな言葉に注意しましょう。

テーマの区分は、第１部２「基本テーマ」の区分に対応しています。レベルⅠに比べてかなり細かい言葉が多いので、一語一語の理解とともに、「現代」との関連を意識することを忘れないようにしてください。必要に応じて、第１部やレベルⅠを参照することを強く勧めます。

1 信仰（しんこう）／崇拝（すうはい）

【信じる＝仰ぐ＝崇める＝拝む】

①（神などを）信じ、うやまうこと。

❷ ― あるものを絶対だと思い込むこと。

同 絶対化／絶対視・神話

❖解説

▼「信仰／崇拝」は、本来、〈神を信じ、あがめうやまうこと〉です。

しかし、現代のような相対的な社会にあっては、一つのものを信じることはただの思い込みだと見なされるので、〈― 何かを絶対的に正しいものと思い込んでしまうこと〉という意味でよく用いられます。

例文

(1)現代という時代が科学の名のもとに絶対的な**信仰**を捧げている合理性が、果たしてそのような欠陥を含まぬ完全な合理性でありうるのかということが、あらためて問い直されなくてはならないことになろう。

（木村敏『異常の構造』）

(2)ルネサンス以後、異教思想の復活によって、いよいよ大胆に人間**崇拝**の風潮が横流※し、科学的知性を人間の特権として、自然を克服することが強調される。今日では人間の造る社会というものによって生活目的は遂げられるものと考え、人間は神を不要とし、自身の力で自然を制御し得ると信ずるまでになっている。

（岡崎義恵『芸術としての俳諧』）

※横流（おうりゅう）…【横に（ほしいままに）・流れる】悪い物事が盛んに行われること。

2

アニミズム

英 animism 【anima（霊魂）＋ism（主義）】

精霊崇拝。

解説

▼「アニミズム」は、〈さまざまなものに精霊が宿っていると感じる、自然崇拝の一種〉です。たとえば、神社によくある「御神木（ごしんぼく）」は、神が宿っているとされる木のことです。

「トーテミズム totemism」は、〈特定の動植物（トーテム totem）を自分たちの社会集団の象徴として用いること〉です。たとえば、「阪神タイガース」は、虎（tiger）を阪神という球団の象徴として用いた例です。

「シャーマニズム shamanism」は、〈巫女（みこ）（シャーマン shaman）が、神との交流を通じて、ある社会集団を導く宗教形態〉です。邪馬台国（やまたいこく）の卑弥呼（ひみこ）はその好例です。「政」を「まつりごと」と読むのも、本来、政治が神を祀（まつ）ることであるからです。

このような原始的な宗教形態は、自然との関係が問い直されている現代において、素朴でありながら、人間と自然をつなぐために必要な宗教観といえます。

▼「言霊（ことだま）」は、〈言葉に宿る霊力〉であり、言葉にしたとおりのことが実現すると信じることです。アニミズム的な言語観だといえます。

例文

(1)**アニミズム**は決して迷信や虚妄（きょもう）ではない。…それは何ものかを等しく「私に擬（ぎ）して」心あるものとして理解することだからである。

（大森荘蔵『知識と学問の構造』）

3

偶像（ぐうぞう）

英 idol

憧（あこが）れや尊敬の対象。

【偶＝像＝人形】

参 象徴

❖解説

▼「偶像」は、もともと、神仏などをかたどった人形のことであり、〈憧れや尊敬の対象となっている人やもの〉を意味します。

一般的に、絶対神を信仰する宗教（ユダヤ・キリスト教やイスラム教など）は、「偶像崇拝」を禁止します。偶像を拝むことで神を信仰したつもりになっては、本末転倒（ほんまつてんとう）だからです。

▼タレントや歌手が「偶像化」されて人々の憧れの対象となったものが、いわゆる「アイドル idol」です。

▼「カリスマ 独 Charisma」は、〈生まれつきもっている資質によって、人々を惹（ひ）きつけてやまない人〉のことです。ヒトラーというカリスマが、ドイツ国民を魅了して、世界戦争に導いたのは有名でしょう。

↓最近の「カリスマ〜」という使い方はまちがいです。一部の人の憧れの対象になっているのだから、アイドルにすぎません。

例文

(1)神は、表現不可能な実体なのだから、「偶像崇拝の禁止」は、そもそも不可能なことをあえて禁止する、という構成を取っていることになる。それは、無意味な禁止ではないのか？

（大澤真幸『恋愛の不可能性について』）

4

物神崇拝（ぶっしんすうはい）／フェティシズム

英 fetishism 【fetish（物神）＋ism（主義）】

①あるものに特別な思い入れをもつこと。 参 記号・象徴

②人間の作ったものに人間が支配されること。 参 疎外

解説

▼「物神 fetish」とは、たとえば恋人からもらった指輪のように、神のごとく大切に思う〈思い入れや愛着がある物〉です。〈あるものに特別な思い入れをもつこと〉を「物神崇拝／フェティシズム」といいます。

▼お金を大事に思うあまり、お金のために殺人すら犯す人がいます。考えてみれば、お金は本来人間が作り出したものです（人間がお金の主人のはず）。にもかかわらず、人間がお金に振り回される（お金が人間の主人？）なら、それは主客転倒（しゅかく）でしょう。

このように、思い入れが強いあまり、〈本来人間が作り出したものである（だから人間が支配すべきである）にもかかわらず、逆に、それに支配されてしまうこと〉もフェティシズムといいます。

➡「疎外」（本来の人間性を失うこと）の一種です。 ↓P248

例文

(1)＝①なまじ人間の形をしているからややこしいが、人形は人間以上に大きい生命の象徴であって、いわば**物神崇拝**の精神を凝縮して具象化した対象だったようである。

（山崎正和『世紀を読む』）

5 タブー／禁忌（きんき）

英 taboo 〖ポリネシア語 tabu（聖なる）／禁（きん）じる＝忌（い）む〗

社会的に禁じられていること。

❖解説

▼尊いから触れてはいけない、不吉だからしてはならないと、〈ある社会の慣習として禁じられていること〉を「**タブー**／**禁忌**」といいます。

例文

(1)神話や童話の中に、見てはいけないと言われたのに、見てしまった、という**タブー**の話がたえず出てくるが、それは、**タブー**のもっている**禁忌**の作用が、人間にとって何か超自然的魔力と感じられていたことの名残であるかもしれない。（外山滋比古『近代読者論』）

6 ヒエラルヒー

独 Hierarchie 別 ヒエラルキー

ピラミッド型の身分秩序。階層制（かいそうせい）。

❖解説

▼普通、会社は、上ほど人数が少なく、下ほど人数が多いものです。こうした〈ピラミッド型をした身分秩序〉を「**ヒエラルヒー**」といいます。

例文

(1)西欧文化を頂点とする文化の**ヒエラルヒー**的見方は崩れてゆき、西欧以外の文化や価値観が見直され…西欧文化の尺度で他の文化をはかることはできないとの認識が生まれてきた。（青木保『文化の否定性』）

⇩こうした認識を「**文化相対主義**」という。↓P138

7

彼岸（ひがん）

【梵語の訳語。彼方（あちら）の・岸（きし）】 対 此岸（しがん）

①悟りの境地。
❷～を越えていること。

解説

▼私たちは、煩悩（ぼんのう）（欲望や迷い）にとらわれて生きています。仏教では、このような煩悩を捨て去ることができないと、人間は生きる苦しみから逃れられないと考えました。

「彼岸」とは、苦しみの向こう岸にいるという意味で〈悟りの境地〉＝あの世を意味し、その対義語の「此岸」は、苦しみのこちら岸にいるという意味で〈現実の生の世界〉＝この世を意味します。

▼彼岸は、そもそもあちらの岸という意味ですから、〈～を越えていること。～と無関係なこと〉という意味にも用いられます。

例文

(1)＝①能の定型的な演出は、…現実的な時間においては、登場人物は直面※で現われ（あらわれ）、非現実的な時間においては、男面もしくは女面をつけて現われる。…現実の時間と非現実的で**彼岸**の時間とが区別されなければならないからである。（村上陽一郎『仮面考』）

※直面（ひためん）…面をつけないこと。

(2)＝❷宗教はかならずしも善にくみし、悪を退ける立場ではない。ニーチェの言葉を借りていえば「善悪の彼岸」なのである。（笠原芳光『生命――その始まりの様式』）

⇩善悪を越えていること、善悪とは無関係であること。

8 無為

①－何もせずぶらぶらしていること。【為すことが・無い】

②＋あるがままであること。 同 無為自然

③何も変わるものがないこと。 対 有為（転変）・無常

解説

▼「無為」とは、何もしないことです。

そこから、〈－何もせず無駄に時間をすごすこと〉というマイナスの意味に用いますが、老荘思想の基本的な思想である〈＋天や自然のあり方にしたがってあるがままに生きること〉＝無為自然というプラスの意味にも用います。

▼仏教で〈この世のものが常に変化し続けていること〉を「有為」（有為転変／無常）といいます。無為はその対義語で、〈何も変化するものがないこと〉という意味になります。これは悟りの境地（涅槃）にならないかぎり不可能なので、仏教における絶対的な真理だといわれます。

▼「不易」は〈いつまでも変わらないこと〉、「流行」はその対義語で〈時代とともに変わること〉です。

↓「不易流行」（新しみを求めて変わる「流行」こそ「不易」の本質である）は蕉風俳諧の理念の一つです。蕉風とは、松尾芭蕉一門の俳風。

例文

(1)＝②（勝）海舟はあてもなく歩く、道に迷いながら迷うこと自体を楽しみ、朝永（振一郎）さんは、無為の時をすごし、考えごとの迷路をさまよいながらさまようこと自体を楽しんだのだろう。（「朝日新聞」）

⇩特に何をするわけではなく、あるがままの時間をすごすこと。

9 無常（むじょう）

はかないこと。

【常（つね）で・無（な）い】

同 有為（転変） 対 常住（じょうじゅう）

❖解説

▼「無常」とは、この世に常であるものはないことだから、〈この世には永遠に変わらないものはないこと〉です。

その対義語が、「常住」です。〈変わることなく、永遠に存在すること〉を意味します。

▼「無常観」は、〈この世をはかないものと考えること〉であり、平安時代以来、日本の思想や文学に大きな影響を与えてきました。

「隠者（いんじゃ）」は、〈俗世間から逃れ、修業や思索にふける人〉です。中世文学は、西行（さいぎょう）や鴨長明（かものちょうめい）、兼好（けんこう）法師ら隠者たちによって支えられ、無常観を特色とします。

10 刹那（せつな）

瞬間。

【梵語の音訳】

参 享楽主義

❖解説

▼「刹那」とは、〈きわめて短い時間〉＝瞬間です。

しかし、「刹那的」は〈━今さえよければよいと考えるさま〉、「刹那主義」は〈━今さえよければよいと考える態度〉で、否定的な意味に使います。↓P254

例文

(1)〈私〉が、便利さや速度の幻惑には徹底的に弱い存在であること。しかし、それにもかかわらず、それに身を委ねることは、〈私〉を徹底的にやせ細った**刹那的**存在にしてしまうこと。このことへの自覚は、今日においては決定的に重要であろう。

（黒崎政男『デジタルを哲学する』）

column

仏教とは何か

仏教は、この世に生きる苦しみから人間を解放することをめざした宗教です。

この世に生きるすべてのもの（衆生）は、苦しみに満ちた世界（穢土）に生きています。苦しみの原因である欲望（煩悩）を断ち切らないかぎり、生まれ変わりを繰り返し（輪廻転生）、決して苦しみから逃れられません。私たちは、こうした因果の鎖につながれているのです。しかし、この煩悩から解放されて（解脱）、悟りの境地（涅槃）に達すると、苦しみのない世界（浄土）に生まれ変わることができます。

資本主義社会は、人間の欲望を解放することで成り立つ社会です。私たちは、仏教的な理想とはまったく逆の世界に生きているといえます。

◆衆生…『生きる・衆（人々）』心をもつすべての存在。人々。
➡仏教では、「心」は人間だけがもつものではありません。 →P84

◆煩悩…『煩う＝悩む』（欲望や執着など）苦しみを生み出す心の働き。

◆業／カルマ 梵語 karma …『業（おこない）→人の行いには常に煩悩がつきまとう』人間の行い。人間が担っている運命や制約。

◆輪廻…『輪＝廻る』生きるものが繰り返し生まれ変わること。 同 輪廻転生

◆解脱…『解放されて・脱する』煩悩から解放されて、悟りの境地に達すること。

◆涅槃…『梵語の音訳』（煩悩が消滅した）安らぎの境地。

11 懐疑（かいぎ）

【疑（うたが）いを・懐（いだ）く】

（当たり前であることを）疑うこと。

参 反省・理性

例文

(1)思考の驚きは、自明性への驚きである。「当たり前にあること」「日常的に慣れ親しんでいること」に驚くことが、真実に知性と思考の驚きである。…あることは自明であるからこそ、あることに驚くことを考えるのが本来の驚きなのである。これを日常性からの離脱という。**懐疑**すなわち知的に疑うことは、日常的な態度からの離脱、あるいは日常的な物の考え方を停止することである。この離脱や停止のために知性の酷使がある。知性の酷使と激しい精神労働なしには、人は真実に驚くことはできない。

（今村仁司『近代の思想構造』）

解説

▼「**懐疑**」とは〈何かを疑うこと〉です。

しかし、ただ疑うことではなく、〈当たり前のことを本当にそうなのかと疑い考えること〉にも使います。たとえば、私たちにとって机は机であって、普通そんな当たり前のことを疑いません。懐疑とは、なぜ机は机なのかとか、なぜ机が存在するのかと考えることです。

疑うとは考えることであり、それは、ものごとに対する主体的な**好奇心**とものごとを深く考える**理性**があってはじめて可能なのです。↓P290

12 直観（ちょっかん）

ものごとの本質を直接とらえること。

〖直に・観る〗 同 直覚

解説

▼「直観」は、ものごとを直に見ることです。本来哲学的な用語で、〈思考や推理を用いずに、ものごとの全体や本質を直接とらえること〉をいいます。「直覚」ということもあります。

一方、同音の「直感」は、ものごとを直ぐに感じることです。〈いわゆる勘や第六感が働いて、何かにはっと気づくこと〉をいいます。

➡簡単にいえば、直観がズバッと見抜くことだとしたら、直感はパッと思いつくことです。

◆洞察（どうさつ）…〖洞く＝察する〗鋭い観察力によって、ものごとを見抜くこと。

◆観照（かんしょう）…〖観る＝照らす〗［仏教用語］静かな心で、ものごとの本質をとらえること。

◆詮索（せんさく）…〖詮きあかす＝索める〗ー（細かい点まで）調べ求めること。 別 穿鑿

例文

(1)アイヌの熊おくりを映画で見たことがある。…私はそれを見ているうちに、空間を**直観的**に理解するしかたが**直観的**にわかった。（戸井田道三『忘れの構造』）

(2)この柳田国男の詩には、東京を中心とする近代化のディレンマへの鋭い**洞察**が働いている。（磯田光一『思想としての東京』）

(3)かれ（＝芭蕉）は、「国破れて山河あり、城春にして草木深し」という杜甫の自然**観照**に同感して、この一句を確かめたいばかりに、奥の細道をたどったのかもしれない。（岩田慶治『カミと神』）

13 反省（はんせい）

自分のあり方を見つめること。

【自分を反る（かえる）＝省みる（かえりみる）】

14 欺瞞（ぎまん）

ごまかすこと。

【欺く（あざむく）＝瞞す（だます）】

解説

▼「反省」は、本来、過去も今も含めて、良いことも悪いことも含めて、〈自分のあり方を冷静に見つめること〉を意味します。

そのためには、自分のことを突き放して見ることが必要です。だから、反省は、「**自己相対化**」とか「**自己対象化**」と言い換えることができます。↓P153

▼しかし、私たちは、自分のことがかわいいので、なかなかそうできません。むしろ、いろいろな言い訳を作り出して、自分のあり方を都合よく正当化します。

「欺瞞」はもともと〈だますこと〉ですが、多くの場合〈ごまかすこと〉という意味で用いられます。特に、〈自分のあり方をごまかして見ること〉を「**自己欺瞞**」といいます。

例文

(1)歴史を振り返ってみると…イデオロギーはつねに、それ自身にたいする**反省的**なまなざしとともに育ってきたことがわかります。（山崎正和『近代の擁護』）

(2)人間はテクノロジーの主人ではなく、テクノロジーが変えてゆく世界の中で、いつのまにか自分もいっしょに変えられているのだ。だから人間はこの「不気味」な状況を**欺瞞**なしに受けとめ、そこに身を開きながらありうべき関係を探ってゆくほかはない。（西谷修「問われる『身体』の生命」）

15
原理（げんり）
（ものごとを成り立たせる）根本法則。
【原（もと）の・理（ことわり）】

16
真理（しんり）
誰から見ても正しいこと。
【真（しん）の・理（ことわり）】

❖解説

▼「原理」は、〈ものごとを成り立たせている根本的なルール〉です。現代は、合理主義や男性原理など、近代が無条件にしたがってきたさまざまな原理の見直しが迫られています。

➡「原理的には」は、〈理屈としては〉になります。

▼「真理」とは、〈誰から見ても正しいこと〉、いつでもどこでも（普遍的に）通用するものです。

科学は真理だと思われがちですが、まちがいです。科学が描くのはあくまでも科学的な視点から見た世界像にすぎません。 ↓P28・232

➡微妙な表現ですが、「科学的真理」（科学から見ると真理といえるもの）はまちがいではありません。

▼「摂理（せつり）」は、〈自然界を支配しているルール〉です。多くの場合、「自然の摂理」という形で使います。

例文

(1)建築や都市構成の**原理**も、身近な生きものの生態の中にひそんでいるように思われる。

（西岡常一・小原二郎『法隆寺を支えた木』）

(2)インターネットを利用することで、**原理的には**個人が世界中に文字・映像・音の情報を送ることも手軽にできるようになった。

（柏木博『「しきり」の文化論』）

⇩理屈としては。

17

二元論（にげんろん）

ものごとを二つの要素でとらえる考え方。

【二（ふた）つの・元（もと）から・考える論（ろん）】

参 一元・多元

✤解説

▼「二元論」とは、〈ものごとが二つの要素から成り立っていると考えること〉です。

たとえば、男と女、光と闇、善と悪など、さまざまな二元論があります。特に、世界を《精神》と《物質》という二つの実体から成り立っていると考えるデカルト二元論には注意しましょう。

〈ものごとが一つの要素から成り立っていると考えること〉を「一元論」といいます。

その中で、精神一元論＝〈世界が精神だけから成っていると考えること〉を「唯心論（ゆいしんろん）」、物質一元論＝〈世界が物質だけから成っていると考えること〉を「唯物論（ゆいぶつろん）」と呼びます。 ↓P293

➡もちろん、ものごとがさまざまな要素から成り立っていると考える「多元論」も存在します。

▼「二分法（にぶんほう）」は、〈ものごとを二つに分けて考えること〉です。二元論は、二分法の一種です。

「二項対立（にこうたいりつ）」は、〈二つのものごとを対比させて考えること〉です。

「二値論理（にちろんり）」は、〈ものごとを真か偽という二つに分けて考える論理〉です。

例文

(1) 日本語は二元論に立脚している。ヨーロッパの言葉は日本語の仮名に当たるものしかない。音標（おんぴょう）文字である。ところが日本語にはそのほかに漢字という象形文字がある。この性格の異なる二つの要素が混合して日本文をつくり上げる。

（外山滋比古「女性的言語」）

18

形而下（けいじか）

ギ physis

形のあるもの。

【形の・下。而は置字（おきじ）／physis（ピュシス）（自然）】

同 現象

19

形而上（けいじじょう）

ギ metaphysis

形のないもの。

【形の・上／meta（超える）＋physis（ピュシス）（自然）】

同 本質

◆形而上的（けいじじょうてき） 英 metaphysic …①神聖だ。②精神的。

◆形而上学（けいじじょうがく） 英 metaphysics …①世界の根本原理や神についての学問。❷—現実を無視した思い込み。観念的なこと。 同 神学 参 絶対化／絶対視

解説

▼「形而下」はもともと「自然（ピュシス）」を意味する語で、〈この世界にある、形あるもの〉＝現象です。だから、目や耳など感覚でとらえることができます。

一方、「形而上」は「自然（ピュシス）を超えた（メタ）もの」で、〈この世界の根拠となる、形のないもの〉＝本質です。そうした根本的なもの（原理）は頭でしかとらえることができません。

↓形而下＝現象が、目に見え、形のある、現実的なものであるのに対して、形而上＝本質は、目に見えず、形のない、観念的なものです。

▼［形而上—形而下］は、古代ギリシア以来、ヨーロッパの思想の中で生き続けてきた二元論です。時代によって何を世界の根拠と考えるかが変わるので、形而上の内容も時代によって変わります。

中世ヨーロッパでは、「神」がこの世界の根拠だ（神がこの世界を創った）と考えられたので、形而上

とは神でした（キリスト教）。そのため、「**形而上的**」は〈神聖なさま〉を意味します。

近代では、「人間の精神」こそがこの世界の根拠だ（近代の《豊かさ》は人間の知恵が生み出した）と考えられたので、形而上は精神、形而下は物質です（**デカルト二元論**）。そのため、「**形而上的**」は〈精神的〉を、「**形而下的**」は〈物質的〉を意味します。

現代の《豊かさ》は、この二元論を前提に成り立っています。が、それに陰（かげ）りが出ているのもたしかです。本当の《豊かさ》を求めるためにも、こうした根本的な世界観から見直すことが必要とされています。

▼「**形而上学**」とは、〈形而上（世界の根本原理や神）を研究する学問〉です。

こうした原理や神を想像の産物だと考えて、〈━現実を離れて、ありもしないことを思い込むこと〉というマイナスの意味でしばしば用いられます。「**神学**」もほとんど同じ意味に用いられます。

➜ちなみに、「形而下学 physics」とは、〈形而下（自然）とは何かを探求する学問〉＝物理学（physics）です。

例文

(1)＝①樹齢何百年の老樹がこの一角だけ未（いま）だに残されているのは、人がここを一種神聖な場所として感謝するとともに、もう一歩、利害を超えたところで、源窮水不窮という姿に、一種の**形而上的**なもの、人力人智以上のものを感じたのであろう。（唐木順三『日本の心』）

⇩水源は涸（か）れることがあっても、水自体はなくならない。

(2)＝❷西洋の十六世紀から十九世紀にかけて結核が蔓（まん）延（えん）したことは、けっして結核菌のせいではないのだし、それが減少したのは必ずしも医学の発達のおかげではない。それでは何が究極的な原因なのかと問うてはならない。もともと一つの「原因」を確定しようとする思想こそが、**神学・形而上学的**なのである。（柄谷行人『意味という病』）

⇩思い込み。↓P199

20

現象（げんしょう）

【象（かたち）を・現（あらわ）す】

①感覚でとらえられるものごと。 同 形而下

❷人間とかかわることで初めて成り立つものごと。 参 言葉

21

本質（ほんしつ）

【本当（ほんとう）の・質（しつ）】

①ものごとを成り立たせている根本的なもの。 同 形而上

②ものごとの本来の性質。

✤解説

▼「現象」とは、この世界に形として現れているものなので、〈感覚でとらえることができるものごと〉＝形而下（けいじか）であり、「本質」とは、〈ものごとを成り立たせている根本的なもの〉＝形而上（けいじじょう）です。

▼この世界にはもともと（客観的に）さまざまな《もの》があって、それを人間が目や耳という感覚でとらえていると考えられてきました。そうしてとらえた《もの》が現象と呼ばれるものです。

しかし、そうした《もの》は、初めからこの世界にあるものではなく、人間がかかわることで生まれてきたものです。たとえば、人間が《机》だと思っているものは、アリにとって《机》でも何でもありません。《机》は、人間とかかわることで成り立っている《もの》であって、それを人間が現象として目でとらえるわけです。

現象は、こうした〈人間の生とのかかわりによってはじめて成り立つもの〉であって、その代表例として、しばしば「風景」が取りあげられます。

例文

(1)風景は、それを発見する人間と出会う時、すなわち「世界内存在」において、生きた**現象**となるのだ。たとえば人が海岸で水平線を見て、そこに風景を感ずるとしよう。…もしも人が、その水平線の実在を確認しようとして、その水平線に向かって進むなら、水平線は姿を消してしまうだろう。 （内田芳明『風景の現象学』）

⇩人間が世界と深く結びついて存在していること。

(2)Xを「花」と呼ぶ、あるいは「花」という語をそれに適用する。それができるためには、何はともあれ、Xがなんであるかということ、すなわちXの「**本質**」が捉（とら）えられていなければならない。

（井筒俊彦『意識と本質』）

形而上 **形而下**

形而上		形而下	
本質	―	現象	〈古代〉
神	―	人間	〈中世〉⇧キリスト教
精神	―	物質	〈近代〉⇧デカルト二元論

（古代→中世→近代）

22

仮説（かせつ）

ある現象を統一的に説明するための仮定。〔仮（かり）の・説〕

✤解説

▼「仮説」とは、〈ある現象を統一的に説明するための仮の説明〉です。

科学法則は、すべて仮説です。

科学は、現象（たとえば雨が降ること）の奥にある法則（雨の降るしくみ）をあきらかにします。しかし、私たちに見えているのは現象だけであって、法則は見えません。科学があきらかにする《雨の降るしくみ》は、《雨が降る》という現象をうまく説明するために科学者が想像したものにすぎません。

では、なぜ、単なる想像が正しいと考えられているのでしょうか。

そもそも、科学者は、研究対象である現象を観察することで仮説を立てます。その仮説の正しさを検証するのが実験です。実験しても仮説であることは変わりませんが、仮説としての確からしさ（蓋然性（がいぜん））がより増すわけです。

その意味で、科学法則はあくまでも蓋然性の高い仮説にすぎず、決して真理ではありません。

▼科学から見た真理という意味で、「科学的真理」という言い方は許されます。

例文

(1)科学の学説が仮説であるということは、少しも科学を無価値にするものではなく、かえってそこにこそ科学の強みがあると言わねばならない。科学は神の造った自然から一旦離れることによって、かえって人間の独自の世界を創造するのである。

（澤瀉久敬『ベルクソンの科学論』）

23

実証（じっしょう）

経験的な事実から証明すること。【事実で・証明する】

解説

▼「**実証主義**」とは、〈神など観念的なものからではなく、経験的な事実からものごとを証明しようとする態度〉です。

　これは、科学や近代合理主義を支える重要な態度です。

▼近代科学は、「**観察**」と「**実験**」を基礎に置くことによって、宗教的な教えや神を排除し、**実証的**に世界のあり方を描き出しました。それが、科学の客観性・普遍性を保証したのです。

　しかし、こうした実証主義は一つの立場にすぎず、それによって描かれる世界の姿は唯一無二のものではありません。実証的であることは大切なことですが、その限界も私たちは知っておく必要があるでしょう。

▼科学では、実物を使って実験ができないときに、〈モデルを使った実験〉＝「**シミュレーション／模擬実験**（simulation）」を行います。たとえば、洪水の実験は実地に行なえませんから、模型やコンピュータ上のモデルを使って行うわけです。

例文

(1)人間は、すべてをこの**観察**と**実験**によって解明できるとしたのだ。宗教上の象徴や言葉ではなく、人間が**観察**や**実験**によって創りあげた理解、尺度にもとづいて万物を解明しうると思ったのだ。そして、それは完全に観念論や霊魂思想から離れた真の世界であると考えた。そこに、主観に対する「客観的」という言葉が生まれたのであり、「**実証主義**」を形作ったのであった。

（藤本敏夫『農的幸福論』）

24 パースペクティブ

英 perspective

遠近法。視点。

❖解説

▼「パースペクティブ」とは、遠いものは小さく近いものは大きく描くことで、〈距離感をはっきりさせて表現する方法〉＝「遠近法」です。

自分の立つ場所からの見え方を考えることなので、〈ものごとを見る視点・立場〉という意味に使います。

例文

(1)身体の世界は、その身体のいる〈ここのいま〉に縛られ、その身体の位置を基点とする**遠近法**をまぬがれることができない。

（浜田寿美男『「私」とは何か』）

25 位相(いそう)／トポロジー

英 topology 【位置による・ありさま（相）／ギ topos(トポス)（場所）＋ギ logos(ロゴス)（論理）】

レベル。立場。

❖解説

▼「位相／トポロジー」は、自分のいる場所から見えるありさまを表す語として、〈レベル・立場・段階など〉を意味します。

「次元」は、直線を一次元、平面を二次元、空間を三次元と呼ぶように〈空間の広がりの度合いを表すもの〉なので、〈レベル・立場・局面など〉を表すようになりました。

➡ともに、「レベル」と言い換えるとほぼ意味が通じます。

26 契機（けいき）

独 Moment

要因。

【契（ちぎ）り＝機（きざし）＝きっかけ】

✤解説

▼「契機」は、日常では〈きっかけ〉という意味で使います。しかし、Moment（動因）の訳としても用いるので、〈要因〉と言い換えた方がいいでしょう。

例文

⑴日本の場合、フィクション、すなわち、小説は芸術品、あるいは、芸術品たらんとする**契機**をつねに持ち合わせているものと考えられているのに対して、ノンフィクションには、その種の配慮はほどこされないのが常識のようだ。

（篠田一士『日本の現代小説』）

column

男と女の浅い溝

性的少数者（マイノリティ）は、日本では欧米に比べて少ないように見えますが、それは、日本が差別的な社会だからです。潜在的にそうであっても、自分はそうじゃないと言い聞かせている人はかなりいるでしょう。

こうした問題はジェンダーとしてとらえられてきました。しかし、セックス自体、絶対的なものではありません。生物学的に「男」にも「女」にも分けられない人が少なからず生まれてきます。その数は数千人に一人ともいわれていますが、それを強引に分類することで起こる差別や悲劇は、ほとんど顕在化していません。

鯛（たい）が成長の過程で性転換すると聞くと驚きますが、そもそも人間を［男―女］という二分法でとらえること自体がまちがいなのかもしれません。

27

常識（じょうしき）

社会の人々が当然もっているはずの知識。

参 共通感覚

28

固定観念（こていかんねん）

思い込み。

【固定した・考え（観念）】

29

先入観（せんにゅうかん）

思い込み。

【先に・入っている・観＝見方＝考えのもと（主）】

同 先入見（せんにゅうけん）・先入主（せんにゅうしゅ）　同 予断（よだん）

30

偏見（へんけん）

かたよったものの見方。

【偏（かたよ）った・見方】

解説

▼「常識」は、〈ある社会で生きる者が当然もっているはずの知識や判断力〉をいいます。

しかし、常識のせいで、正しい認識に到達できないこともあります。そのような常識は「臆見（おっけん）」と呼ばれ、〈―人々の想像や憶測から生まれて、ものを見ることを邪魔する知識〉を意味します。

▼「固定観念」は心の中で凝（こ）り固まった考えであり、「先入観／先入見／先入主」は心の中で前もって作られた固定的な考えなので、ともに〈思い込み〉を意味します。

「偏見」は、そうした歪（ゆが）んだ思い込みにもとづく〈かたよった見方〉です。

「バイアス bias」は、もともと「斜め」という意味で、〈偏見。先入観〉を表します。

これらの語は、人間の思考を妨げるものとして、否定的にとらえられます。 ↓P95

▼「強迫観念(きょうはくかんねん)」は、強(し)いる=迫(せま)る観念(考え)なので、〈どうしても頭から離れない考え〉です。

➜「脅迫(きょうはく)」は、〈人を脅(おど)かして何かをしろと迫(せま)ること〉。

例文

(1)異国生活から得られる最大の恩恵は、知識を積むことではなく、日常当たり前に考えている**常識**を見直す契機が与えられることだと私は思う。

(小坂井敏晶「常識を見直す難しさ」)

(2)どうやら、人間には誰しも他国の文化や他民族の民族性について、安易な**固定観念**を抱いて安心する癖があるらしい。

(山崎正和『日本文化と個人主義』)

(3)**先入見**というのは裁判でいうと「**予断**」に当たります。つまり当該の思想家なり著書なりにたいしてあらかじめ抱いているイメージであり、そのイメージと離れがたく結びついた期待感や嫌悪感です。

(丸山真男『「文明論之概略」を読む』)

column

世の中は「常識」だらけ

英語で自分の名前を言うとき、しばしば名字を後にしろと言われます(大前誠司→Seiji Omae)。それが、英語の「常識」だと。

では、George Washington を訳すとどうなるでしょう。先の論法を使うなら、日本語では名字が先ですから、ワシントン・ジョージになるはずです。しかし、これは日本語の「常識」ではないようです。

そもそも、固有名詞を別の言語にすることなどできません。しかも、[日本語→英語]と[英語→日本語]であきらかに矛盾したことをやっているにもかかわらず、気づけない! これが「常識」の恐さといっていいでしょう。

といって、私たちに「常識」外れになる勇気はあるでしょうか?

31 独善（どくぜん）

―ひとりよがり。

【独（ひと）りの・善】

32 独断（どくだん）

―自分だけの考え。

【独（ひと）りの・判断】

解説

▼「独善」とは、〈自分ひとりが正しいと思うこと〉です。

▼「偽善（ぎぜん）」とは、偽（にせ）の善なので、〈本心からではない、見せかけの善〉です。

▼「独断」とは、〈自分だけの考えでものごとを判断したり決めたりすること〉です。

「独断的 dogmatic」は〈自分勝手に判断して、ひとりよがりの主張をするさま〉をいいます。「独断専行（どくだんせんこう）」は〈自分だけで決めて、勝手に行動すること〉です。

「ドグマティズム dogmatism」は、「ドグマ dogma」＝**教条（きょうじょう）**（宗教上の教え）を絶対化する態度で、「**独断論**」とか「**教条主義**」と訳されます。〈原理、原則をあてはめればそれでよいと考える**態度**〉です。

➡独善も独断も、人間の無反省な〈自分自身のあり方を見つめようとしない〉態度にかかわります。 ↓P225

例文

(1)独学には目に見える弊害があります。…自分の得意な方をのばそうとするのはいいのですが、苦手な方に目もくれなくなり、個性的ならまだいいのですが、**独善的**な判断力や行動をもつ人が生まれてしまいます。（鷲田小彌太『学ぶことの法則』）

(2)一つの正義原則を絶対的な原理とみなし、これによってあらゆるものを裁く正義の徒を、人は**独断的**な狂信家として扱うようになる。（井上達夫『共生の作法』）

33 紋切型／ステレオタイプ

英 stereotype　別 ステロタイプ

〖紋を・切る・型／stereotype（鉛で作った印刷板）〗

決まりきっていて、新鮮味がないこと。

34 形骸化

〖形＝骸＝死体に・なる（化）〗

内容や意義を失って、形だけになること。

◆陳腐…〖陳い＝腐る＝古びる〗ありふれていてつまらないこと。

◆常套…〖常に・套む〗決まりきったやり方。参 常套手段

◆典型…〖典＝型＝もとになるもの〗基準。代表例となるもの。同 類型

◆定型…〖定まった・型〗決まった形。

例文

(1)**ステレオタイプ化**された行動や、**形骸化**された儀礼は、時と共にその本来の再活性化機能を失ってしまう。つまり、もともと持っていた意味が感ぜられなくなるわけである。したがって、**形骸化**された行事などは、〈意味のないもの〉として廃れてしまうのである。

（唐須教光『文化記号論』）

(2)源氏が煩わしい和歌の髄脳について悪口を言ったり、末摘花がいつも判で押したように、「からごろも」の**陳腐**な歌を贈ってくるのに目を側めるのも同じ理屈である。空疎な形式主義を憎む心が、それらのものをからかうユーモアとなり、諷刺となる。

（今井源衛『源氏物語への招待』）

35

ロゴス

ギ logos

論理。言葉。理性。

【英 logic（論理）の語源】

参 ～ロジー

36

パトス

ギ pathos

情動。受動。

【英 pathos（哀愁（あいしゅう））の語源】

37

エートス

ギ ethos

倫理。慣習。

【英 ethic（倫理）の語源】

解説

▼「ロゴス」は、logic（論理）の語源なので、〈論理〉、それを成り立たせるものとして〈言葉〉や〈理性〉を意味します。

↓「ロジック logic」自体も、〈論理〉という意味で登場します。

▼私たちの心は、何もなく勝手に動くのではなく、何か（出来事や言葉）に出会ってはじめて動きます。「パトス」は、そうした〈何かを受け入れること〉＝受動や〈それによって心が激しく動くこと〉＝情動を意味します。

近代は、理性（ロゴス）をもつ存在として人間をとらえ、その主体性にばかり注目しましたが、現代では、むしろ人間の本質は受動性（パトス）にこそあるのではないかと考えることもあります。

↓「ペーソス pathos」と読むと、〈しんみりとした感じ〉＝哀愁を意味します。

▼「**エートス**」は、ethic（倫理）の語源なので、〈倫理〉や〈慣習〉を意味します。

私たちは、社会の中で人間として生きるために、守らなければならないさまざまなルールをもっており、それが、私たちの心のあり方を規定します。パトスが一時的な心の動きであるのに対して、エートスはこうした変わらない心のあり方です。

医学や生物学が発達するにつれて、生命の意義が問い直されようとしています。たとえば、延命治療の発達は、ただ生きていればよいのではなく、いかに人間として生き、そして死ぬかが大切だということ（**生の質**（QOL） quality of life）を深く考えさせるようになりました。また、生物の遺伝子情報が解析され、クローン技術が実用化されることで、多くの命が助かる一方で、さまざまな倫理的な問題が出てきそうです。こうした問題は、「**バイオエシックス** bioethics」＝**生命倫理**（生命に対して人として守るべき道）として論じられます。

例文

(1)科学の骨格が**ロゴス**であることから、秀才とは正統的に**ロゴス**が**パトス**を上回る人であり、反秀才はこの順位が逆転した人ということにする。

（柘植俊一『反秀才論』）

(2)われわれ人間は、身体をそなえた主体として存在するとき、単に能動的ではありえない。むしろ、身体をもつために受動性を帯びざるをえず、**パトス的**・受苦的な存在にもなるからである。すなわち、能動的であると同時に他者からの働きかけを受ける受動的な存在であることになる。

（中村雄二郎『臨床の知とは何か』）

38

倫理（りんり）

『倫＝理（ことわり）＝人として守るべきみちすじ』

人として守るべき道。

同 道徳

✤解説

▼私たちは、社会の一員として生きています。そのために、社会の中で生きるための基準が必要です。そうした基準が社会の成員に共有されてはじめて、社会は成り立ちます。

「倫理」とは、〈人が社会の一員として守るべき基準〉であり、〈ものごとの善悪を決める基準〉です。「道徳」と言い換えられます。

▼「モラル moral」は、〈倫理〉を意味する語です。

「**モラル・ハザード** moral hazard」は、〈倫理の欠如〉という意味です。単に法律的にまちがっているというより、保険金詐欺や公務員の汚職が横行するなど、人としての節度を失った行動が昨今の日本社会に目立つことに対して用いられます。

例文

⑴環境**倫理**は、自由そのものに拘束が内在していることを示す指標なのである。環境**倫理**は、その柔軟性のゆえに、どのような行為の領域、どのような状況においても、自由が暴走して過剰化することをチェックするような批判原理となることができるのである。

（大澤真幸「自由の牢獄」）

⇩環境は人が生きるのに不可欠な存在であり、その環境に対して人が守るべき道が「環境倫理」である。だからこそ、自由を拘束する基準となりうる。

⑵工業社会において人々を結びつけていた家族・市町村・企業・国家といった従来の共同体も徐々に崩壊の危険にさらされる。われわれの行動を律している**モラル**や価値観もゆらいでいく。

（西垣通『IT革命』）

39

葛藤(かっとう)

【葛(かずら)＝藤(ふじ)＝つる草】

①争い。

②心の中で相反(あいはん)する気持ちが争うこと。

同 軋轢(あつれき)

40

ジレンマ

英 dilemma　別 ディレンマ

板ばさみ。

❖ 解説

▼「葛藤」は、つる草がもつれあうように、〈人間関係や心の中がもつれること〉です。〈そうした相反するものにはさまれて、どうしていいかわからなくなること〉を「**ジレンマ**」といいます。

ここには、《矛盾》する人間や心のあり方が表れています。

▼「軋轢」は、車輪が軋(きし)る＝轢(きし)ることで、〈仲が悪くなり争うこと〉です。

「相克(そうこく)」は、相(あい)（互いに）克(か)とうとすることで、〈相いれない二つのものが互いに勝とうとして争うこと〉です。

「アンビバレンス ambivalence」（形容詞形＝「アンビバレント ambivalent」）は、〈一つのものごとに相反する感情をもつこと〉です。

例文

(1)親は自分が苦労した世間との**葛藤**を子供にはさせたくないと思っている。　（阿部謹也『「世間」とは何か』）

(2)この柳田国男の詩には、東京を中心とする近代化の**ディレンマ**への鋭い洞察が働いている。　（磯田光一『思想としての東京』）

⇩近代化すべきか、伝統を大切にするのか、で板ばさみになること。

41

弁証法

ギ dialektike 【弁論によって・何かを証明する・方法】

矛盾を通して、よりよい考えや認識にいたる方法。 参 矛盾

◆**命題** 英 proposition …【題を・命じる】判断を言葉にしたもの。 参 テーゼ

◆**テーゼ／定立／措定** 独 These …【These（置くこと）】①命題。②運動方針。綱領。

◆**アンチテーゼ／反定立／反措定** 独 Antithese …【anti（反）＋these（命題）】①（テーゼに対して）否定的な命題。②（ある考えに対して）否定的な主張。

◆**止揚／揚棄** 独 Aufheben …【止めて（否定して）・揚げる】矛盾する考えをより高い次元で統一すること。

解説

▼目の前にあるものを見て「ペン」だと判断するとき、「これはペンである」と言えます。この「AはBである」のように、〈自分の判断を言葉にしたもの〉＝主張を「**命題**」といいます。

何についての命題かを表す部分（A）を「**主語**」、その内容を述べた部分（B）を「**述語**」と呼びます。

↓命題は、「主張」と言い換えるとほぼ意味が通じます。

「**テーゼ**」は、〈自分の判断や主張を置くこと〉＝命題です。「**定立／措定**」と訳されます。〈政治活動の方針〉という意味でも、使われます。

↓[テーゼ＝定立＝措定＝命題＝主張]と覚えましょう。

「**アンチテーゼ**」は、anti＝反なので、〈否定的な命題〉です。「**反定立／反措定**」と訳されます。しかし、より一般的に、〈否定的な主張〉＝反論という意味にも用いられます。

▼考えの違う二人の人間AとBが話し合えば、よりよ

い考えCが見つかるはずです。「弁証法」は、もともと「対話術」という意味で、〈対話することによってよりよい考えや認識にいたる方法〉でした。

構造的には、「**ヘーゲル弁証法**」も同じです。

矛盾（対立）する二つの考え（命題）AとBがあったとして、それを一つにまとめられればよりよい考えCが生まれるでしょう。このとき、出発点となる命題Aを正（せい）＝「**テーゼ**」、それを否定（アンチ）する命題Bを反（はん）＝「**アンチテーゼ**」、よりよい考えCを合（ごう）＝「**ジンテーゼ** 独 Synthese」といいます。「**止揚**」は、〈より大きな視点に立つことで、二つの考えの矛盾を解消して、一つにまとめること〉です。

↓止揚は、「**アウフヘーベン**」の訳で、「**揚棄**」とも訳されます。意味としては正確でないですが、矛盾をなくすことですから、「解消」と訳すとほとんど意味が通じます。

たとえば、Aが「カレーを作りたい」と言い、Bが「ラーメンを作りたい」（Aを否定する主張）と言ったたとします。このままでは一緒に作ることはできません（AとBの考えは対立しています）。そこで、二人で話し合って「カレーラーメンを作る」（C）ことにすれば、対立は解消するでしょう。

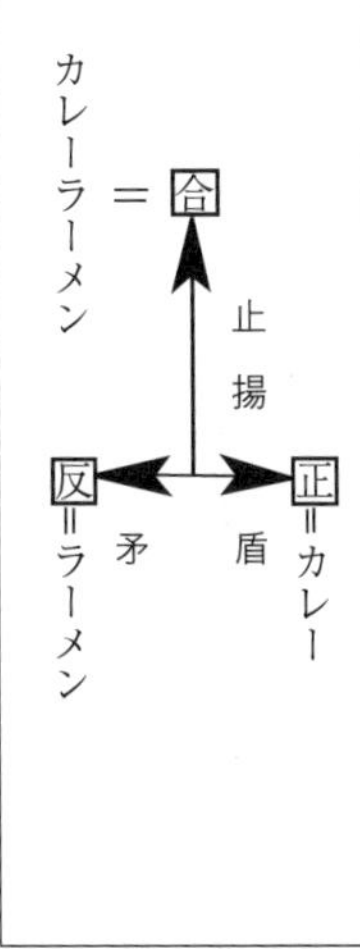

合理性を絶対化した近代において、矛盾は否定されるべきものでした。しかし、ヘーゲル（Hegel）は、その矛盾に積極的な意味を見出し、それを理性によって解消することで、より合理的な考えが得られると考えたのです。

↓簡単にいえば、弁証法とは〈矛盾を止揚すること〉です。矛盾と止揚というキーワードを確認しましょう。

↓「弁証法的」は、〈ものごとが矛盾しているようでありながら正しいさま〉です。

▼「昇華」は、ドライアイスなど固体がいきなり気体になることなので、〈ものごとがより高尚なものに高められること〉です。

止揚が矛盾する二つのものごとを前提とするのに対して、昇華は、あるものごとがただ単純に高度になることを意味します。

例文

(1)人間は日常性において人間であり、日常性において人間は停滞する、という二つの**命題**は必ずしも論理的に矛盾するわけではないが、しかし現実にはこの二つはしばしば衝突する。（村上陽一郎『歴史としての科学』）

(2)いわゆる戦後デモクラシーは、個人を超えた価値を**措定**することを拒否した。ましてや、ヤスパースが前提しているような、国家や共同社会、そしてむろん「神」といった観念を限りなく放擲※しようとした。（佐伯啓思『現代民主主義の病理』）

※**放擲**…〔放る＝擲つ〕投げ出すこと。

⇩主張する。

(3)不調和の調和は、すでに、**正**と**反**とが**止揚**されて合になるという**弁証法**において、成立している。**正**と**反**とは矛盾対立の関係にある。両者を同一平面に止めておけば、プラス・マイナス・ゼロの無為の中和を起こす。これを別の次元で統合するのが**止揚**にほかならない。（外山滋比古『省略の文学』）

(4)自然界において各生物がそれぞれ持っている害虫敵は、ミクロのレベルではいないほうがよい存在であるが、マクロのレベルではいなくては困るという**弁証法的**な存在である。（立花隆『エコロジー的思考のすすめ』）

⇩矛盾しているようだけれど正しい存在。

42

実存（じつぞん）

英 existence

主体的な人間存在。

〖現実に・存在すること〗

参 疎外

「実存」とは、〈自分の存在を問いながら生きる、主体的な人間存在〉をいいます。

「実存主義 仏 existentialisme」「実存哲学」は、近代が生んださまざまな矛盾（**疎外**）に対して、近代が重視した科学や理性のあり方を問い直し、現実の人間存在を大切だと考えた立場です。

例文

⑴（現代において人権が国家主権よりも尊重されねばならないのは）神はまず個人を創造したからであり、人権は神が与えた価値だからであるのか。あるいは個人はすべてかけがえのない**実存**であり、かけがえのある法や制度より上位の存在だからなのか。

（山崎正和「地球を読む」）

解説

▼近代は、科学が進歩することで《豊かさ》を享受してきました。にもかかわらず、多くの人がそこに不安を感じ始めます。それは、人間が主体的な存在だとされながら、実際にはそうなっていなかったからです。

近代は、人間理性を絶対化しました。人間は、理性的である・べ・き存在であり、主体的である・べ・き存在でした。しかし、もし私たちが一人の人間（個人）として本当に生きているのなら、ど・う・あ・る・べ・き・かではなく、実・際・に・ど・う・あ・る・か・が大切です。個人としてどう主体的に生きているか。それを問うた言葉が「**実存**」です。

43

疎外（そがい）

①のけものにすること。
❷本来の人間性が失われること。

『疎（うと）んじる＝外（はず）す』

参 物神崇拝

✤解説

▼近代は私たちに《豊かさ》をもたらす一方で、人間としての本来の姿を見失わせています。

たとえば、抗菌グッズのせいで、現代人は、病原菌に対する抵抗力が失われ、病気にかかりやすくなっているといわれます。近代のもたらした豊かさが、本来人間がもっているはずの自然力を失わせているのです。

「疎外」は、〈のけものにすること〉ですが、こうした近代における人間のあり方を表す言葉として、〈本来の人間性＝主体性が失われること〉という意味で用いられます。

➜人間自身が本来の人間性を奪っているので、「自己疎外」とも呼ばれます。人間以外に用いるときは、〈本来の姿が失われること〉という意味になります。

➜同音の「阻害（そがい）」は、阻（はば）む＝害（がい）するなので、〈邪魔をすること〉です。

例文

(1)言語とは、人間にとって最も自明な何かである。素朴な話し手が母語を話すとき、話し手は、自分が何語を話そうと意識して話しているのでもないし、また文法家がするように、その母語の規則に引きあてながらことばを発しているのでもない。そのような話し手にとって、自分が「○○語」を話していると教えられる知識そのものが本質的に**疎外**された知識であろう。

（イ・ヨンスク『「国語」という思想』）

⇩本来の言語のあり方が失われた知識。

44

コンプレックス

【complex（複合した）感情】

英 complex

① 心のしこり。
❷ 劣等感。

解説

▼「コンプレックス」とは、〈ふだんは意識下に抑えつけられている、心のしこり〉です。特に、inferiority complex の略として、〈劣等感〉という意味で使われます。

「劣等感」は、〈自分が他人よりも劣っているという感情〉です。一方、「優越感 superiority complex」は、〈自分が他人よりもすぐれているという感情〉で、劣等感の対義語です。しかし、自分よりも優れた者に劣等感を感じる者は、自分より劣った者には露骨な優越感を見せます。この二つは、同一の感情の裏表なのです。まさに、複雑な感情です。

例文

(1)それにしても、与謝蕪村の芭蕉に対する**コンプレックス**（複合意識）にはすさまじいものがある。

（森山大道『犬の記憶』）

(2)ぼくは一瞬、昭和四十年代の東京で、日本人からこういう話（＝謙遜とも自虐ともつかない話）を聞かされたことのおぼろげな記憶が蘇ってくる。それを言うためにわざわざ話しかけてくる日本人がいた。こちらが少しも蔑視していないのに、自らの**劣等性**をぼくにぶつけてくる。ぼくは逆に、いつ**優越感**に逆転するか分からない、一種のナルシシズムをあの時代に感じたことも、実に久しぶりに思い出した。

（リービ英雄『最後の国境への旅』）

45 原体験（げんたいけん）

【原（もと）の・体験】

人格形成のもととなる（幼少期の）体験。

46 トラウマ

独 Trauma

心に傷を残す体験。心的外傷（しんてきがいしょう）。

✤解説

▼人間は、さまざまな体験をしながら、その人格（人柄や性格）が作られていきます。

「原体験」とは、〈その人が今のような人柄や性格になるもととなった幼い時の体験〉です。そうした体験は、風景のイメージで私たちの記憶の中に刷り込まれていることが多いので、それを特に「原風景（げんふうけい）」といいます。

「トラウマ」は、〈一心に傷を残し、その影響が長く続くような体験〉であり、「心的外傷」と訳されます。たとえば、交通事故に遭（あ）ったせいで外出するのが怖くなるのは、典型的なトラウマです。

原体験は、幼いときの体験であり、マイナスだけでなくプラスの影響も与えるのに対して、トラウマは、大人になってからの体験でもよく、常にマイナスに使います。

例文

(1)郊外の雑木林と丘を切り崩して建てられた団地に生まれ育った若い世代にとって、懐かしい**原風景**は林と丘ではなくコンクリートのブロックであるにちがいない。あるいはブランコと砂場のある遊び場。セメントを敷きつめた駐車場。ビニール製の怪獣人形。メカの玩具（がんぐ）。そしてテレビとパソコンの画面。

（日野啓三『都市という新しい自然』）

47

ロマン主義（しゅぎ）

英 romanticism　別 ロマンティシズム・浪漫主義（ろうまんしゅぎ）

〖romance（空想的な物語）＋ism（考え方）〗

① 個人の感情や空想を重視する、芸術上の立場。

② ━空想に浸（ひた）っていい気分になること。

✤解説

▼「ロマン主義」とは、〈近代合理主義に対して、個人主義を根本におき、人間の感性や自由を重んじる芸術上の立場〉です。文学史上の浪漫主義は、森鷗外（もりおうがい）・北村透谷（きたむらとうこく）・島崎藤村（しまざきとうそん）らを中心とします。

一方、「耽美主義（たんびしゅぎ）aestheticism」とは、〈美を最も価値のあることだと思い、美を追い求める芸術上の立場〉です。日本では、永井荷風（ながいかふう）・谷崎潤一郎（たにざきじゅんいちろう）らを中心とする「耽美派（たんびは）」が「新浪漫主義（しんろうまんしゅぎ）」とも呼ばれますが、本来はロマン主義と耽美主義は違うものです。

▼ロマン主義は、現実よりも幻想的、空想的なものを重視することなので、しばしば、〈━空想に浸っていい気分になること〉というマイナスの意味に使われます。

➜形容詞形＝「ロマンティック romantic」。

例文

(1)＝①**ロマン主義**は自然＝客体の世界を対象とする科学に対して、それを主観の世界へと反転させた表現である。

（宇佐美圭司『絵画論』）

(2)＝②内と外の自然に加えつづけてきた人間の暴力をとことんまで反省しないままに**ロマン主義的**気分にふけることは、もっとも大きい欺瞞（ぎまん）であろう。

（今村仁司『現代思想のキイ・ワード』）

⇩（空想に浸って）いい気分になる。

48 リアリズム

英 realism　別 レアリスム

【real（本当の）＋ism（考え方）】

① 現実主義。

② 写実主義。

◆シュールレアリスム 仏 surréalisme … 【sur（超える）＋réalisme（現実主義）】超現実主義。

解説

▼「**リアリズム**」は、〈現実を重視する立場〉＝**現実主義**です。

しかし、〈現実をありのまま描こうとする芸術上の立場〉＝**写実主義**という意味もあります。こうした写実主義の延長上に、〈人間の生をありのまま描こうとする文学上の立場〉である「**自然主義** naturalism」があります。島崎藤村や田山花袋がその代表です。

「**写生**」は、絵画の写生のように、〈事物をありのままに写すこと〉です。正岡子規が短歌・俳句の革新のために唱えました。

↓形容詞形＝「**リアリスティック** realistic」。

▼「**シュールレアリスム**」は、〈近代の**理性支配**に対して、夢や幻想など不合理や非現実の世界を描くことで、人間の解放をめざす芸術運動〉です。

例文

(1) 近代的な地図がこのような普遍性をもちえた理由の一つは、近代的地図が世界を対象化し、描き出す**リアリズム**的な視線である。（若林幹夫『地図の想像力』）

(2) あっ、これだ、と思った時、私の感覚が意外なところへ拡大されていくのを感じた。その発見後、**シュールレアリスム的**な領域へ、私は意識的に向かうようになった。（高橋たか子『記憶の冥さ』）

49

叙情（じょじょう）

感情を述べ表すこと。

【情（なさけ）を・叙（の）べる＝抒（の）べる】　別 抒情

解説

▼〈感情を述べること〉を「**叙情**」、〈風景を見たまま述べること〉を「**叙景**（じょけい）」、〈事実をありのまま述べること〉を「**叙事**（じょじ）」といいます。

感情を交えるとすべて叙情になるので、叙景・叙事には感情を交えない**写実性**が必要です。

例文

(1)俳句や短歌などが、ごく限られた語数で深い**叙情**の世界を描き得るのも、それが述語的論理で形成されている日本語の特質を最大限に活（い）かした表現形式であるためである。

（町田宗鳳『「あいまい」の知』）

50

郷愁（きょうしゅう）／ノスタルジー

仏 nostalgie　別 ノスタルジア

【故郷を・愁（うれ）う】

① 故郷をなつかしむ気持ち。
② 過去をなつかしむ気持ち。

解説

▼「**郷愁／ノスタルジー**」は、〈生まれ故郷を離れた者が、故郷を偲（しの）んでなつかしく思う気持ち〉です。

空間的だけでなく、時間的に離れた〈過ぎ去った過去をなつかしむこと〉にも用います。

例文

(1)＝②私たち現代人は仮面につよい**郷愁**を感じてきている。

（中村雄二郎『術語集』）

51
享楽（きょうらく）
快楽を味わうこと。
【快楽を・享（う）ける】

52
禁欲（きんよく）
欲望を抑えること。
【欲望を・禁（きん）じる】

✣解説

▼「享楽」とは〈快楽を味わうこと〉なので、「享楽主義」は〈欲望のままに快楽を求めようと考える態度〉です。

➜「刹那主義（せつなしゅぎ）」は享楽主義の一種で、〈一時的な快楽を求めようとする態度〉です。

その対義語が「禁欲」で、〈欲望を抑えること〉です。「禁欲主義」は〈理性や信仰によって欲望を抑えようと考える態度〉をいいます。

➜「禁欲主義」＝「ストイシズム stoicism」、「禁欲的」＝「ストイック stoic」。

例文

(1)（声によるコミュニケーションの機能の）演戯的側面にとっては、真実も、情報としての新しさも問題ではなく、発話の**享楽的**価値、つまり語りの巧緻（こうち）性が大切なのである。…語り手の才能と巧みさによって、聴き手は語りを聞くことを楽しむのである。

（川田順造『口頭伝承論』）

(2)オカルトは、科学では説明できない現象を説明すると称して、いとも簡単にこの**禁欲**（＝すべての現象を説明したいという欲望を抑えること）を破ってしまう。

（池田清彦『科学とオカルト』）

(3)なぜそれほどまでして馬鹿ばかしいほど**ストイック**に「嘘（うそ）」を書かぬという制約を自らに課さなくてはならないのだろう……。

（沢木耕太郎『紙のライオン』）

53

虚無（きょむ）

何もないこと。

〖虚（むな）しい＝無（な）い〗

54

退廃（たいはい）

世の中がすさんでいること。

〖退（しりぞ）く＝頽（くず）れる＝廃（すた）れる〗 別 頽廃

✤解説

▼「虚無」は〈何もないこと〉なので、「虚無的」は〈人生をむなしいと思うさま〉です。

「虚無主義」＝「ニヒリズム nihilism」は〈既成の価値を否定する思想的な立場〉を意味します。無や空を主張する仏教や老荘思想、近代キリスト教文明を否定する一九世紀後半のロシアやニーチェの思想など、洋の東西を問わず見られます。

➡虚無的＝「ニヒル ラ nihil」「ニヒリスティック nihilistic」。

▼「退廃」は、〈世の中が道徳的にすさんでいること〉です。

「デカダンス 仏 décadence」は、「退廃派」とも訳され、〈虚無的、退廃的な態度〉をいいます。

➡「退廃的」＝「デカダン 仏 décadent」＝「世紀末的」。

例文

(1)二一世紀というのに、一方で偏狭な過激主義、他方に非人間的な文化画一主義。その先にあるのは限りなく深い**虚無**の世界である。（青木保『文化の多様性』の危機）

(2)大衆文化の下劣さやずうずうしさがまかり通るのは、「お互いに無視しあう自由」という**ニヒリズム**を武器として懐（ふところ）に隠しもっているからで、これを振りかざせば大抵の批判は、余計なお説教として無視できてしまう。（中西新太郎『日常世界を支配するもの』）

55

交感（こうかん）

＋心を通じあわすこと。

【心（感）を・交える】

56

対話（たいわ）

❶＋話をして、心を通わすこと。

【対いあって・話す】

②＋［弁証法で］独断から解放される手段。

参 弁証法

解説

▼「交感」も「対話」も、〈自分と異なるものとの心の交流〉を意味します。

現代においては、人間と自然や、人間どうしの関係が見失われがちなので、そうした関係のつながりが求められます。交感や対話は、特に、自然環境問題、異文化・異民族間の対立など、今日的な問題を語るときに用いられます。↓P149

↓〈つながり〉を意味する語として、「共生」「共感」「一体感」などにも注意しましょう。

▼自分が正しいと思い込んでいること（独断）が、他の人と話しあうことで、よりよい考えになることがあります。弁証法では、対話は、〈こうした独断から解放され真理にいたる手段〉としてとらえられます。↓P244

例文

(1)自分の内なる自然のちから、癒えるちからがあってこそ、病気は癒える。病気とじかに対話し交感し合うことができなくなると、癒えるちからは衰弱し、そして死ぬちからも喪失される。

（立川昭二『病いと人間の文化史』）

57

想像力（そうぞうりょく）

英 imagination

【像（かたち）(イメージ)を・想（おも）う・力】

さまざまなものごとを思い浮かべる能力。

参 類比

✣解説

▼「想像力」とは〈頭の中にイメージを思い描く能力〉です。

それは、「空想」「夢想」と同じように、〈一根拠のないことを思い浮かべる力〉である一方、〈＋今までにないものごとや結びつきを思い浮かべる力〉だともいえます。こうした想像力が、新しいものを創り出し、行き詰まった局面を打開する柔軟な発想を生み出すのです。その意味で、想像力は創造力だといえます。

異文化・異民族間の絶えない紛争を解決するにも、自然環境との関係を築き直すにも、想像力によって、硬直した知のあり方を切り開いていくことが必要でしょう。

例文

(1)レトリックとは…《りんごに向かって地面が突進してきた》とも考えられはしないか、あるいは《りんごと地面はたがいに引きつけ合っている》と考えるべきではないか…と、さまざまな**想像力**を働かせることであろう。レトリックとはそのように多角的に考え、かつ、多角的な言葉によって表現してみることである。レトリックは発見的認識への努力に近い。

(佐藤信夫『レトリックを少々』)

⇩こうした想像力の働きが新しいものを創造する源泉となっている。

58

共通感覚（きょうつうかんかく）

英 common sense

すべての感覚を統合する根源的な感覚。

✜解説

▼私たちは、舌だけで味わうわけではありません。香りはどうか、見た目はどうかなど、味覚だけでなく嗅覚や視覚なども一つになって味わっているのです。「共通感覚」とは、〈こうしたさまざまな感覚をまとめあげている根源的な感覚〉です。

人間は、視覚中心に生きています。しかし、ものごとを見ただけでわかるというのは大きな勘違いです。むしろ、五感（視覚＝見る、聴覚＝聞く、嗅覚＝嗅ぐ、味覚＝味わう、触覚＝触る）をフル活動させて、ものごとを総合的にとらえることが大切です。それを可能にするためにも、共通感覚が必要とされているのです。

▼混同されやすい言葉に「共感覚 synesthesia」があります。これは、音を聞いて色を感じるなど、〈ある刺激が別の感覚も生じさせること〉です。

「暖かい色」（暖かさ＝触覚、色＝視覚）のような表現が用いられることから考えると、こうした感覚は特殊能力ではなく、むしろ私たち人間に自然に備わっているものだといえます。

例文

(1)おのずと見えてくるとは、私たちが心を開いて自然や外界（人間や出来事をも含めて）に接するとき、つまり視覚の独走にまかせずに五感のすべてを生かして**共通感覚的**に接するときに、ものが豊かな多義性をもってあらわれることなのである。

（中村雄二郎『知の旅への誘い』）

59 ヒューマニズム

英 humanism 【human（人間）＋ism（主義）】 参 理性

① 人間（中心）主義。
② 人道主義。

解説

▼「**ヒューマニズム**」は、《人間性》をどうとらえるかによってさまざまな意味をもっています。

近代は、理性的であることが《人間性》だと考えました。ここから、〈人間を世界の中心（**主体**）としてとらえる態度〉である「**人間（中心）主義**」が生まれます。この態度は、人間が人間以外（自然）を**客体**として利用し支配することを正当化しました。

一方、《人間性》を人間らしい温かい心をもつことだと考えると、ヒューマニズムは〈人間愛にもとづいて、人類全体の幸福をめざす態度〉である「人道主義」という意味になります。

例文

(1)＝①**人間主義**の極端なものは、人間を人間の為に人間的に捉えようとする。このような文芸において、自然というものはほとんど入り込み得る余地がない。

（岡崎義恵『芸術としての俳諧』）

(2)＝②人間をたんに機械として、たんに動物として、たんに人間の一人として、たんに一社会人として、ただ自然科学的に、あるいはたんに自然科学的に扱うことは許されない。…このようにして、医療には本質的に**ヒューマニズム**が要求されてくるのである。

（澤潟久敬「医療の軽視を憂える」）

60

個人主義

個人を重視する態度。

対 集団主義

61

エゴイズム／利己主義

英 egoism

【ラ ego（自我）＋ism（主義）＝己を・利する・態度】

ー自分本位の態度。

対 利他主義

解説

▼近代になって社会全体が豊かになると、自分は個人であるという意識を人々はもつようになりました。ここに、〈所属する集団よりも自分自身のあり方を大事にする態度〉である「個人主義」が生まれます。その自分を優先しすぎると、〈自分勝手な態度〉である「エゴイズム／利己主義」と見なされます。

逆に、〈個人よりも集団の利益を優先する態度〉を「集団主義」といいます。

その中で、特に〈ある集団を一つの家族と見なす態度〉を「家族主義」といいます。かつて日本では、世界や国家、会社のメンバーなどを一つの家族だと見なすことがよく行われていました。現在でも、「～家と～家の結婚式」のように《家》を優先させる傾向があります。ここにあるのは、個人どうしの契約関係ではなく、集団全体を覆う情緒的な関係です。

↓近代ヨーロッパでは、個人と個人が暗黙の契約関係（黙契）を結ぶことで、社会が形成されると考えました（社会契約論）。これは、キリスト教における神と人間の契約という考え方を人間関係にあてはめたものです。ちなみに、旧約聖書は、神との旧い契約の書です。

▼「エゴイズム」＝「利己主義」は、〈自分の利益を第一に考える態度〉です。一方、〈他人の利益を優先

する態度〉を「**利他主義**」といいます。

↓夏目漱石は、多くの作品でエゴイズムをテーマにしてきましたが、大病を患った結果、**則天去私**（天に即して私を去る）という一種の悟りの境地にいたったといわれています。↓P212

「**功利的**」は、〈何をするにも自分の利益になるかどうかをまず考えるさま〉＝**打算的**です。「**利己的**」が自分の利益だけを考えるのに対して、功利的は自分の利益になるかどうかの計算をするという点で違います。

「**功利主義**」は、〈そうした功利的な態度〉や〈人間の利益（幸福）をめざす態度〉をいいます。

例文

(1)「平等な消費」という思考は、個人の欲望にしたがった消費を許すということで、それは**集団主義**から**個人主義**への流れを強化していった。こうした傾向は、社会的な共同体だけではなく、家庭にまで及んだ。

（柏木博『「しきり」の文化論』）

(2)**利己主義**は相対化されて、同時に**利他主義**にならなければ、この世においては現実性をもたないということである。

（田中美知太郎『思想に強くなること』）

⇩すべての人間が自分勝手を通せないので、自分の利益を優先するためにも他人の利益に配慮する必要がある。

(3)テレビの落語や講談を私はあまり聞かないけれども、ときにそれを聞いてたいへん感心するのは間のとり方の巧みさである。私が感心するのはすこぶる**功利的**な意味からで、なんとか十分に間をとることによって大学で講義をするさいのしゃべる時間をわずかなりとも短くしようという魂胆なのである。

（岩田慶治『カミと神』）

62 権力（けんりょく）

強制力。

【権（はか）る・力】

解説

▼「権力」とは、〈他人を支配ししたがわせる力〉をいいます。特に〈国家が国民に対してもつ強制力〉に対して使います。たとえば、消費税は、買い物の時に国家によって強制的に徴収されます。

▼日常の何気ない場面にも、さまざまな権力関係＝支配と被支配（服従）の関係が隠れています。

たとえば、夫を主人、妻を嫁というとき、そこには、はっきりと男―女の権力関係が見えます。嫁は、主人である男性の家に入る女性にすぎないのであって、それが、現在の日本の男女のあり方を教えてくれます。こうした〈ある社会における性のあり方〉＝男らしさ・女らしさを「ジェンダー gender」といいます。

多くの差別が、こうした日常に潜む権力関係から生まれていますが、問題は、それが日常的だからこそ差別を差別として意識できず、当然のこととして見過ごされてしまうことです。

例文

(1)ミシェル・フーコーの受容以降、それまで差別と呼ばれてきた関係が「権力」の問題として名指されることが多くなっている。もっとも、この「権力」という言葉そのものが、既存の権力概念とはすっかり違った意味をもっており、「遍在的[※]で微視的な力」を表している。

（岩崎稔「差別と差異のヒストリオグラフィ」）

※遍在的（へんざいてき）…【遍（あまね）く・在（あ）る】どこにでも存在するさま。

63

政治（せいじ）

①国を治めること。
②駆（か）け引（ひ）きすること。

【政（まつりごと）＝治（おさ）める】

解説

▼「**政治**」とは〈社会を治めるためのさまざまな活動〉です。多くは〈国を治めること〉に使いますが、自分が属しているグループに対して使うと、〈自分の思ったように人を動かすために（人を操ろうとして）、駆け引きすること〉という意味にもなります。たとえば、会社の中で自分の立場をよくしようとしていろいろ立ち回るとき、そうした行動を「**政治的**」といいます。

例文

(1)＝①技術的製品がデザインされ、製作された社会／技術ネットワークが安定化し、正常な環境の一部となると、それらがもっていた**政治的**性質は隠され、沈殿し暗黙的なものとなる。（村田純一『科学技術のゆくえ』）

(2)＝②わたしたちが自分の存在にかたちを与えていくこのプロセスは、同時にきわめて**政治的**なプロセスである。それはつねに解釈の規準を提示し、それを共有できないものは排除し、それを外れるものには欠陥とか劣性といった否定的なまなざしのもとで自らを見ることを強いる。（鷲田清一『じぶん・この不思議な存在』）

⇩自分の存在を支えるために、規準を提示したり、都合の悪い者を排除したりするさまを「政治的」といっている。

64

制度（せいど）

社会的なしくみ。

【制＝度（のり）＝きまり】

65

装置（そうち）

しかけ。

【装う（よそお）＝置く（お）】

✤解説

▼「**制度**」は、〈社会的なしくみ〉です。「**装置**」は〈しかけ〉という意味ですが、比喩的に〈社会の中にあるしかけ〉という意味で用いられます。

➡「**構造**」「**システム**」「**メカニズム**」も、〈しくみ〉を意味する語として注意しましょう。

関連する語として、「**組織**（そしき）」は、〈ある目的のために組み立てられた全体やそのしくみ〉を意味し、「**体制**（たいせい）」は、一般に〈国家や社会の組織としてのあり方〉を指（さ）す語として用いられます。

例文

(1)社会主義体制の下に生きている人間と資本制の下にある人間とが共有する苦しみや悩みは、生産様式や政治**制度**以前のより根源的な問題として私たちの前につきつけられているのである。

（丸山圭三郎『文化のフェティシズム』）

(2)人間は、そのような〈本能〉の導きを失い、したがって、混沌（こんとん）と化した世界に対して、素手で働きかけることができず、文化という**装置**を創り出すことによって、再び秩序を取り戻してきたのである。

（唐須教光『文化記号論』）

66 マジョリティ

英 majority 【major（より多い）の名詞形】

多数（派）。

67 マイノリティ

英 minority 【minor（より少ない）の名詞形】

少数（派）。

解説

▼「マジョリティ」は〈多数。多数者〉、「マイノリティ」は〈少数。少数者〉という意味です。

民族問題は、多くがマジョリティとマイノリティの対立に端（たん）を発しています。しかし、単一の純粋な民族が住む国や地域というのは、空想の産物にすぎません。さまざまな種類の人がまじりあいながら暮らしているのが、現実の姿です。

私たちは、マジョリティの言うことが正しいとはかぎらないことを、経験的に知っています。しかし、**民主主義**が**多数決原理**（多数が勝ちという原理）で成り立っている以上、結果的に、マジョリティは、**強者**として、マイノリティの人権や自由を抑圧します。

もし日本が**自由主義**を標榜（ひょうぼう）するなら、マイノリティの自由も保障されることが必要です。女性、子ども、外国人、性的少数者（マイノリティ）、ホームレスなど、現在の日本は社会的な**弱者**に優しい国でしょうか。マジョリティであることに優越感を抱くのではなく、自分を含めた人間の多様性に気づくことが大切です。

例文

(1)「私は**マイノリティ**」だと宣言できるのは、「**マジョリティ**」も見いだせる公共の場にいられるときである。

（多木浩二『スポーツを考える』）

68 ジェンダー

英 gender

文化的、社会的な性別。

解説

▼〈生物学的な性別〉である「**セックス sex**」に対して、〈文化的、社会的な性別〉を「**ジェンダー**」といいます。

たとえば、現在の日本で、スカートは女性のはくものだと思われています（男性がはけないわけではないのに）。このように、ある社会の中で、男性はこうあるべきだ（**男らしさ**）、女性はこうあるべきだ（**女らしさ**）と考えられている区別をジェンダーといいます。

ジェンダーは、まず女性の問題としてとらえられます。それは、女性が、依然、社会的な弱者だからです。現在の日本には、表面的にはそうでないようでも、実際には女性に対する差別的な制度が多く残っています（たとえば、法律的に夫婦の同姓が強制されること）。そうした女性の社会的な地位を引き上げようとすることを「**フェミニズム feminism**」といいます。

性的少数者（マイノリティ）も、またジェンダーの問題としてとらえるべきでしょう。日本ではまだまだ現実的な話ではありませんが、同性どうしの結婚なども、将来的には認められるべきかもしれません。

例文

(1)（語り手が公的なトピックを語ろうとしたのは）男性優位の公的世界にあって、要職についた数少ない女性であるという**ジェンダー的**要素も加味されるであろう。

（桜井厚「〈聞く〉と〈語る〉」）

column

「少子化」は問題なのか?

少子化が問題視されて久しいですが、これは日本だけの問題ではありません。工業化が進んだ国では必然的に起こる傾向です。現在急速に工業化している東南アジアでも、もうすでに一部の国で少子化が起こっています。

人口が減少することで国力が衰退すると心配する向きもありますが……そもそも、国力のために子どもを作る人などいません。子孫を残すというのは生物として当然なのかもしれませんが、《豊かさ》の中で生きる私たちにとって、それは多くの選択肢の一つにすぎません。少子化は、ある意味で《豊かさ》の代償なのです。

だから、少子化は、女性だけの問題ではありません。《豊かさ》の中で人間がどう生きていくか、という普遍的な問いが、少子化という形をとって目の前に現れているだけです。

そもそも少子化が現代人の選択の結果ならば、それを問題視することの方がおかしいともいえます。むしろ、少子化した社会こそ、私たちにとってのありのままの姿なのです。それを否定するということは、《豊かさ》やその中での自由を否定するということです。

今の日本の社会制度は、そうした《豊かさ》が前提になっていません。だから、夫婦別姓を認めないなど、結婚や子どもをめぐる現実にそぐわないものが多くあります。私たちは、そうした現実を真摯に受けとめつつ、まずその少ない子どもをどう大切にするかを考えるべきなのではないでしょうか。

69

拘束（こうそく）／束縛（そくばく）／制約（せいやく）

〖拘える＝束ねる＝縛る＝制する（おさえる）＝約する（とりきめる）〗

自由を縛ること。

◆**枷／桎梏／軛**…〖自由を奪う刑具／**桎**（足枷）と**梏**（手枷）／牛馬の首に付ける横木〗自由を縛るもの。

◆**しがらみ**（柵）…〖水をせき止める柵〗まとわりつくもの。

解説

▼人間は、理性をもつ主体として自由に考え、行動できることになっていますが、それはあくまでもそう見なされているだけで、実際にはそうではありません。

そうした〈自由を縛ること〉を表す語として、「**拘束／束縛／制約**」は登場します。

「**枷／桎梏／軛**」は、比喩的に、〈人間の自由を縛るもの〉を意味します。

「**しがらみ**」は、〈人間関係など、心にまとわりついて、行動や判断の自由を縛るもの〉です。親子関係、世間との関係など、簡単には無視できない関係であるからこそ、私たちの心の自由を抑圧する情緒的な束縛をいいます。

↓これらの語は、すべて「縛り」と訳すと意味が通じます。

例文

(1)こうした出口のない迷路のような日記は、しかし、保存という行為の本質を何にもまして純粋に守り、いかなる現実の目的にも**拘束**されないだけに、逆にある種の自由ないし解放を作者にもたらしもするとは言えないだろうか。（富永茂樹『都市の憂鬱』）

(2)価値というもの、あるいは人間にとっての象徴的なものを意味として与えるのが文化の大きな特質である、と言ってもいいでしょう。ですから私たちは生まれ育った文化の枠によって**束縛**される度合（どあい）がかなり強いということができます。

（青木保『異文化理解』）

(3)一見万能に見える五線譜は実は、音の高さや長さを「自由に」記録することができない。音程を半音以下に細かく分割しようと思うと記譜するすべがないし、音の長さも二分音符、四分音符といった具合に、基本となる音符を二分割してゆくやり方以外での分割をしようと思うと、書きようがないということになる。五線譜はそのように案外**制約**の多いメディアなのである。グレンジャーはそういう**制約**をのりこえ、自分の想定した音楽を「自由に」書き記せるシステムの追求に向かう。

（渡辺裕『音楽機械劇場』）

(4)私たちは二千数百年来西欧において支配的であった〈言語〉の**桎梏**を脱して、もう一度流動的な言葉と文化の問題をとらえなおさねばならないだろう。

（丸山圭三郎『言葉と無意識』）

(5)人間は近代合理主義、近代科学を自然、世界の解明の一つの言語として一つの方法として位置づけなおすことをはじめなくては、合理主義という観念論の**くびき**から永久に脱却することなく、みずからを機能として、機械としてしか位置づけられず、内的な破滅の道をつき進むにちがいない。

（藤本敏夫『農的幸福論』）

(6)周知のことですが近代にいたって多くの人びとは自分と向（むか）いあい、それぞれに自分の内側に孤独な自我を発見しました。…村や家系の関係から離れ、宗教的共同体の**しがらみ**も緩んで、人びとは自由になるとともに、もっぱら自分のなしえた業績を頼りに生きることになりました。

（山崎正和『近代の擁護』）

70 執着／固執／拘泥

〖執われる＝着く＝固まる＝拘わる＝泥む〗

こだわること。

✤解説

▼「執着／固執／拘泥」は、細かなニュアンスは異なりますが、すべて〈こだわること〉を意味する語です。あるものに心をとらえられて、それではいけないと思いつつも、それから逃れられないこと、心の自由さを失っていることです。

➜執着は「しゅうじゃく」とも、固執は「こしゅう」とも読みます。

例文

(1)おのれの自己形成期に、めぐりあった作家や作品に固着していく。それは誰しも自己執着の縁取から逃れられないという点で仕方のないことだ。しかし、そこに落とし穴があるのも事実だ。それは本来的には不幸な自己限定にほかならない。

（松岡祥男『物語の森』）

⇩「固着」も〈こだわること〉を意味する語。〈かたくついていること〉という意味もある。

(2)自己の記録に拘泥する日記の向こう側に透けて見えてくるのは、近代以降の社会に生きるわれわれに宿命的なフェティシズムにほかならない。

（富永茂樹『都市の憂鬱』）

⇩物神崇拝＝物に対する執着（こだわり）。→P217

71

エコロジー

英 ecology 【eco（環境）＋ギ logos（論理）】 参 自然・環境

生態学。

➡形容詞形は「エコロジカル ecological」＝「生態学的」。

❖解説

▼「**生態系** ecosystem」とは、〈生物とそれをとりまく環境とを全体的にとらえたもの〉です。「**エコロジー**」＝「**生態学**」とは、〈こうした生態系についての学問〉です。

人間と自然を切り離してとらえた近代的な思考（デカルト二元論）は、私たちに《豊かさ》と《便利さ》をもたらす一方で、自然環境を悪化させました。エコロジーは、こうした人間と自然との関係を問い直すことであり、結果的に人間と自然とのつながりを求めようとする態度を意味します。

例文

(1)自然征服的労働＝技術体制のおかげで実現した物質的な豊かさを満喫しながら、自然との共生や**エコロジー**が可能だと信じるのは、おそらくは途方もない幻想であると言ってもいいだろう。（今村仁司『近代の思想構造』）

(2)個々の生命体は、反復可能な機械的存在ではなく、一回性を持つかけがえのない歴史的存在としてとらえられることになる。恐らくこの地点から、危機に瀕した地球**生態系**を救う、二一世紀の鮮烈な思想が立ち現れてくるのではあるまいか。（西垣通「生命記号論」）

⇩ある時代に生きる存在。

72 母語（ぼご）

英 mother tongue

幼児期に自然に身についた言語。

参 国民国家

❖解説

▼「**母語**」とは、〈幼児期に周りの大人たちが話すのを聞いて、自然に身につける言語〉です。

日常では、いまだに「**母国語**」という言葉が無神経に用いられることもありますが、評論文では、特別な意味を込めないかぎり、まず使われません。それは、母国語という表現に矛盾が含まれているからです。

たとえば、現在の日本には、日本で生まれ育ち、日本語しかしゃべれないにもかかわらず、日本国籍をもっていない人（**在日**）がたくさんいます。その人たちにとって、日本語は母語ですが、母国語ではありません。

現代人は、必ずどこかの国民であることを求められているので、自分が何人であるかが、現代人にとって、アイデンティティの欠かせない要素となってしまいました。その結果、「私は日本語しか話せないけれど、日本人ではない」「私はX人だけれど、X語を話せない」ということが、深刻なアイデンティティの危機や差別を引き起こしてしまうのです。

国家を単位にする発想自体が、現代の実情に合わなくなっていることを知りましょう。

▼言語は、人々の暮らしや風土の中から生まれてくるものなので、日本のような広い地域に一つの言語が話されているなどということは自然には起こりません。

明治政府は、国民を生み出すために、東京語をもとに「**標準語**」を作って強制し、もともとしゃべっている言葉を「**方言**」として抑圧しました。その結果生まれたのが《**日本語**》です。

「**標準語**」とは〈国家が政策的に国民に強制する言語〉で、それ以外の言語は「**方言**」と呼ばれて、標準語の変種だと見なされました。一方、「**共通語**」は、〈ある地域に広く通じる言語〉で、ヨーロッパにおけるラテン語がその典型例です。初めは強制された言語（標準語）であった《日本語》が、現在では日本全体に通じる言語（共通語）になったために、日本人のもともともっている言語だと思い込まれているのです。

現在の方言が《日本語》の訛（なま）ったものに感じるのは、それが標準語とまじりあっているからです。その意味で、明治以来、日本では多くの言語が絶滅してきたといえます。ユネスコによれば、現在も、日本では八言語が絶滅の危機にあると報告されています。

➜日本は、今でも日本語だけの国ではないということです。日本語は事実上の**公用語**（公の場で使用することが正式に認められている言語）にすぎません。

近代化の過程で、多くの言語が絶滅してきました。近代とは、いわば「大きな言語」が「小さな言語」を踏みつぶしてきた歴史だといえます。現在では、グローバリゼーションの進展で、英語という「大きな言語」が世界のさまざまな言語を抑圧しています。世界が一つだという意識をもつことは大切でしょう。しかし、言語と人間の生とのかかわりを考えると、言語は一つではなく多様であるべきだといえます。

▼《**国語**》とは、そもそも〈自国語〉のことです。↓P64 日本でいえば、国語＝日本語のはずです。では、千年前の京都語（古文）や古代中国語（漢文）は、《日本語》や《国語》といえるのでしょうか。

《日本語》が古文や漢文から影響を受けていることはたしかですが、言語として違うこともたしかです。にもかかわらず、それらを《国語》と考えるとすれば、そこには何らかの意図があるはずです。

たとえば、日本という国家が生まれた当時、日本全国で通じる唯一の言語が漢文（中国文化圏の共通語）でした。古文は、大和朝廷が日本の伝統的な支配者であることを正当化するために、日本史とともに学ばれる必要がありました（**伝統の発明**）。

こうした明治政府の思惑の下に、《国語》というものが誕生し、今にいたるわけです。

例文

(1)多言語主義は、**母語**対国際語の力の不均衡から抜け出すためのおそらく唯一の手段であり、したがって文化の多様性の維持と発展のために必要な条件である。

（加藤周一『夕陽妄語』）

(2)ぼくにとっての日本語の美しさは、青年時代におおよその日本人が口にしていた「美しい日本語」とは似ても似つかなかった。日本人として生まれたから自らの民族の特性として日本語を共有している、というような思いこみは、ぼくの場合、許されなかった。純然たる「内部」に、自分が当然のことのようにいるという「アイデンティティー」は、最初から与えられていなかった。そしてぼくがはじめて日本に渡った昭和四十年代には、生まれた時からこのことばを共有しない者は、いくら努力しても一生「外」から眺めて、永久の「読み手」でありつづけることが運命づけられていた。**母国語**として日本語を書くか、外国語として日本語を読んで、なるべく遠くから、しかしできれば正確に、「公平」に鑑賞する。（リービ英雄『日本語を書く部屋』）

⇩日本語が日本人のアイデンティティ（私は日本人であるという意識）を支えていることを指摘している。だからこそ、国家意識と結びついた言語として日本語を「母国語」と呼んでいる。

(3)今、「日本」という政治的・社会的空間に住むあらゆる人々が、何よりもまず、「ひとつ日本語」を話していると信じなければ、概念としての「**国語**」など成立するはずもない。（イ・ヨンスク『「国語」という思想』）

73 文明開化（ぶんめいかいか）

明治初頭の近代化・西洋化。

〖文明が・開（ひら）くように・なる（化）〗

74 和魂洋才（わこんようさい）

日本の精神を守りながら、西洋の学問を取り入れようとすること。

〖日本（和）の・魂と・西洋の・学問（才）〗

解説

▼「文明開化」とは、〈文明が進み社会が開けること〉ですが、特に、〈明治初頭の、思想や社会制度などの近代化・西洋化〉を指（さ）します。

➡逆に、〈文明化されていないこと〉を、「未開（みかい）」とか「野蛮（やばん）」といいます。

そこでは、〈日本固有の精神を保ちながら、西洋の学問や科学技術を取り入れること〉がめざされました。それを「和魂洋才」といいます。しかし、物質的な近代化が進むと、精神的な近代化も自ずと求められます。明治時代の文学には、まだまだ封建的な日本の社会の中で自我の目覚めに苦しむ姿が描かれています。

例文

(1)大衆が伝統的な生活様式を保守するのが現実であるなら、時には伝統を否定して**文明開化**の礼賛（らいさん）者になるのも人の世の普通のできごとにすぎない。

（磯田光一『思想としての東京』）

(2)合理的自然主義はもちろん、ヨーロッパ近代が生んだ自然科学と技術文明との副産物で、日本は近代化にあたって「**和魂洋才**」を旨としたけれども、なおこの考え方の圧倒的な影響を逃れえなかった。

（広瀬京一郎「死の淵をめぐって」）

75

進歩（しんぽ）

ものごとがよくなること。

【進む（すすむ）＝歩む（あゆむ）】 参 成長

◆啓蒙主義（けいもうしゅぎ）…【蒙（もう）（無知）を・啓（ひら）く】無知な人々に新しい知識を与え、教え導こうとする立場。

解説

▼近代は、科学技術の発展や産業の発達などを背景に、人間の進歩を実感した時代です。その中で、人間は進歩の歴史を歩んできたのだと考える「進歩史観（しんぽしかん）」をもつようになりました。

この進歩史観は、現代にも生きています。私たちは、一〇年前よりも今の方が、今よりも一〇年後の方が、きっと進歩しているにちがいないと素朴に信じています。経済成長しなければ、不景気で日本社会が停滞していると考えます。こうした〈進歩をよしとする立場〉を「進歩主義」といいます。

「進化論（しんかろん）」は、進歩史観から生まれました。人間を進化の頂点に置くことで、人間中心の近代的世界観（デカルト二元論）を支えたのです。

➡「進化」は、一般に〈進歩すること〉だと思われていますが、実際の進化は、ランダムな突然変異によって起こるただの〈変化〉であり、そうすることで種の多様性を増すことでしかありません。

▼近代ヨーロッパ人は、自分たちを《進んでいる》人間、他の地域の人たちを《後れている》人間、つまり、自分たちの過去の姿だと見なしました。このように、〈ものごとを歴史（時間の流れ）の中に位置づけて考える立場〉を「歴史主義（れきししゅぎ）」といいます。

先進国である日本は、発展途上国にさまざまな援助をしています。それは、私たちが進んでいて、彼らが後れているからです。このように、《進んでいる》＝優れている者が、《後れている》＝劣っている者を導くべきだと考える態度〉を「**啓蒙主義**」といいます。

↓「**啓蒙**」とは、〈無知な人々に新しい知識を与え、教え導くこと〉です。

ここには、人間の進歩は一本道で、《進んでいる》自分たちの後をたどれば、《後れている》おまえたちは幸せになるんだという、あまりに単純な人間観が潜んでいます。進化がもし多様性を生み出すものなら、人間の進歩もまた多様なものにならなければなりません。

↓［進んでいる―後れている］という視点から見ると、［**進歩史観＝啓蒙主義＝歴史主義**］だといえます。

例文

(1)誰もその全体を把握できない巨大な森のような科学という知識構造も、それがたとえば「真理の探究」「人類の**進歩**」「ユートピアの理想」とかいった**啓蒙主義的**な理念と物語とに支えられている限りにおいては未だ理解可能な領域にとどまるだろう。

（室井尚『哲学問題としてのテクノロジー』）

column

果たして人間は「進化」しているのか？

進化論は、神が人間を創ったというキリスト教的な世界観（天地創造説）を否定する一方、人間を進化の頂点に据えることで、近代の人間中心的な世界観を理屈づけました。

しかし、「進化」は、〈進歩〉ではありません。ランダムな突然変異によって起こるただの〈変化〉であり、種の多様性が増すことでしかありません。そうすることで、環境の変化に適応し、種として生き残っていくわけです。

ところで、保守的なキリスト教徒の多いアメリカでは、今でも進化論と天地創造説の論争が続いています。え、まだ天地創造説なんて信じている人がいるの？　と批判する前に、進化論を無条件に信じている自分に気づきましょう。

76 中心（ちゅうしん）

77 周縁（しゅうえん）

解説

▼強大な力をもった国家や文明（**中心**）は、周辺の地域（**周縁**）にさまざまな影響を与えてきました。たとえば、中国は、（アジア）世界の中心として周辺の地域から朝貢を受け、広大な帝国を作りあげてきました。

近代は、ヨーロッパの国々が、その軍事力や経済力、科学技術の発達を背景に、世界の中心になりました（**ヨーロッパ文明中心主義**）。

↓「〜中心主義」は、〈〜を中心とする考え・立場〉を意味します。たとえば、人間中心主義は、世界を人間中心に考える立場、つまり人間を絶対と考える立場です。

しかし、中心が周縁を力で支配しただけでなく、周縁も中心のもつ《豊かさ》に魅了されました。日本も、明治期に、ヨーロッパの国力を恐れただけでなく、ヨーロッパ文明に憧れ（あこが）を感じたからこそ、**文明開化**という名の下、近代化＝西洋化を強引に進めたのです。現在の**グローバリゼーション**にも同じ構造があります。

▼［キリスト教vsイスラム教］は、千年以上にわたる歴史をもっています。イスラム教がキリスト教を圧倒していた中世、それが逆転した近代——西洋世界（キリスト教）の歴史は、アラブ世界（イスラム教）との関係を軸にしながら動いてきました。ですから、ヨーロッパには、今でも、〈イスラム文化に対する憧れや偏見〉があり、それを「**オリエンタリズム orientalism**」と呼びます。それが一般化されて、〈異文化や異民族に対してもつ憧れや偏見〉

という意味で使われるようになりました。

➡オリエンタリズムとは、直訳すると〈東方趣味（オリエント）〉。アラブは、ヨーロッパから見て東方にあります。

▼人間は、結局自己中心的な思考しかできませんから、私たちは、〈自分たちの価値観で、異なる人たちのあり方を計ること〉になりがちです。これを「**自民族中心主義／エスノセントリズム** ethnocentrism」といいます。

それが、民族間や国家間にさまざまな軋轢（あつれき）を生じさせています。しかし、より問題なのは、そうした自民族中心的な発想を自分がしていることになかなか気づけないことです。現在、異文化理解の重要性が叫ばれているのも、つまらない自民族中心主義に陥りがちなことを自覚することが必要だからでしょう。

例文

(1) インターネット多言語主義とは、英語という〈**中心**〉にたいして〈**周縁**〉である多様な言語をぶつけることで、ヒトの言語空間を活性化する試みと言えるでしょう。

（西垣通『こころの情報学』）

(2) 文明と野蛮といった、それまでは中性的と思われていた価値基準が、その基準からみれば劣位に置かれた者の視点から問題化されてきた。しかし、西洋中心主義的な合理性のなかにいる者にとって、そうした**自民族中心的**合理性は、ただちに普遍的妥当性として理解されている。

（酒井直樹『死産される日本語・日本人』）

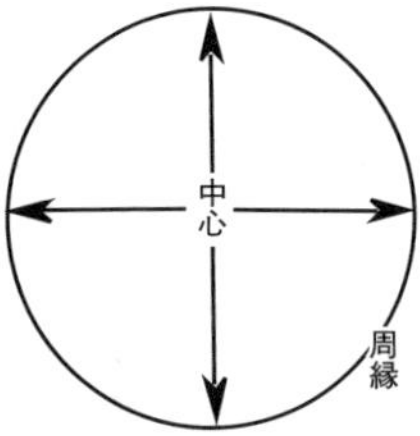

中心―周縁の図

78

構造（こうぞう）

しくみ。

参 記号

◆構造主義（こうぞうしゅぎ） 仏 structuralisme ：構造に注目してものごとを考える立場。

✤解説

▼何かが単に集まっているだけでは、そこに「構造」があるとはいいません。各部分が互いに結びつきあい、全体を作りあげているときに、はじめて構造があるといいます。構造とは、〈しくみ〉や〈そのしくみの中にある、各部分の相互関係〉です。

しかし、あるものに構造があるかどうかは、もともと決まっているものではなく、それを見ている私たちがそこに構造を見出すかどうかによって決まります。

たとえば、雑然と積みあげられた紙の束を見て、人は普通そこに構造を見出しません。しかし、重ねられた紙には、一番上の紙、二番目の紙、三番目の紙、というように、一種のしくみがあるといえます。そう考えると、そこに構造が見出せます。

▼こうした構造をさまざまな現象に見出そうとするのが「構造主義」です。

構造主義は、〈現象を記号と見なして、そこに意味＝構造を見出そうとする立場〉です。見た目の違いにとらわれず、現象の中にあるしくみやかかわりあいを重視しようとします。それが、ヨーロッパ文明中心主義を克服し、文化相対主義を成立させる原動力になりました。

この構造主義は、言語や文化だけでなく、さまざまな分野で隠れた意味を見出す手段として用いられています。

例文

(1)近代化の過程そのものが、近代的差別を新たに作り出しているのである。たとえば、差別の典型的な実例として頻繁に取り上げられる「カースト制」は、ヨーロッパの植民地支配のもとで案出されたか、再発見されて強化されたものであることは、近年のコロニアリズム※研究の共通認識になりつつある。わたしたちが直面している差別の主要な事態は、近代においてはじめて成立した、あるいはそれに適応して**構造化**した関係である。

（岩崎稔「差別と差異のヒストリオグラフィ」）

※コロニアリズム 英 colonialism …〖colony（植民地）＋ism（主義）〗植民地主義。

⇩組み込まれていった関係。

column

注目すべきその他の語　その1

◆**邂逅**（かいこう）…〖邂う（あう）＝逅う（あう）〗思いがけず出会うこと。

◆**僥倖**（ぎょうこう）…〖倖（さいわい）を・僥（ぎょう）す（こいねがう）〗思いがけない幸運。

◆**彷徨**（ほうこう）…〖彷（さまよ）う＝徨（さまよ）う→彷徨（さまよ）う〗さまようこと。同 徘徊（はいかい）・低徊（ていかい）

◆**詭弁**（きべん）…〖弁（べん）を・詭（いつわ）る〗こじつけ。「詭弁を弄（ろう）する」という形でよく使う。

◆**台頭**（たいとう）…〖頭（あたま）を・擡（もた）げる。台は擡の代用字〗勢力を得ること。

◆**趨勢**（すうせい）…〖趨（おもむ）く＝勢（いきお）い〗ものごとのなりゆき。「帰趨（きすう）」は、〈ものごとのいきつくところ〉。

◆**淘汰**（とうた）英 selection …〖淘（と）ぐ＝汰（水で洗い流す）→水で洗ってよりわける〗良いものを選び、悪いものを取り除くこと。同 選択（せんたく）

79

意味（いみ）

（人間と結びつくことで生まれた）ものごとの内容。

参 概念

80

価値（かち）

（人や状況によって変わる）値打ち。

【価（あたい）＝値（あたい）】

参 科学

✤解説

▼私たちは、世界とさまざまにかかわりながら生きています。そのかかわりあいの中で、あるものごとに自分と結びつく《何か》を感じたとき、私たちは、そこに「**意味**」を見出します。意味は、もともとものごとに備わっているのではなく、〈人間とかかわることで生じた、人間とものごととの結びつき〉なのです。

たとえば、ある木を《御神木（ごしんぼく）》と呼んで祀（まつ）るとき、その木がもともと《神》だったから祀ったのではなく、人間がその木に《神》を感じた（《神》という意味を見出した）から祀ったのです。

▼「**価値**」は、日常では〈値打ち〉という意味に用いられますが、正確には〈ものごとのもっている意味の中でも、特に人間の欲求や関心と深くかかわるもの〉で、簡単にいえば〈好き嫌い〉です。

たとえば、甘いものが好きな人にとってケーキは価値のあるものですが、嫌いな人にとってケーキは無価値なものです。しかし、その人が餓死しそうなら、甘いものが嫌いでも、ケーキは飢えをしのぐために価値のあるものに変わります。ケーキのもつ意味は変わらないのに、価値が変わったのです。

このように、価値は、人間によっても、状況によっても変わるものです。

「**価値観**」は、〈何に価値をおいてものごとを見るか〉という、人間の生き方と深くかかわる語です。価値観は、文化や時代でも異なりますが、一人一人違うものです。

「**価値判断**」は、〈ある価値観から、ものごとの良し悪しを判断すること〉であり、「**事実判断**」は、〈特定の価値から離れて（没価値的に）、良し悪しや好き嫌いではなく、ものごとの内容を判断すること〉です。

「**没価値**（ぼっかち）／**価値中立**（かちちゅうりつ）」は、価値（好き嫌い）がないこと＝中立なことなので、〈人や状況によって変わらないこと〉を意味します。

↓科学の客観性・普遍性を語るときによく出てきます。たとえば、「科学の没価値性」とは、科学が、人や状況にかかわらず、いつでもどこでも成り立つことです。

しかし、実際は、科学が価値的な（好き嫌いを伴った）営為だということを見逃してはなりません。たとえば、科学の描く世界は、科学の扱えない不合理を排除した上で描かれています。

↓P28

例文

(1)書斎のなかにあるさまざまの物は、私にとってただそこに在るというだけではない。それらはすべて私が使用するもの、私にとって役に立つものであるが、さらにそこへ好悪（こうお）の情念や**価値判断**や記憶・想像を伴うさまざまの想念が加わる。つまりひとつひとつが私にとって**意味**を持っている。（中埜肇『空間と人間』）

(2)職業的専門家集団の出現とともに、これ（＝「学問の自由」）は、社会・人間の**価値**から遊離した、同業者なかまだけに有効な**価値判断**の確立を意味し、ついに集団的な**没価値的**・専門的営為を自己再生産させる機構となったのである。（柴谷篤弘『反科学論』）

⇩科学者は、職業的専門家になった結果、一般の社会や人間の考え方（価値観）から離れた専門的な研究だけをするようになった。

81

経験

✤解説

▼人間は、この世界とさまざまにかかわることで生きています。そうした〈人やものとのかかわり〉を「経験」といいます。

人間は、経験からさまざまなものを学び、人間として成長していきます。しかし、現代人は、経験という面倒くさいことはできるだけ避けて、楽をして多くのものを手に入れたいと望んでいるようです。勉強しなくても成績を上げたい、運動しなくてもダイエットしたい等々。マニュアル（手引書）全盛の時代といえます。

↓〈経験することによって何かを得ること〉を「学習」といいます。

▼言葉は、人間がこの世界と深くかかわることで生まれます。本来、言葉には、こうした人間の経験（生）が刻み込まれているはずなのです。しかし、最近では、経験の裏打ちのない言葉が乱造されています。流行語という耳触りはいいけれど意味のわからない言葉が通りすぎていきます。

そもそも、経験は、この世界に、そして私たち自身に刻み込まれるものでした。それが空間や時間を意味づけ、私たちの生を意味づけたのです。 →P64

↓この刻み込まれた経験をしばしば「痕跡」とか「記憶」と呼びます。

しかし、現代人は、《豊かさ》の中でたくさんの人やものとかかわるようになり、そのせいで、一つ一つのかかわりはきわめて希薄になりました。今や、経験は刻み込まれるものではなく、通りすぎるものになったかのようです。生活が豊かになればなるほど、逆に現代人の生が貧しくなるように感じるのは、このあたりに秘密があるようです。

例文

(1)人間の履歴は、そのひとが活動し、暮らした空間と不可分な関係にある。どのような空間でどのように生きたかということがそのひとの履歴なのである。このとき、そのひとの**経験**は、そのひと自身にも依存するが、**経験**を積み上げた場所がどのような所なのか、どのような空間なのかによって**経験**の内容も異なる。だから、人間の**経験**は、**経験**する空間の内容と不可分である。

（桑子敏雄『環境の哲学』）

(2)物事と当事者とのあいだにあって、その関わりの有り様が書きこまれる言葉。それが**経験**の裏打ちをもつ言葉である。出来事や物事にしっかりと繋がっているだけに、それは恣意的な使用に対して抵抗する。…その物事に対する考え方の態度や信念や感情が、**痕跡**として生きているからである。

（市村弘正『小さなものの諸形態』）

(3)向こう側の世界と、日常生活がいとなまれるこちら側とのあいだには、明確な境界が設定されている。だがその境界というのがたぶんにこわれやすい、不安定なものだったことは、しばしば昔のモノがこちら側にはみ出してくるのをみてもよい。現代にあってさえ、交通事故の横死者や水子の霊は、ときとしてこちら側の現実の精神や肉体をむしばむのである。**記憶**された昔の時間が、前近代にあっては空間化されて存在したということである。しかもそれは社会的に共有され、村落や都市共同体の今に無言の威圧をあたえつづけている。

（兵藤裕己『物語・オーラリティ・共同体』）

82

差異（さい）

ちがい。

【差（さ）＝異（こと）なる】

参 他者・言語

✤解説

▼「差異」とは〈ちがい〉です。

自己との差異が意識される（相手を**他者**として意識する）ところに、差別問題や民族問題が生じます。こうした問題は情緒（じょうちょ）的なもの（気持ちの問題）なので、理屈や法律ではなかなか解決できません。だからこそ逆に、私たち人間の武器は理性しかないのです。問題の根深さを自覚した上で、理性によって地道に解決の緒（いとぐち）を探るしかありません。↓P120

言語における分節行為や記号とも深くかかわります。分節行為とは、〈人間が世界に差異を見出し区切っていく行為〉です。一方、記号は差異表示機能（他と違うということを表す働き）をもっているといわれます。その典型的な例が《ブランド》です。たとえば、「ベンツ」という名前（記号）を聞くと、他と違う高級さを感じます。↓P142・144

例文

(1)たちの悪いことに、このような差別を区別と言い換える操作は、かなり一般的に認められる論法であるだけでなく、「人間たちの**差異**を大切にする」という寛容の装いを伴っているのである。

（岩崎稔「差別と差異のヒストリオグラフィ」）

(2)（商品がブランドとして確立されることは）とくに使用者にとっては、ありがたいものとして、**差異**表示記号として機能するわけである。

（青木貞茂『記号化社会の消費』）

83

コード

英 code

規則。

参 記号

解説

▼「**コード**」とは、〈記号表現と記号内容を結びつける規則〉です。記号から意味を読み取るためのルールであり、記号を成り立たせるためのルールです。

言語は一種の記号ですが、そこには全体性がなければなりません。たとえば、日本語は、日本人の暮らし（記号内容）と一つ一つの言葉（記号表現）が結びつきあって、一つの言語として成り立っています。コードは、単発的なルールではなく、言語や文化を全体的に（体系的に）まとめあげる役目をするものなのです。

↓コードは「ルール」と言い換えると、ほぼ意味が通じます。

例文

(1)資本主義はそれまでの社会を作りあげていた**コード**の破壊をくり返す。（中沢新一『雪片曲線論』）

(2)ジーンの**コード**（符号体系）は五三年に発見されたDNAだが、ミームの**コード**を求めても、それは青い鳥である。実はミームの**コード**は既にわれわれが熟知している存在に他ならない。典型は言語である。（西垣通「ミームの魅力」）

⇩「ジーン gene」＝遺伝情報を伝えるもの、「ミーム meme」＝文化情報を伝えるもの。「ミームのコード」＝文化情報を伝えるルールは、身近にあるからこそ探し回っても見つからない。

84 テクスト

英 text　別 テキスト

【text（織られたもの）】

文章。

参 記号

85 コンテクスト

英 context　別 コンテキスト

【con（合わせる）＋text（織られたもの）】

文脈。状況。

解説

▼「**テクスト**」とは、〈言葉で書かれたもの〉です。

↓正確には「本文」か「原文」ですが、多くの場合、「文章」と言い換えると意味が通じます。

文章の読み方に**記号**を応用した「**テクスト読解**」という考え方があります。

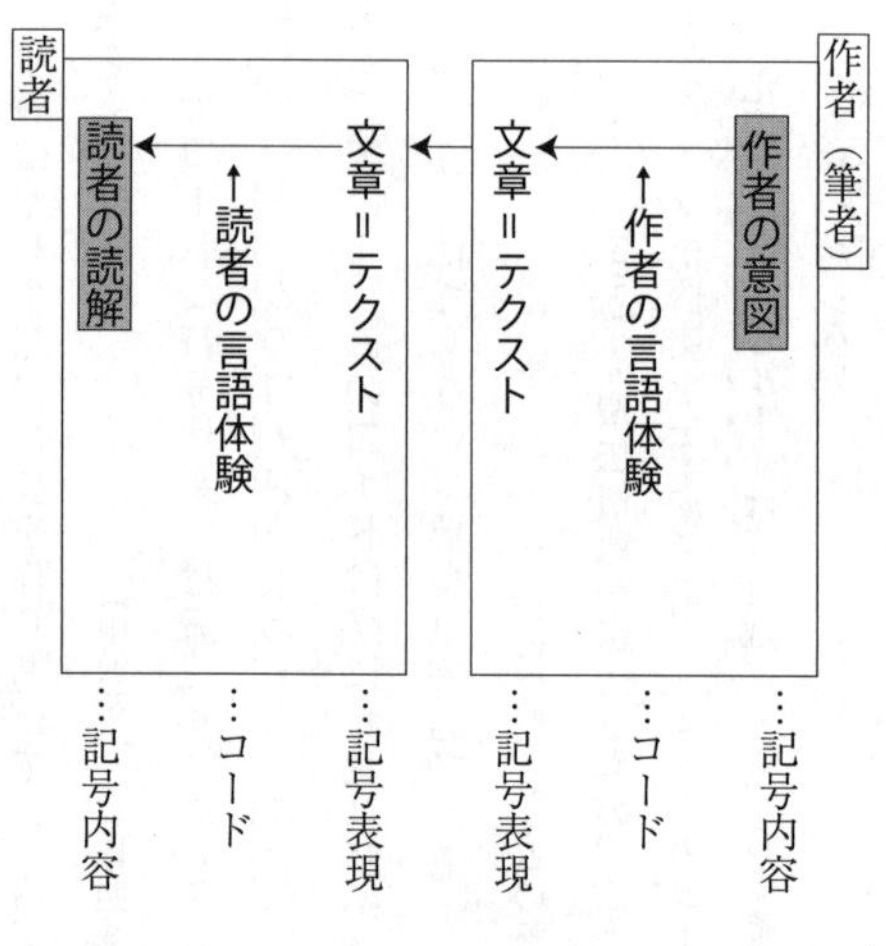

もともと、文章を読む際には、《作者の意図》が重視されました。作者が何を意図してその文章を書いたか。たとえば、「恋心」を描いた文章の《作者の意図》

を読み取るためには、作者の恋愛経験（作者の言語体験）を知らなければなりません。でも、それは本当に可能でしょうか。

私たち読者の前にあるのはただの文章（テクスト）であって、《作者の意図》ではありません。読者ができるのは、目の前の文章（テクスト）を読んで自分なりの解釈をすることだけです。私たちは、読み取ることのできない《作者の意図》よりも《読者の読解》を重視すべきなのです。その意味で、文章（テクスト）は、読者の数だけ読み方があるといえます。

▼**「コンテクスト」**は、文章（テクスト）と文章（テクスト）のかかわりのことなので、〈前後関係。全体的な流れ〉＝**文脈**を意味します。

↓コンテクストは、「文脈」か「状況」と言い換えると意味が通じます。

例文

(1) 最近の文学理論の主張では、**テクスト**の意味は読者との相互作用のなかではじめて出現すると考えられている。漱石（そうせき）の『草枕（くさまくら）』に「知に働けば角が立つ」という言葉があるが、その意味は著者の夏目漱石が前もって決めたわけではない。それは読者が読み解くことにより、読者と**テクスト**との相互作用、さらには読者の想像力の媒介によって、はじめて**テクスト**の意味というものが出現すると考えられている。

（野家啓一「思想としての科学」）

(2) 現実の作曲家や作曲の状況ではなく、作品をもとに想像力によってイメージされた作曲家や作曲の状況が作品という**テクスト**に対する**コンテクスト**として聴き手にもたらされる。

（渡辺裕『聴衆の誕生』）

⇩音楽作品＝音の織られたものを「テクスト」、その作品をとりまく状況を「コンテクスト」と呼んでいる。

column

コンビニのパンは食べてもいいか？

私たちの生活は《疑わない》ことから成り立っています。

　コンビニで売っているパンが食べられるかどうか……そんなことを一々気にしていたら、暮らしていけません。コンビニで売っているかぎり食べられる、ということになっていなければならない。だから、コンビニのパンの中に針が入っていたなどという事態が起こると、大騒ぎになります。

　私たちの「普通」は、さまざまな禁則（〜してはならないというルール）から成り立っており、そうした禁則にほとんどの人がしたがっているということを前提に日常生活が営まれています。逆にいえば、私たちが「普通」に暮らすにはこうした禁則にしたがわなければなりません。そうすることで、日常の**秩序**（コスモス）は保たれているわけです。

　だから、根本的な部分で、人間は《疑う》ことを禁止されています。自分で考え判断する人間は社会的に排除されます。

　人間の実態は、**所与**の秩序に寄りかかって暮らしているにすぎません。しかも質（たち）の悪いことに、そうした秩序に寄りかかって何も考えない者が「常識人」と呼ばれ（あるいは自称し）、自分で考え行動しようとする主体的な者（多くは若者）を、上から目線で説教したりします。

　たしかに、生きるにあたって、すべてに主体的であることはムリでしょう。人間が肝心なところで主体的であるためにも、それはしかたのないことかもしれません。

　しかし、本当に《疑わない》でいいのでしょうか。

↓P150

第3部 ＋α

1 接頭語・接尾語

2 重要語

接頭語や接尾語は、語頭（言葉の頭）や語尾（言葉の最後）について特別な意味を加える、言葉を構成する要素です。知っていると語彙力が格段に増します。特に、知らない言葉の意味を読み解くヒントになります。漢字の意味を知っていると、知らない熟語に出会っても、語意を取りやすいのと同じです。

この章で取りあげる接頭語・接尾語は、これまでに何度も出てきています。他の章の言葉を理解し覚えるヒントにもしてください。

1

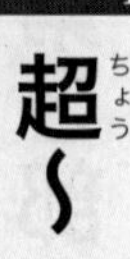

超（ちょう）〜

〜をこえる。　仏 sur-　ギ meta-

◆**超自然**（ちょうしぜん）＋的・主義 … 自然をこえた神秘的なこと。

◆**超現実**（ちょうげんじつ）＋的・主義 … 非現実的、幻想的なこと。　参 シュールレアリスム

〈〜をこえる〉とは「〜でなくなる」ことなので、「超自然」とは〈自然でないこと〉です。〈非常に〉という意味ではまず登場しません。

例文

(1)通常、科学は**超個人的**没価値的な、その意味で普遍的で客観的なものだと考えられている。（伊東俊太郎「科学と人間」）

⇩個人をこえた＝個人的でないこと。

2

没（ぼつ）〜

〜がないこと。

◆**没個性**（ぼっこせい）＋的 … 個性がないこと。

◆**没価値**（ぼっかち）＋的 … 人間の好き嫌いとかかわらないこと。価値判断をしないこと。

「没」とは、もともと〈水に沈んでなくなる〉ことなので、〈〜がない〉という意味に使われます。

例文

(1)尊重すればこそ、さらにその（＝個性の）意義を深めて、**没個性**の域にまで到達せしめねばならないのだ。（水尾比呂志『東洋の美学』）

3 脱（だつ）〜

英 de- / post-

〜をぬけだすこと。〜をのがれること。

◆**脱呪術化**（だつじゅじゅつか）… 宗教や伝統から解放されること。　同 世俗化（せぞくか）

◆**脱中心化**（だつちゅうしんか）…（秩序の）中心から外れること。　参 中心

例文

(1) **脱人格化**されたシステムとしての知識は、機械の時代にちょうど呼応している。そこで実際に知識を支配しているのは人間ではなく、言説の機械状ネットワークなのである。

（室井尚『哲学問題としてのテクノロジー』）

⇩人格（人間）から切り離された。

4 唯（ゆい）〜

〜だけが存在する。

◆**唯物**（ゆいぶつ）＋的・論 … 物質だけが存在すると考えること。

◆**唯心**（ゆいしん）＋的・論 … 精神だけが存在すると考えること。

◆**唯我**（ゆいが）＋的・論 … 自分（我）だけが存在すると考えること。　同 独我（どくが）

例文

(1) **唯物論**の立場に立って芸術理論を説く学者でさえ、芸術は形式と内容との統一で、その内容は作者の思想であると説明しています。

（三浦つとむ『日本語はどういう言語か』）

5 原(げん)〜

（人間形成の）もととなるもの。

◆**原体験**(げんたいけん)… 人格形成のもととなる（幼少期の）体験。

↓「**追体験**(ついたいけん)」は〈他人の体験を自分の体験としてとらえ直すこと〉です。

◆**原風景**(げんふうけい)… 原体験のうち、風景のイメージをもつもの。

↓「**心象風景**(しんしょうふうけい)」は〈現実の風景ではなく、イメージ(心象)として心に刻まれている風景〉です。

例文

(1)「**原風景**」はあくまで自己の風景である。他者がわたしの**原風景**を設定し、また、**原体験**を操作したり、支配したりすることはできない。

（桑子敏雄『感性の哲学』）

6 間(かん)〜／共同(きょうどう)〜／〜際(さい)

英 inter-

複数のものがかかわっていること。

◆**間主観**(かんしゅかん)／**共同主観**(きょうどうしゅかん)＋的・性 英 intersubject … 複数の主観に共通する認識。

◆**学際**(がくさい)＋的 英 interdisciplinary … 複数の学問分野がかかわっていること。

「inter-」は、「間〜」「共同〜」と接頭語で訳す場合と、「〜際」と接尾語で訳す場合があります。〈かかわる〉という意味なので、「インターナショナル」＝「国際的」は、〈国と国とがかかわるさま〉です。

例文

(1)**学際的**アプローチの最大の利点は、異質な見方がぶつかり合うことを通して矛盾に気づく機会が生まれやすいことだ。

（小坂井敏晶「常識を見直す難しさ」）

7 所（しょ）〜

〜られたところのもの。

◆所与（しょよ）…『与えられた・所のもの』与えられたもの。

◆所以（ゆえん）…『「故になり」の訛（なまり）』理由。

◆所謂（いわゆる）…『謂（い）われた・所（ところ）のもの』世の中でいわれている。

例文

(1)国民語[1]は、国民共同体の成員にとって、共通性の基盤となる所与[2]なのである。

（酒井直樹『死産される日本語・日本人』）

⇩1国語。2もともと与えられていて、そこにあるのが当たり前であるもの。

8 不可（ふか）〜

〜できない。

◆不可逆（ふかぎゃく）＋だ・的…元に戻れないこと。

◆不可避（ふかひ）＋だ…避けることができないこと。

例文

(1)最初の時計から最初のセコンド※が飛び出して以来、それまで神聖不可侵と考えられていた自然の時間、神の時間が死に絶えて、もはや二度と復活することがなかったのである。

（澁澤龍彦『胡桃（くるみ）の中の世界』）

※セコンド 英 second … 秒。

⇩神聖で、侵（おか）してはならない（触れてはならない）。

9

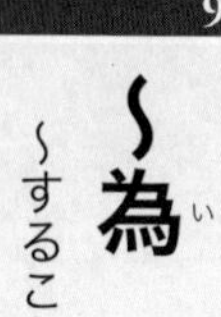

〜すること。

◆**営為**(えいい)…『営む(いとな)＝為す(な)』いとなみ。 同 行為(こうい)

◆**作為**(さくい)＋的…『作っ(つく)て・為す(な)』わざとすること。こしらえること。 対 無作為(むさくい)

例文

(1)実現された作品は、作家の**営為**や意図を越えた、無意識もふくんだものである。（松岡祥男『物語の森』）

(2)**作為的**でなく、素直な心がつくりだす顔には左右の歪み(ゆが)が生じない。（山折哲雄『日本人の顔』）

10 〜然(ぜん)

〜状態。

◆**依然**(いぜん)…『もとのままの(依)・状態(然)』元のままであるさま。

◆**截然**(せつぜん)…『截る(き)・状態(然)』区別がはっきりしているさま。 参 直截(ちょくせつ)

「然」には〈状態。様子〉という意味しかないので、「X然」には「X」の意味がそのまま出ます。

例文

(1)現実が終わったところから、芸術が始まる——と口にできた人は幸福だった。そんな**截然**たる境界線をつけられないところから、事実の世紀は生まれたのである。（篠田一士『日本の現代小説』）

11 〜象

かたち。

12 〜体

(かたちのある)もの。

◆形象(けいしょう)…『形(かたち)=象(かたち)』①形。②イメージ。

◆心象(しんしょう)…『心(こころ)の・象(かたち)』イメージ。

➜「表象=形象=心象=イメージ」と覚えましょう。

◆仮象(かしょう)…『仮(かり)の・象(かたち)』実在しないが、感覚でとらえられた仮の姿。

◆実体(じったい)+化…『実際の・もの(体)』ものごとの本体・本質。 対 属性(ぞくせい)

➜「属性」は〈実体に属する性質〉。

◆具体(ぐたい)+的・性・化…『形あるもの(体)を・具(そな)える』形や内容を備えていること。 同 具象

接尾語でなくても、原則、「象」=かたち、「体」=もの、と読み替えれば意味が通ります。

例文

(1)実体の認識という面からみれば、「観念的な自然」は文字通り心の中の自然であるから、寒暖や乾湿、あるいは不快感や爽快感(そうかいかん)のように人間の五感に訴えるものがない。ただ心象の世界で認識されるだけである。

(北村昌美『森林と日本人』)

(2)色という一つの自然現象は、「もの」それ自体がもつ実体を、光を媒介として人間の目の網膜が受け取る仮象の姿なのであり、したがってそれは「もの」に比べて移ろいやすく、時時刻刻に変化する大気の現象に呼応して変わり、情緒(じょうちょ)の変化に呼応して変化するのである。

(岩井寛『色と形の深層心理』)

13 ～視(し)

～として見る

14 ～化(か)

～になる。～にする。

◆**白眼視**(はくがんし)…『気に入らない客を**白**い**眼**で迎えたという中国の故事から』冷たい目で見ること。

◆**等閑視**(とうかんし)…『**等閑**(なおざり)に・**視**(み)る』いい加減に見ること。

◆**世俗化**(せぞくか)…宗教や伝統から解放されること。 同 脱呪術化(だつじゅじゅつか)

↓「**世俗**」とは〈宗教とかかわらない、一般の世の中〉。

◆**形骸化**(けいがいか)…『**形**(かたち)＝**骸**(むくろ)＝死体に・なる（**化**）』内容や意義を失って、形だけになること。

人間の意識にかかわる語では、「～視」＝「～化」になります。「絶対視」＝「絶対化」、「対象視」＝「対象化」など。

例文

(1)自衛隊体育学校側が円谷(つぶらや)（マラソン選手）に結婚はメキシコ（オリンピック）後まで待てと強く勧めたとしても、そこには当時国民からなにゆえにか**白眼視**されていた自衛隊の自己主張という動機がひそんでいた。（関川夏央『「世界」とはいやなものである』）

(2)わが国の江戸時代は、**世俗化**と**脱呪術化**の著しく進んだ時代であったということができる。キリシタン弾圧後、江戸時代において宗教は、完全に宗教としての力を失ってしまったということは、ほとんど異論のないところである。（竹内啓『近代合理主義の光と影』）

15 ～観

見方。考え方。

16 ～感

感じ。

◆**死生観** … 生死に関する考え方。

◆**唯物史観** … 〖唯物的な・歴史・観〗物質的な側面から見る歴史の見方。 同 史的唯物論

◆**既視感** … 〖既に・視た・感じ〗一度も経験したことのないことが、どこかで経験したことがあるように感じられること。 同 デジャビュ

◆**臨場感** … 〖その場に・臨む・感じ〗その場にいるような感じ。

例文

(1)その心は体と切っても切り離せない関係性のなかでとらえられている。身心一元の**死生観**といっていいだろう。その考えが完成期に達するのが中世という時代だった。

（山折哲雄「日本人の二つの死生観」）

(2)このような状況に注目していたことで、事前に知識を得、了解しているかの様に感想を持つことを、わたしは**先入観**とも一部で溶け合う、「**既知感**」と考える様になったのである。

（矢萩喜從郎『多中心の思考』）

⇩知らないことが、すでに知っていると感じられること。

17 ポスト〜

英 post-

〜の後。

対 プレ〜

◆**ポストモダン** 英 postmodern … 脱近代。近代を乗り越えようとする現代のあり方。

◆**ポストコロニアル** 英 postcolonial … 植民地独立後の経済的、政治的、文化的状況。 →P132

「ポストX」は〈Xの後継者〉という意味になります。対義語は「プレ〜 pre-」＝〈〜の前〉。

例文

(1) 近代初期において衣装が受けもった役割をそっくりそのままではないが、**ポスト・コロニアル**の条件への適応をどうやらスポーツが担わされているのかもしれない。

（多木浩二『スポーツを考える』）

18 〜ロジー

英 -logy

〜学。〜論。

◆**トートロジー** 英 tautology … 【tauto(同じ)＋ギ logos(論理)】同語反復。「AはAである」ということ。

「ロゴス ギ logos」＝〈論理。言葉〉が語源。「エコロジー」は〈生態学〉、「コスモロジー」は〈宇宙論〉。「イデオロギー」なのはドイツ語だからです。

「〜ログ -log」＝〈言葉〉という形でも用います。

例文

(1)（なぜ神を表現することが禁止されるのかに対して）たとえば、「神が本源的に表現できないがゆえに」と答えても意味がない。それは、単なる**トートロジー**でしかないからだ。

（大澤真幸『恋愛の不可能性について』）

19

〜イズム

英 -ism

〜主義。

◆**エキゾチシズム** 英 exoticism ：〘exotic（異国的）+ ism（主義）〙異国情緒(じょうちょ)。異国趣味。 別 エキゾティシズム・エキゾチズム

◆**アナクロニズム** 英 anachronism ：〘ana（逆）+ chrono（時間）+ ism（主義）〙時代錯誤。

◆**ナルシシズム** 英 narcissism ：〘ナルキッソス（Narkissos）が水面に映った自分を愛したというギリシア神話から〙自己愛。自己陶酔(とうすい)。

◆**センチメンタリズム** 英 sentimentalism ：〘sentimental（感傷的）+ ism（主義）〙感情におぼれる態度。

「シュールレアリスム 仏 surréalisme」が「〜イスム」なのはフランス語だからです。「イズム」単独でも、〈主義〉という意味で用いられます。

例文

(1) 化粧品や服飾関係にはほとんどの場合、外国の名前かカタカナの名称を用いて、新しさが**エキゾティシズム**であるかのように訴える。（小原信『人間の人間らしさ』）

(2)（昭和四十年代の日本人は）こちらが少しも蔑視していないのに、自らの劣等性をぼくにぶつけてくる。ぼくは逆に、いつ優越感に逆転するか分からない、一種の**ナルシシズム**をあの時代に感じたことも、実に久しぶりに思い出した。（リービ英雄『最後の国境への旅』）

column

あなたはその時ボタンを押しますか?

エレベータに乗ると、扉が開く時に(あるいは開く前から)「開」ボタンを押す人がいます。それがマナーだという人もいるかもしれませんが、そこには科学技術に対する現代人の逆説的な態度がうかがえます。

エレベータは、使われる場所や状況によって、開閉のタイミングがプログラムされており、ほとんどの場合、「開」ボタンを使わないで済むようになっています。にもかかわらず、「開」ボタンを押す人がいるのは、扉が閉まって嫌な思いをした経験があるからでしょう。エレベータを信用していないわけです。

科学技術が人間にとって道具である以上、それは当たり前です。道具は、人間の生活を便利にするだけでなく、しばしば人間を傷つけます。鉛筆で指を刺したり、自転車でこけてケガをしたり……日常的に経験します。だから、道具の使い方に気をつけます。

私たちは、《豊かさ》を支えるものとして科学技術に頼る一方で、人間を傷つけかねないものとして疑っているのです。

その意味で、道具としての科学技術は、それが人間にとって有益なのか有害なのか、という比較衡量の上に成り立っているといえます。有益性が勝る(まさ)からこそ、自動車は、毎年何千人も死亡者を出しながら使い続けられているのです。しかし、自動車が凶器であることを知らない人はいません。

むしろ安全だと思い込まれること(安全神話)こそ、科学技術に対する不健全な態度だといえるでしょう。

第3部

1 接頭語・接尾語

2 重要語

この章では、「現代」を読み解くキーワードそのものではないけれど、いわゆる「難しい」言葉を集めました。特定のテーマのときにだけ出てくるのではなく、いろいろな場面で登場するので、知っておくと文章が読みやすくなります。

この章は、簡単な意味の説明と例文から構成されています。関連語も多めに載せてありますので、それもあわせて覚えてしまいましょう。

1 吟味

よく味わうこと。詳しく調べること。

〖（詩歌を）吟ずる＝味わう〗

2 反芻

繰り返し考えたり味わったりすること。

〖草（芻）を・反す〗

➡「反芻」のそもそもの意味は、〈反芻動物（牛や馬など）が、一度食べた草を胃から口に戻して繰り返し噛むこと〉です。

◆咀嚼…〖咀む＝嚼む→かみくだく〗文章や言葉をよく考えて十分に理解し味わうこと。

例文

(1)契約とは、主体性をもつ者同士がむすぶルールである。相手とルールをむすぶということは、相手を客体的な他者として**吟味**し見定めることであり、自己を主体として主張することである。

（大橋良介『日本的なもの、ヨーロッパ的なもの』）

(2)寺田（寅彦）のように、科学の原点は日常の不思議にあり、役に立つことだけを目指すわけではない、科学ですべてが知り尽くせるわけでもないと、思い定めようではないか。そして、彼の「哲学も科学も寒き嚔哉」と喝破※する心情を**反芻**しようではないか。

（池内了「哲学も科学も寒き嚔哉」）

※喝破…〖喝り・破る〗誤った説を退けて、正しい説を説き明かすこと。

⇩哲学も科学も、寒いときに出るくしゃみのようなものにすぎない。本来は、くしゃみのように取るに足らないものだ、という意味だが、ここでは、日常に根ざしたものだという意味も込められている。

3 謳歌（おうか）

声をそろえてほめたたえること。【謳う＝歌う】

4 享受（きょうじゅ）

あるものを受け入れて楽しむこと。【享ける＝受ける】

↓本来の意味を説明すると違うように見えますが、実際はほぼ同じ意味に使われます。簡単にいえば、「楽しむこと」です。

例 「生を謳歌する」＝「生を享受する」

例文

(1)（「あんまり煙突が高いのでさぞやお月さんけむたかろ」という歌に対して）風流といえば風流だが、その煙突から出る煙がどのような害悪を人間と自然に及ぼすかということについては、つい最近まで無頓着だったのである。こうした無頓着と日本人固有の楽天観に支えられて、異常な経済成長が推進され、**謳歌**されてきたわけである。（渡辺正雄『日本人と近代科学』）

(2)そもそも差別は、つねにそれ自体を差別として自覚したり、主題化したりすることを妨げるメカニズムをそれ自体のなかに持っている。差別は、それがまさにそうであるようにはけっして現れない。差別的な関係は、被差別者はともかくとして、差別者からすれば、正当な資格を**享受**している過程として経験されているのである。（岩崎稔「差別と差異のヒストリオグラフィ」）

⇩たとえば、男性として当然の行為（正当な資格）だと思ってやることが、女性差別を生み出す。だから、男性は、それを自覚できない。

5 錯誤（さくご）

【錯る＝誤る】

まちがい。勘違い。

6 誤謬（ごびゅう）

【誤る＝謬る】

まちがい。

↓「謬」の読みに注意。

◆試行錯誤…【試しに・行って・錯る＝誤る】試みと失敗を繰り返しながら、解決策を見出すこと。参 模索

◆時代錯誤…時代遅れ。同 アナクロニズム

◆無謬…【謬りが・無い】誤りのないこと。

例文

(1)科学的合理主義に対抗する神秘主義が、実体として存在し、そこから科学的合理主義が援助を受けている、という考え方にはどこか奇妙な**錯誤**があるように思われる。（村上陽一郎『仮面考』）

(2)昔から同じ教訓が絶えず繰り返されてきたにもかかわらず、人類は絶えず同じ**誤謬**を繰り返しているのである。（三木清『読書と人生』）

(3)異文化を受け入れ始めた明治の東京は町づくりや建築デザインのまさに**試行錯誤**の実験場で、新旧の要素が錯綜※し、まことに面白い。（陣内秀信『東京の空間人類学』）

※錯綜…【錯る↕綜べる（まとめる）】ものごとが複雑に入り組んでいること。

7 齟齬（そご）

くいちがい。

〘齟＝齬＝上下の歯がくいちがう〙

8 乖離（かいり）

はなればなれになること。

〘乖く（そむく）＝離れる（はなれる）〙

◆背馳（はいち）…〘背（そむ）いて・馳（はし）り去る〙そむくこと。くいちがうこと。

◆対峙（たいじ）…〘対（むか）いあって・峙（そばだ）つ〙向きあって（動かないで）いること。

◆対蹠的（たいせきてき）…〘蹠（あしうら）を・対（むか）いあわせる〙正反対。 別 たいしょてき 同 対照的

◆拮抗（きっこう）…〘拮（はたら）く＝抗（あらが）う〙二つの勢力に優劣がなく張りあっていること。 参 伍（ご）する

例文

(1)遺伝的進化と文化的進化の**齟齬**の彼方（かなた）に、環境問題がパックリと大きな口をあけて待ち受けている。
（佐倉統「脳は環境問題を解けるか」）

(2)西洋文明はその「近代」の一地方形態に過ぎない。無意識的にではあっても、このような「近代性」と「西洋性」の**乖離**がなされてはじめて、近代性という価値基準にしたがって日本が西洋を超えることが、理屈のうえでも可能になるのである。
（小坂井敏晶『異文化受容のパラドックス』）

(3)人々の間の〈生きた時間〉の重なり合いと**背馳**が、共鳴と不協和が、同時代に生きるいくつかの〈世代〉をこしらえあげているのである。
（佐伯啓思『時間の身振り学』）

9

破綻（はたん）

うまくいかなくなること。

〖破（やぶ）れる＝綻（ほころ）びる〗

10

挫折（ざせつ）

途中でだめになること。

〖挫（くじ）ける＝折（お）れる〗 同 蹉跌（さてつ）

◆蹉跌（さてつ）…〖蹉（つまず）く＝跌（つまず）く〗ものごとがうまくいかなくなること。

◆頓挫（とんざ）…〖頓（とみ）に・挫（くじ）ける〗途中で急にだめになること。

例文

(1)（パソコンが故障すると）あらゆるシステムは普遍ではないし、あらゆるシステムはいつか異常を引き起こしやがて**破綻**し崩壊するという、このあたりまえの原則を悲しいことに了解することになる。

（柏木博「システムが自己崩壊する日」）

(2)鴨長明（かものちょうめい）には、少なくとも遁世（とんせい）の一つの動機に…父のように賀茂御祖（かもみおや）神社の跡を継げなかった、という**挫折**の思いがあったことは否定できない。

（饗庭孝男『西行と兼好』）

(3)古い友人を持つ意義について、評論家の粕谷一希（かすやかずき）さんがこう書いている。「…どのように**蹉跌**の人生であろうと、語りうるひとりの旧友が、耳を傾ける旧友が存在する者は幸福である」と。

（「日本経済新聞」）

(4)夢はおおいに結構。しかし、現実にはそうは問屋がおろさない。言葉をしゃべるロボットの開発をめざした人工知能の研究が**頓挫**したのは、まだ数年前のことなのだ。

（西垣通「機械の心・動物の心」）

⇩（慣用表現）思ったとおりにはうまくいかない。

第3部 2 重要語

11 弊害（へいがい）

害となる悪いこと。

【弊（やぶ）れる＝害（そこな）う】

12 陥穽（かんせい）

落とし穴。

【穽（おとしあな）に・陥（おちい）る】

例文

(1)それ（＝学歴社会）は、一面では受験競争の過熱などの**弊害**を生み出したが、他面では、若者たちに競争心を植えつけ、一つの目的に向かって努力するということを教えた。（野田宣雄『二十一世紀をどう生きるか』）

(2)本当は誤っている仮説に固執して、益のない実験が繰り返されている、というのが科学研究の実態なのです。…私もこの**陥穽**の例外ではありません。（福岡伸一「ふたつの誤り」）

column

注目すべきその他の語　その2

◆**真摯**（しんし）＋だ　…【真（まこと）＝摯（いた）る】まじめでひたむきなこと。

◆**如実**（にょじつ）＋に　…【実（じつ）の・如（ごと）し】そのまま。　同 雄弁（ゆうべん）

◆**羞恥**（しゅうち）＋心　…【羞（は）じらう＝恥（は）じらう】はじらい。

◆**戦慄**（せんりつ）　…【戦（おのの）く＝慄（おのの）く】恐れおののくこと。

◆**嘲笑**（ちょうしょう）　…【嘲（あざけ）る＝笑（わら）う】あざわらうこと。

◆**揶揄**（やゆ）　…【揶（からか）う＝揄（からか）う】からかうこと。　同 嘲弄（ちょうろう）

◆**焦燥**（しょうそう）＋感　…【焦（あせ）る＝燥（かわ）く】いらだつこと。　別 焦噪

13 危惧（きぐ）

心配すること。

『危ぶむ＝惧れる』

◆懸念（けねん）…『念いを・懸ける』きがかり。心配。　参 懸案（けんあん）

◆杞憂（きゆう）…『杞の国の人が天が落ちてこないかと憂えたという中国の故事から』あれこれと無用な心配をすること。取り越し苦労。

例文

(1)「生きがい」という大袈裟な言葉を掲げたのは、IT革命によって、さまざまな楽しみへの期待とともに、われわれを支える基盤がゆらいでいくのではないか、という**危惧**も無いとは言えないからだ。

（西垣通『IT革命』）

14 払拭（ふっしょく）

きれいにぬぐいさること。

『払う＝拭く』

◆脱却（だっきゃく）…『脱ぐ＝却ける』捨て去ること。抜け出ること。

例文

(1)近代化ということは、いわばおそれの感情・情緒を**払拭**することにほかならなかった。

（唐木順三『日本の心』）

(2)吾々は斯くの如き文明から**脱却**せねばならぬのだ。寄居蟹の如き生活を止めて、吾れ自身の家を建てねばならぬのだ。

（長谷川天渓「寄居蟹文明の破壊と文芸」）

⇩自分で生み出したのではなく、西洋から借りてきただけの日本の文明のあり方を批判している文章。

15 氾濫（はんらん）

―よくないものが世間に広まること。〘氾（あふ）れる＝濫（あふ）れる〙

16 蔓延（まんえん）

―よくないものが広まること。〘蔓（の）びる＝延（の）びる→蔓延（はびこ）る〙 同 横行

◆横行（おうこう）…〘横に（ほしいままに）・行（い）く〙―よくないものがはびこること。

◆助長（じょちょう）…〘苗の生**長**を**助**けようと無理に引っ張り、根を抜いてしまったという中国の故事から〙［本来は悪い意味で］ものごとを促進すること。 参 拍車をかける

例文

(1)世界のどこに行っても、同じ商品が店に**氾濫**し、ビートのきいたアメリカ製の音楽が街に流れ、テレビにはCNN放送やハリウッド製の映画がかかっています。（加藤淳平『文化の戦略』）

(2)むろん、未来の見えない硬直した社会の閉塞感※がその（＝科学に対する不信の）背後にあることは、世界中にその気分が**蔓延**していることからわかる。（池内了「科学も哲学も寒き嚔哉（くさめかな）」）

※閉塞感（へいそくかん）…〘閉（と）じて・塞（ふさ）ぐ・感（かん）じ〙閉じ込められて息苦しい感じ。

(3)日本人の器用さがあだになり、片仮名化された擬似外国語がやたらに**横行**しているのも困りものだ。外国語には日本語にない音が多いから、片仮名の使用は日本人を、本物の言葉や発音から遠ざける結果をもたらしている。（明石康「日本人の英語力――大胆な向上策急げ」）

(4)この（＝日本人の自然に対する）情緒性が「観念的な自然」を美化し、その美的世界に住むという意識が「現実の自然」を下に見るという傾向を**助長**したものであろう。（北村昌美『森林と日本人』）

17

萌芽（ほうが）

ものごとの始まり。

〔芽す（きざす）＝萌す（きざす）〕

18

終焉（しゅうえん）

終わり。

〔終（お）わり。焉は置字（おきじ）〕

◆**胚胎**（はいたい）…〔**胚**（はら）**む**＝**胎**（はら）**む**＝子をみごもる〕（何かの始まりが）含みもたれていること。

◆**黎明**（れいめい）…〔**黎**（くろ）**い**⇕**明**（あか）**るい**→夜明け〕ものごとの始まり。

◆**曙光**（しょこう）…〔**曙**（あけぼの）**の光**（ひかり）→夜明けの光〕明るい兆（きざ）し。

例文

(1)感覚といえど何らかの対象を知るのであるから対象化の**萌芽**はあるが、概念においてはじめて、ものごとのつながりを離れた客観化・対象化が完成する。

（山下勲『世界と人間』）

(2)「今日のプライヴァシーは、管理と同様、ネットワークのなかにある」とボガードはいう。だからプライバシーの**終焉**は妄想であると。だが、それでもある種のプライバシーは終わった。ここに見られるのは、プライバシーと呼ばれるものの中身や性格の大きな転換である。「今日、プライヴァシーと関係があるのは、『人格』や『個人』や『自己』、あるいは閉じた空間とか、一人にしてもらうこととかではなく、情報化された人格や、ヴァーチャルな領域」なのである。

（阪本俊生『ポスト・プライバシー』）

(3)交換不可能な存在としてじぶんを感受したいという願望は、〈わたし〉というのは「わたしにとってだけ」ということの否定においてはじめてなりたつという事実のうちにすでに**胚胎**していることだ。

（鷲田清一「わくらばに――宗教的なものと偶然性の感情」）

19

情緒（じょうちょ）　別 じょうしょ

①おもむき（を感じること）。【情＝緒＝心の動き】

❷感情。

例「江戸情緒」「異国情緒」

20

風情（ふぜい）

おもむき。しみじみとした味わい。【風＝情＝趣（おもむき）】

同 情趣（じょうしゅ）・風趣（ふうしゅ）

➜「趣（おもむき）」とは、心がおもむくこと＝〈心が自然とそちらに惹（ひ）かれるような味わい〉です。

◆機微（きび）…【機＝微（かす）か＝細かい心の動き】（表面からは読み取りにくい）微妙な心の動きやおもむき。

◆琴線（きんせん）…【心の中に張った琴（こと）の・糸（いと）】何かに触れて感動し共鳴する微妙な心。

◆幽玄（ゆうげん）…【幽（くら）い＝玄（くら）い＝奥深い】余情のある、深い味わい。

◆わび（侘）…飾りを捨てた、ひっそりとした味わい。

◆さび（寂）…静かで、落ち着いた味わい。

例文

(1)人間の**情緒**的な自然愛は、たぶん産業の維持のための自然保護以上に、近代という時代の特有の文化であったように思われます。（山崎正和『近代の擁護』）

(2)能の**幽玄**は、あくまでも姿の上に現れる**風情**なのであって、夢幻能などという演出が生（う）まれたのも、その手段の一つではなかったであろうか。（白洲正子『花にもの思う春』）

(3)調べれば調べるほど、歴史は、暗記物であるどころか、われわれの生活そのものと同じ**機微**と肌理（きめ）細かさを抱えたものに見えてくる。（金森修「この瞬間を歴史に刻む」）

21 感傷（かんしょう）

心が感じやすいこと。

【感じて・心を傷める】

参 ノスタルジー

↓「センチメンタル sentimental」＝〈感傷的〉、「センチメンタリズム sentimentalism」＝〈感傷主義。感情におぼれる態度〉。

例文

(1)私は、自分がいったんは「死ぬかも知れぬ」と半分覚悟した病気から立直って、ひ弱いながら新芽をふき出した同じ時期に、木としてのスタートを切った彼ら若木を、他人（？）としては見られぬ気持があるのだ。多分、再生の喜びがさせる**感傷**なのだろう。

（尾崎一雄『まぼろしの記』）

22 憧憬（どうけい）

あこがれ。

別 しょうけい

【憧れる＝憬れる】

◆思慕…【思う＝慕う】したうこと。

例文

(1)たしかに、荘子にとっては神は初めから存在しなかった。荘子にも人間の力をこえた超越的なるものへの思慕と**憧憬**はある。しかし、その超越的なるものは、その前にひざまずき祈ることによって恩寵※をたれる人格的な救済の神ではなかった。

（福永光司『荘子』）

※恩寵…【恩＝寵＝めぐみ】神の恵み・愛。

23

畏怖(いふ)／畏敬(いけい)

【畏(おそ)れる＝怖(おそ)れる＝敬(うやま)う】

おそれうやまうこと。

➜「畏(おそ)れ」には、こわがるだけではなく〈うやまうこと〉という意味があります。

➜「虞(おそれ)」と書くと、〈心配〉という意味になります。

例文

(1)不確かな事柄にたいして行為が払う**畏怖**の念、それがスタイルである。

（西部邁『大衆への反逆』）

⇩「不確かな事柄」を嫌がるのではなく、尊重すること。

(2)巨大な岩石に**畏敬**を覚えたり、日常の食物や道具を「もったいない」と感じるのは、そういう文化（＝物神崇拝という伝統的な精神の文化）の現れであろう。いうまでもなく巨石も一粒の米も可愛いものではなく、むしろ人がこうべを垂れるべき対象であった。

（山崎正和『世紀を読む』）

24

羨望(せんぼう)

【羨(うらや)む＝望(のぞ)む】

うらやましく思うこと。

25

嫉妬(しっと)／ジェラシー

英 jealousy

【妬(ねた)む＝嫉(ねた)む】

（人の才能や美点への）やきもち。

例文

(1)インディアンたちは、彼らの「神話の知」を生きることによって、ユングが**羨望**を禁じ得ない「気品」をもって生きている。これに対して、近代人は何とせかせかと生きていることか。近代人は豊かな科学の知と、極めて貧困な精神とをもって生きている。

（河合隼雄『イメージの心理学』）

26 謙虚（けんきょ）

ひかえめでつつましいこと。【謙る＝心を虚しくする】

27 傲慢（ごうまん）

思い上がって人を見下すこと。【傲って・慢る】

↓「謙虚」の同義語＝「謙遜」「謙譲」。

↓「傲慢」の同義語＝「傲岸」「倨傲」「高慢」「慢心」「不遜」。

↓「謙る」「遜る」↔「傲る」「慢る」の組み合わせでできていることに注目。

例文

(1)「物」はしばしば人をつまずかせ、野心を挫く。しかしこのつまずきこそが人の**傲慢**さを矯め直し、**謙虚**にする。
（「朝日新聞」）

※矯める… 悪いところを直す。 参 矯正

28 自負（じふ）／矜持（きょうじ）

別 矜恃 別 きんじ

自信と誇り。【自分に・負う＝矜る＝持つ＝恃む】

↓「矜持」は「矜恃」とも書き、「きょうじ」とも「きんじ」とも読みます。

↓同義語＝「自恃」「自尊」「気位」「プライド pride」も注意。

例文

(1)量が少ない代わりに、当時（＝大正期）の読者はみな選ばれた者という**自負**を持っていました。
（中村光夫『日本の現代小説』）

(2)働く機器を年がら年中眺める時間の中で、技能オリンピックでメダルを贏ち得る程の人々がその**矜持**を発揮する道を、この時代は必要としなくなったのだろうか。
（柏木義雄「文化の時差について」）

索引

（太字は見出し語・準見出し語を表す）

た

最後に

今回で三度目の改訂です。書きっぱなし、売りっぱなしが普通の学習参考書で、三度も改訂をさせていただいて本当に幸せです。『キーワード３００』は、わたしの人生の節目と歩みを共にしています。初代が出た九七年は、人生最大の逆境にあるなか、それを一緒に乗り越えてくれる伴侶を得ました。一度目の改訂をした〇七年は、大病での入院と娘の誕生というタイミングでした。二度目の改訂をした一三年は、予備校業界から引退して、「学びプロジェクト」という企画を始めました。

さて今回（二三年）は、「一般社団法人学びプロジェクト」が誕生しました。その中核事業は「あざみ野塾／あざみ野予備校」という学習塾です。なのに、「会社」ではなく「社団法人」にしたのは、微力ながらでも社会貢献できないか、という思いがあるからです。すでに今年に入って、細々とですが、社会人向けの講座や無料の学習支援などを始めさせてもらっています。

めったにエゴサしないのですが、最近、アマゾンで『キーワード３００』のレヴューを見てしまいました。以前見たときからレヴュー数が増え、残念なことに評価が下がっていました。低い評価の理由は「内容が偏向している」というものです。

ここで、批判されたことをグチりたいわけではありません。むしろ、批判は、自らを見直すいい機会になります。が、本書の位置づけとか執筆する際の立ち位置とかを理解なさっていない批判には苦笑するしかありません。

まず、本書は学習参考書という括りですから、大学入試に出題された（あるいは、これからされるだろう）文章内容からはみ出さないように心がけています。私が「偏向」している、と考える方は、大学入試の現実をご存知ないとしかいえません。

次に、私は、できるだけ少数者の立場から語るように心がけています（決して簡単なことではないですが）。これを「右」とか「左」という分類で語る人がいますが、私はどちらでもありません。

社会は多数者の論理で成り立っています。だからこそ安定する。しかし、そうなると、目や耳に入ってくるのは多数者に都合のいい話ばかりです。民主主義は多数決原理で成り立っています。それは、多数者が「正しい」からではなく、さまざまな意見があるからこそ多数決で決めるしかないからです。民主主義は、多数者を大事にする制度ではなく、さまざまな意見を大事にする制度です。だから、少数者の意見も尊重されなければなりません。

そもそも「偏向」という表現を使う方は、自分のことを多数者の側に置き（その意識があるかないかはわかりませんが）、自分の意見に合わないものを排除しようとしています。幸せなことに、自分の与するものが「中立」だと思い込んでいるのです。もとより私は「中立」ではありません。ただ、それはあなたもですよ、と「偏向」していないつもりの方に訴えたい。

私はずっと「当たり前を疑え」と教え子に言い続けています。多数者の論理だけでなく少数者の論理も知って、それらを疑い、自分のとりあえずの立ち位置を決めていく——それが「当たり前を疑う」ことです。が、世間が多数者の論理で成り立っている以上、少数者の論理があることを意識して紹介する必要があると私は思っています。

ただ難しいのは、疑った結果を見せるだけではダメだ、ということです。その結果も疑ってもらいたい。だから、大切なのは疑う姿勢を見せること。書籍という形式ではよけい難しいことは承知しています。

もちろん、自分自身も疑う必要があります。批判は歓迎です。残念なのは、その方と意見の交換ができないことでしょうか。

本書の記述には、紙数の関係で、説明不足になっている部分があることはたしかです。その点を解消する意味もあって始めたのが、動画です。動画で最も心がけているのは、単純に『キーワード３００』をなぞるようなものにはしない、できるだけ身近な例を挙げて具体的に語る、ということです。言葉遣いもあまり堅苦しくならないようにしています。

がいかんせん、初心者には動画作成の壁は高い。それ以前に、シナリオは新しい本を一から書いているようなものになっています。徐々に改良しようと思っていますので、新しい試みとして暖かい目で見守ってください。

二〇二三年一一月一七日　大前誠司

大前誠司（おおまえせいじ）

1962年徳島県生まれ。東京大学法学部卒。

一般社団法人学びプロジェクト（manabi-project.com）代表理事。

現在、あざみ野塾／あざみ野予備校、あざみ野大人塾などを運営しています。

本書に関して何かご意見・ご要望がありましたら、明治書院編集部か keyword300@manabi-project.com までご連絡ください。


新入試評論文読解のキーワード300 増補改訂版

令和6年2月10日初版発行

編著者　大前誠司

発行者　株式会社 明治書院
代表者　三樹蘭

印刷者　精文堂印刷株式会社
代表者　西村文孝

製本者　精文堂印刷株式会社
代表者　西村文孝

発行所　株式会社 明治書院
〒169-0072 東京都新宿区大久保1-1-7
電　話　03-5292-0117
振替口座　00130-7-4991

ISBN 978-4-625-53322-8

カバー・表紙デザイン　澤地真由美

本文デザイン　町田えり子